LA VIE

EN CHINE

ET

AU JAPON

Paris. — Imprimerie PAUL DUPONT, 41, rue Jean-Jacques-Rousseau.

LA VIE
EN CHINE

ET

AU JAPON

PRÉCÉDÉE

D'UNE EXPÉDITION AU TONQUIN

PAR

Maurice DUBARD

Inspecteur Adjoint de la Marine

PARIS

E. DENTU, ÉDITEUR

LIBRAIRIE DE LA SOCIÉTÉ DES GENS DE LETTRES

PALAIS-ROYAL, 15-17-19, GALERIE D'ORLÉANS

—

1882

AU LECTEUR

Après avoir dépeint, dans un précédent ouvrage, les mœurs indigènes en extrême-Orient et particulièrement au Japon, j'ai pensé qu'il ne serait peut-être point banal de présenter un tableau des mœurs des Européens établis sous les mêmes latitudes.

J'ai voulu décrire, en même temps, la vie en campagne des officiers de marine de nos jours, que l'on juge encore dans le monde *terrien* (1) d'après les silhouettes, parfaitement réussies, il est vrai, mais un peu démodées, dues aux plumes des La Landelle et des Eugène Süe.

Conduit en extrême Orient par les hasards de ma carrière, j'en ai profité pour visiter, en ama-

(1) *Terrien* est ici l'opposé de maritime.

teur, ce mystérieux pays et l'étudier autant que me l'ont permis les exigences du service.

Mêlé par la force des choses, à de graves événements, au Tonquin, j'ai figuré, modeste comparse, dans la première partie d'un drame dont on prépare, peut-être, en ce moment, le dernier tableau. Le récit de ces faits pourra servir de prologue à ceux dont la politique nous réserve la surprise, et éclairer le lecteur qui s'intéresse aux succès de la France coloniale. Mais ne me considérant pas comme assez compétent en cette matière, je m'abstiens de tout jugement.

Au surplus, je ne suis pas un moraliste; un diplomate encore moins; il ne faudrait point, par suite, chercher au cours de ces pages de hautes considérations politiques, philosophiques ou autres.

Comme un flâneur curieux, j'ai regardé devant moi et je raconte aujourd'hui, simplement, ce qui m'a frappé.

Cet ouvrage n'est donc pas, à proprement parler, un livre de voyage; c'est un résumé d'observations recueillies au jour le jour, glanées un peu à tort et à travers. Afin d'en rendre la lecture moins fatigante, j'ai tantôt employé le dialogue familier et tantôt je me suis servi de la forme du récit. Un souvenir y est encadré ; idylle sans prétention destinée à soutenir l'intérêt.

Dans le *Japon pittoresque,* les opinions du brave père Mitani et les amours de la tendre O-Hana m'ont valu les étrivières d'un ou deux critiques sérieux qui ont traité mon épisode de hors-d'œuvre et de *fade roman.* Mais au risque d'encourir, à nouveau, les foudres de ces Aristarques dont la gravité n'aime point à être deridée ; pour satisfaire, d'ailleurs, un goût de la majorité, je suis retombé, avec intention, dans le même péché, car amuser est mon seul but, trop heureux si je l'atteins.

M. D.

UNE

EXPÉDITION AU TONQUIN

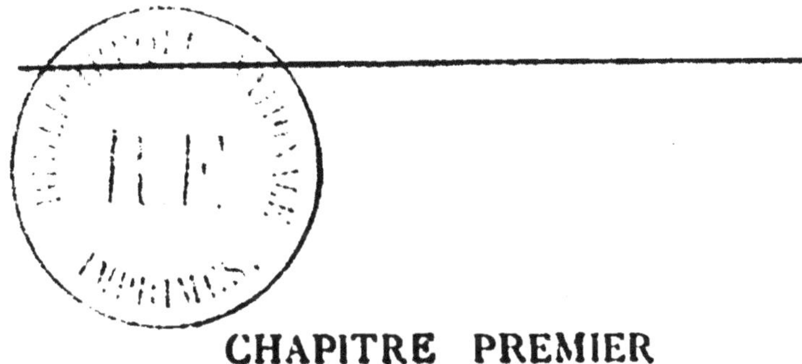

CHAPITRE PREMIER

Saint-Jacques. — Impressions de l'arrivée. — Saïgon.

On venait de *piquer* neuf heures. Le ciel était couvert, l'horizon embrumé.

— Un feu par babord devant! cria l'homme de bossoir.

— Timonier! commanda l'officier de quart, prévenez le commandant qu'on aperçoit le feu du cap Saint-Jacques.

Un instant après, le commandant montait sur la passerelle et faisait prendre les dispositions pour le mouillage. Une demi-heure plus tard, l'ancre de tribord, en tombant bruyamment, réveillait dans leurs

1

tanières, les hôtes féroces des collines qui entourent
la baie des Cocotiers (1).

Sur la côte on vit courir un fanal blanchâtre ; une
embarcation poussa de terre et bientôt accosta le long
du bord. Un homme coiffé d'un casque en moelle
d'aloès escalada prestement l'échelle de corde qu'on
lui tendait, et d'un bond franchit les bastingages.
L'embonpoint ne le gênait pas ; comme il était efflan-
qué, le malheureux ! C'était le pilote.

— Quand pourrons-nous entrer en rivière, pilote?

— Demain, au point du jour, commandant.

— Bon. Alors à demain !

Le pilote salua, tourna sur ses talons, et repartit en
suivant le même chemin.

Tout à coup, la lune démasquée parut au coin d'un
nuage ; un souffle d'air chaud passa lourdement sur le
bord ; une odeur âcre, inconnue jusqu'à ce jour,
mélange d'huile de coco, de bétel et de noix d'arek,
envahit l'atmosphère.

A la lueur vague de la lune encore demi-voilée, on
voyait, par tribord, un peu sur l'arrière, la silhouette
sombre du cap Saint-Jacques ; quelques points plus
clairs au flanc du rocher indiquaient la maison du
sémaphore, celle du télégraphe et plus bas, les cases
d'un village indigène. Par le travers : la baie des Cocotiers. A babord, au loin, une ligne grisâtre : les palé-
tuviers, la rivière de Saïgon.

Il est minuit et pourtant on éprouve une sorte de

---

(1) La baie dite des *Cocotiers* se trouve à l'embouchure de
la rivière de Saïgon.

répulsion à quitter le pont; une chaleur humide remplit le carré et les chambres; on respire mal; que sera-
ce une fois en rivière! Chacun s'installe comme il peut:
les matelots à plat pont, les officiers sur les caissons
de la timonerie et sur la circulaire du canon de l'arrière, recouverte d'une toile. On fume, on devise,
mais les conversations languissent; l'influence énervante du climat cochinchinois semble déjà se faire
sentir; enfin, petit à petit l'on s'endort.

Vers quatre heures, le pilote revient et dès l'aube
on repart. Le soleil, à peine levé, lance des rayons de
feu. Engagé dans les méandres de la rivière de Saïgon,
on circule à grande vitesse entre deux murailles de
verdure terne. Des bandes de singes troublés dans
leurs ébats par le sifflet de la machine, détalent en
faisant des grimaces. Les grues, les hérons et tous les
individus de l'immense famille des échassiers emman-
chés d'un long cou, comme dit notre La Fontaine, et
juchés sur une jambe grêle, regardent philosophiquement passer le monstre à vapeur. Des vols d'aigrettes
aux pattes pendantes, à la queue mobile, s'élèvent sur
les berges et gagnent la campagne. Les buffles, animaux essentiellement stupides et peureux, fuient
tête baissée, à travers les rizières, en lançant des rua-
des à un ennemi imaginaire. Quelques indigènes
crasseux sortent curieusement des misérables paillotes
qui leur servent d'habitations et viennent, en courant,
s'accroupir sur le bord de la rivière, dans la posture
de chiens assis sur leurs queues. C'est un panorama
changeant à toute minute, et dont la variété se déroule
à chaque sinuosité du fleuve. Les jonques et les *sam-*

pangs (1) apparaissent plus nombreux, à mesure que l'on avance ; les unes gagnent la haute mer pour se livrer à la pêche, les autres embouchent les innombrables cours d'eau, affluents de la rivière de Saïgon, qui conduisent dans l'intérieur des terres.

En ce moment, tout le monde, à bord, est occupé plus ou moins par la manœuvre ; cependant, chacun s'intéresse à sa manière à la nouveauté du décor. Les uns, disciples passionnés de saint Hubert, rêvent de chasses miraculeuses : de paons, de poules sauvages, de faisans et de bécassines ; d'aucuns plus naïvement ambitieux cherchent à découvrir des tigres, sans penser que ce félin rusé qui tient du reptile et du quadrupède, glisse et rampe plus qu'il ne marche et se laisse rarement voir. On observe, mais on parle peu ; seul, le pilote fait entendre sa voix : « babord ! » « tribord ! » « droite ! » Puis encore tribord, puis babord, et ainsi de suite, pendant que la roue du gouvernail, manœuvrée par quatre vigoureux gars de Lorient (2), tourne, tourne toujours, dans un sens et dans un autre. On est envahi tout à coup par une tristesse insurmontable qui semble vous saisir à la gorge ; depuis quelque temps des bruits sinistres circulent dans l'état-major ; une dépêche du gouverneur aurait annoncé un change-

(1) Le *sampang* est un long bateau très effilé de l'avant et de l'arrière, recouvert, dans le milieu, d'un toit de bambou ; c'est le moyen de transport et de locomotion le plus usité en Cochinchine, où les cours d'eau (arroyos) tiennent lieu, presque partout, de routes.

(2) Notre bateau ayant été armé à Lorient, son équipage était, presque en totalité, originaire de ce pays.

ment d'itinéraire; on parle d'un séjour forcé en Cochinchine; bref, sans connaître la nature du danger, on le
pressent, on le redoute; c'est inconscient, mais l'on
est assailli par de sombres pensées. Sur près de
trois cents hommes composant l'équipage, tous
jeunes, pleins de vie et d'entrain, combien ne rever-
ront plus les côtes brumeuses de leur chère Bretagne,
et le ciel bleu de la Provence? Combien, parmi ces
beaux et braves garçons qui halent (1) aujourd'hui si
gaillardement sur le filin iront engraisser de leur sang
ces vases froides, ce sol délétère implacablement avide
de nourriture humaine dont il se montre insatiable.

Cet accès de mélancolie est de courte durée. Au
détour d'un des innombrables zigzags formés par la
rivière, apparaît Saïgon. La capitale de la Cochinchine
française ne promet rien d'attrayant, mais en voyant
au loin briller les trois couleurs du pavillon national,
on éprouve comme une sorte de tressaillement intérieur. Esprit du vieux chauvin, que viens-tu chercher
ici? Oui, nous le savons, Saïgon, c'est la France,
mais une France d'emprunt, une France inhospita-
lière, une France sans entrailles dont la malaria
empoisonne ses enfants; non, ce n'est pas la patrie.
Tais-toi donc, incorrigible grognard; réserve tes enthou-
siasmes pour la vraie France, pour celle que baignent
le grand Océan et la coquette Méditerranée; pour
celle dont le soleil ne foudroie pas, et dont la terre
produit la vie au lieu d'engendrer la mort.

Après avoir aperçu Saïgon, ses mâts, ses pavillons,

(1) Expression maritime; signifie tirer sur...

ses clochers, il faut encore plus d'une heure pour arriver au mouillage. Le pays est absolument plat; la rivière revient vingt fois sur elle-même, en capricieux méandres; à chaque minute on pense être sur le point d'atteindre le but, et la minute d'après on peut s'en croire encore bien éloigné. Enfin voici le dernier coude. Attention! le *Fleurus* télégraphie!

L'aréopage des timoniers interprète le signal: « *Le commandant doit se rendre sans retard au palais du gouvernement.* »

Cette hâte n'a rien d'absolument insolite; en marine on est toujours un peu pressé. Pourtant ceci, rapproché de la dépêche mystérieuse, ouvre le champ aux suppositions; on ne s'en ferait pas faute, si l'on n'était pas occupé par l'entrée en rade.

— Stop!

C'est le dernier mot du pilote. Le navire court sur son aire encore quelques instants et, bientôt, prend le *corps-mort* qui lui est donné par une embarcation de la direction des mouvements du port.

Alors les sampangs accourent de toute part; le bord semble pris d'assaut; ce sont les amis d'autrefois, les anciens camarades qui viennent souhaiter la bienvenue aux nouveaux arrivés; ce sont les blanchisseurs, les cordonniers et les tailleurs; Chinois à longues queues, à ventres rebondis, à mines obliques, au ton mielleux, qui arrivent en foule, munis de certificats pompeux, faire leurs offres de service.

Mais pendant qu'on bavarde au carré, le commandant descend à terre, se rend chez le gouverneur et revient avec la nouvelle suivante:

— Il se prépare une expédition dans la haute Cochin-chine; je le savais déjà, ajoute-t-il, car je l'avais appris par une dépêche, mais je devais en garder le secret. Aujourd'hui, je vous l'annonce officiellement. Ne sachant ce qu'il adviendra, l'amiral tient à nous conserver quelque temps, comme renfort, dans la station locale; d'ici à huit ou dix jours, nous partirons pour le Tonquin d'où, suivant les circonstances, nous continuerons notre route sur la Chine, ou nous reviendrons ici.

En partant de France, nous comptions aller direc-tement en Chine et au Japon; nous ne pensions rester à Saïgon que le temps nécessaire pour faire des vivres et du charbon; la Cochinchine jouit, avec quelque raison, d'une réputation détestable; la nouvelle appor-tée par le commandant constituait donc un contre-temps des plus fâcheux. Pourtant, chacun l'apprit avec une sorte de joie. Le marin est ainsi fait; habitué à prendre la vie comme elle vient et à rire de ses sur-prises, pour ne pas être tenté, comme Figaro, d'en pleurer parfois, il aime l'imprévu, et l'idée de brûler de la poudre le fait toujours frissonner de plaisir.

CHAPITRE II

Une semaine à Saïgon passe rapidement; les distractions, l'attrait du nouveau, et l'hospitalité si
franche, si amicale que l'on y reçoit, font oublier les
dangers de son climat.

Saïgon, capitale de la Cochinchine française et
siège du gouvernement de la colonie, bâtie sur la rive
droite d'un des principaux affluents du Donnaï, auquel elle a donné son nom, est déjà une fort belle
ville et promet de s'améliorer encore. Ses rues larges,
se coupant presque toutes à angle droit, sont en partie construites. Des travaux d'assainissement considérables sont terminés; d'autres mis en train prendront
fin très prochainement. L'on y voit de belles promenades plantées d'arbres ombreux; des monuments et,
parmi ceux-ci, il faut citer en première ligne le
palais du Gouverneur, véritable chef-d'œuvre d'archi-
tecture; l'hôpital maritime, dont l'utilité se fait, hélas!
trop sentir; enfin, de grands hôtels confortables et
des cafés bien installés, offrant aux Européens des
ressources inappréciables, à des prix relativement
peu élevés.

Il est quatre heures du soir; un coup de canon vient d'annoncer que la circulation est de nouveau permise (1). Après avoir parcouru le quai, le long duquel sont mouillés les navires de guerre, depuis l'hôtel des Messageries maritimes, jusqu'au *Fleurus*; après avoir admiré le bel établissement du Chinois millionnaire *Vantaï* et pris un bock au café de la *mère Ferrié*, le flâneur embouche la rue Catinat, immense artère partant de la rivière et montant verticalement dans la direction du gouvernement. A cette heure et dans ces quartiers, rien, il faut l'avouer, de particulièrement étonnant pour un nouveau débarqué disposé pourtant à s'émerveiller de n'importe quoi. Des magasins comme partout, dont quelques-uns sont tenus par des Chinois; des fiacres conduits par des hommes *en chocolat*, Indiens de la côte de Malabar habillés d'une ceinture en cotonnade rouge ou écossaise; des officiers vêtus de flanelle bleue, la tête couverte d'un immense chapeau parasol appelé *salacco*; quelquefois, une femme pâle, affublée des modes européennes toujours ridicules sous la température de feu des pays intertropicaux, passe languissante, traînant par la main un pauvre bébé qui semble être en cire; et voilà tout. On sent qu'on n'est plus en France, et pourtant tout la rappelle; il semble que l'on est en proie à ce genre de cauchemar qui vous fait voir les objets les plus hétéroclites bizarrement accouplés avec les plus ordinaires.

(1) De dix heures du matin à quatre heures du soir, les troupes ne peuvent pas sortir.

1.

Si l'on continue, en allant droit devant soi, pendant vingt minutes, on arrive au palais du gouverneur ; son style composite, moitié chinois, moitié européen, parfaitement en rapport avec la nature du pays, est d'un effet très remarquable ; mais il faut borner là sa course dans cette direction, car plus loin, c'est la plaine des tombeaux, immense nécropole, où, depuis des siècles, les indigènes enfouissent leurs morts à la grande joie des carnassiers ailés, armée lugubre dont les bataillons immenses font, en tout temps, ripaille dans ces parages.

En obliquant à droite, on passe devant l'Évêché, et en revenant ensuite sur ses pas, on tombe sur la Sainte-Enfance. Cette maison de charité dirigée par des prêtres des missions étrangères et des religieuses est, paraît-il, très prospère ; ses vastes dépendances sont entourées d'un mur blanc couronné d'une triple rangée de tessons de bouteilles ; ce qui n'empêche pas, dit-on, les jeunes Congaï (1) de le franchir parfois, à l'appel d'un Roméo. Où peut aller se nicher l'amour ! J'ai vu de ces Juliettes aux yeux obliques et à la face jaune, j'ai vu bien des représentants de ce qu'on appelle en Cochinchine, comme ailleurs, la plus belle moitié du genre humain ; j'en ai vu appartenant à tous les degrés de l'échelle sociale, depuis la femme du peuple des campagnes, à peine vêtue, jusqu'à la femme riche coquettement attifée à la façon annamite ; j'ai vu, au dire des gens habitués à ces sortes de beautés, de vraies jolies filles, bourgeoises venant des

_____

(1) Jeunes filles annamites.

villages, faire leurs emplettes en ville, coiffées du chapeau de bambou qui est le suprême de l'élégance ; *telles petites* du cru, vêtues d'une chemise de soie bleue, les cheveux bien lustrés d'huile de coco, les pieds en dehors, chaussés de babouches en cuir jaune ; la poitrine portée en avant, elles s'en vont, avec un dandinement qui ne manque pas de grâce ; sous les plis mous de la soie presque transparente, on devine un corps ferme et des formes artistiques ; mais Dieu ! quelles têtes, quelles bouches dégoûtantes de bétel ! Rien que d'y penser, on en a le cœur sur les lèvres.

Les gens qui habitent la Cochinchine depuis quelques années et même seulement depuis quelques mois, prétendent qu'on se fait vite à ce type ; et l'on cite plus d'un Européen énamouré d'une congaï, faisant des folies pour satisfaire les fantaisies coûteuses de sa maîtresse. Dans cet ordre d'idées, il n'y a, du reste, rien d'incroyable.

Après avoir contourné le mur de la Sainte-Enfance, on passe devant un bagnan de petite taille ; cet arbre, dont il existe en Annam des spécimens énormes, est des plus curieux ; de chacune de ses branches pendent des filaments qui, d'abord minces et ténus, prennent racine et finissent par former des troncs aussi gros que le tronc principal. Un seul arbre peut ainsi arriver à couvrir, de proche en proche, des étendues de terrain considérables. Quelques pas encore et voici le jardin d'acclimatation ; cet établissement, de fondation assez récente, entre les mains d'un naturaliste distingué et d'une énergie à toute épreuve, est devenu en peu de temps, fort remarquable ; en donner une description détaillée serait sans doute superflu ; tous les jardins d'acclimatation se ressemblent plus ou moins. Pourtant celui-ci a un cachet particulier ; son habile directeur y a transplanté à peu près toute la flore du pays, et a su y réunir la plupart des espèces rares, dont il est parvenu à se procurer les échantillons, au prix des plus dures fatigues et en s'exposant aux plus grands dangers. La faune y est moins riche. A l'une des extrémités, en face d'une charmante habitation, s'élève une volière de proportions gigantesques, véritable palais construit pour des hôtes ailés de toutes les familles ; plus loin, dans une douzaine de cages alignées les unes contre les autres, quelques animaux indigènes : singes de diverses tailles et de pelages différents ; chats-tigres, faisans dorés, coqs des bois ; enfin, une petite bête très curieuse, sorte de chevreuil miniature, gros comme un écureuil ; à côté, une mignonne guenon très gentille mais dont les poignées de main sont d'une propreté douteuse. Dans une mare à grenouilles aux trois quarts envahie par les herbes, un bruissement insolite attire l'attention du visiteur ; on se demande quels habitants peuvent bien recéler ces nénuphars ; en se penchant sur le garde-fou, il est facile de les distinguer au milieu de la verdure ; ce sont deux caïmans. Ces amphibies à moitié domestiqués vivent bourgeoisement et plantureusement, dans ce petit domaine, où la sollicitude d'un gardien leur ménage, chaque jour, un menu de choix.

En quittant les caïmans, on tombe sur des animaux d'un caractère non moins sympathique. Au centre d'une vaste cage formée de solides barreaux de fer, apparaît une cabane ; c'est le logement des tigres. Là, en tout temps, le gouvernement de la colonie entretient un jeune ménage de ces aimables compagnons, destinés à aller, plus tard, enrichir la collection d'un Bidel (1) quelconque. Chaque soir, un peu avant le coucher du soleil, on peut assister à la récréation et au repas des pensionnaires. Tout à coup, une porte s'ouvre brusquement ; le mâle, royale créature, suivi de sa compagne, s'élance en rugissant. Par une sorte d'illusion d'optique, l'œil fixé depuis un instant sur la porte de la maisonnette, ne perçoit plus la cage ; au moment où les fauves se ruent en avant, il vous passe un frisson dans le dos, et l'on ne peut s'empêcher de faire un mouvement de recul. Quel massacre, si la cage venait à se rompre ! Mais elle ne se rompra pas ; aussi ne peut-on s'arracher à la contemplation de ces terribles félins, à côté desquels les spécimens exhibés dans les ménageries d'Europe ressemblent à des bêtes de carton. Le tigre cochinchinois est, du reste, le plus bel animal de la création et certainement le plus terrible ; les Annamites en ont une frayeur atroce ; ils l'appellent *monseigneur* ; et la superstition se mêlant à leur crainte, il en résulte que tout indigène touché par la griffe de cet incommode voisin, est un homme perdu ; il ne doit pas, ne peut pas se guérir, quel que soit le peu de gravité de sa blessure ; et effectivement, il finit, presque toujours, par mourir..... de peur.

(1) Célèbre dompteur, propriétaire d'une ménagerie fort remarquable.

CHAPITRE III

En revenant de la promenade, avant de rentrer à
bord, on s'arrête généralement à l'un des cafés du
quai. A cette heure, c'est là que l'on peut voir le
tout Saïgon. Après une journée de chaleur torride,
chacun vient chercher un peu de fraîcheur sur le bord
de la rivière, et s'ouvrir l'appétit en absorbant des
boissons glacées.

En ce moment, n'étaient les *margouillats* (1) qui se
promènent sur les murs et autour des tables, en chantant et en donnant la chasse aux moustiques, on
pourrait se croire dans un de nos ports de guerre.
L'élément y est le même ; à chaque instant, arrive une
figure de connaissance et l'on renoue immédiatement
des relations interrompues, parfois depuis plusieurs
années. Les uns viennent à pied, d'autres dans
d'élégants paniers attelés de fringants poneys chinois,
conduits par un boy annamite vêtu de blanc et coiffé
d'un foulard rouge noué avec les cheveux, sur le der-

(1) Sorte de petits lézards blancs qui abondent dans les
maisons, dans l'Inde et en Cochinchine.

rière de la tête. Il n'est permis qu'à un bien petit nombre de s'offrir un attelage ; les libéralités de la *Princesse* (1) ne donnent guère, à la plupart des officiers, la possibilité de faire cette dépense ; aussi, en voyant descendre d'une voiture de maître un nouveau consommateur, n'est-il pas nécessaire de demander sa profession ; seul, un inspecteur des affaires indigènes, dont les appointements sont, à juste titre, fort beaux, peut se permettre ce luxe.

Le corps des inspecteurs, longtemps recruté parmi les officiers des différents corps de la marine, est réorganisé, depuis quelques années, sur de nouvelles bases et, de corps militaire, est devenu corps civil. Les employés de cette administration qui ont, en Cochinchine, à peu près les mêmes fonctions que les officiers des bureaux arabes, en Algérie, sont la providence des promeneurs ; car, généralement, fort bien installés dans l'intérieur, ils vous reçoivent avec la plus charmante urbanité ; et l'on est toujours sûr de trouver chez eux bonne figure, bonne table et bon lit.

Si les cafés de Saïgon sont agréables par leur situation et comme lieux de rendez-vous, ils sont détestables au point de vue des consommations qui s'y débitent, lesquelles joignent à leur médiocre qualité le défaut d'être encore trop chères, malgré leur bon marché relatif (2): exemple: une bouteille de mauvaise bière se paie 2 fr. 50 c. ; un verre de sirop à l'eau

(1) Façon plaisante de désigner l'État.
(2) Dans l'Inde et en Chine, dans les pays anglais surtout, les prix sont à peu près doublés.

frappée, 1 franc; et tout à l'avenant. Or, avec la coutume française qui consiste à laisser généralement régler les consommations d'une société tout entière par la même personne, on en arrive à avoir souvent une note à payer fort élevée. Chez les Américains, gens éminemment pratiques, chacun paie ce qu'il prend. De cette façon, les indélicats sont volés et les délicats ont moins à se gêner. Quant à la mode de jouer sa consommation, elle existe à Saïgon, tout comme à Toulon, au *Commerce*, et à Lorient, à l'*Univers*; il en résulte qu'à la fin d'une soirée, le malheureux assez dépourvu de chance pour avoir à solder ce que, en termes d'estaminet, on appelle une *culotte générale,* n'en est pas quitte à moins de 15 ou 20 piastres, soit environ 100 francs. Tous les soirs, un ou deux déshérités du sort sont condamnés à s'exécuter de la sorte. En revanche, d'autres ne perdant jamais se font une douce habitude de vivre sur le commun.

A partir de sept heures et demie, les cafés sont momentanément abandonnés; chacun regagne sa table pour le diner où, malgré les épices, les eaux minérales et les sels digestifs, il est rare de trouver l'appétit. Vers dix heures, les marchands de vermouth et d'absinthe revoient de nouveau leurs clients; le quai reprend un peu de vie, mais l'animation est moins grande qu'avant le diner; ce n'est plus l'instant du rendez-vous général; les inspecteurs des environs ont regagné leurs inspections; parmi les officiers installés à terre, les uns restent chez eux, d'autres vont à des cercles; d'aucuns profitent de la fraîcheur de la nuit, pour se livrer à des courses prétendues hygiéniques.

Une excursion à faire est celle des quartiers chinois et annamites, qui n'ont véritablement d'originalité qu'à la lumière des lanternes de papier peint.

Le lendemain de notre arrivée à Saïgon, nous profitâmes de la bonne volonté d'un camarade habitant la colonie depuis plusieurs mois, pour nous faire piloter dans tous ces lieux plus ou moins bizarres qu'il faut absolument voir, si l'on veut se rendre compte de la couleur locale d'un pays. La première escale dans cette promenade d'études est la rue *aux Fleurs*, dont la dénomination poétique est pleine de promesses. Aussi, quelle désillusion pour le visiteur, en sentant s'exhaler, dès l'abord, certains parfums n'ayant rien de commun avec ceux de l'Arabie. Du reste, comme en bien d'autres coins de l'extrême Orient, désappointement complet, écœurement moral et physique voisin de la nausée. La rue *aux Fleurs* est un boyau long d'environ quarante à cinquante mètres, large de deux au plus, orné, au beau milieu, d'un ruisseau sale et puant. Le jour, il règne dans ce cloaque un silence morne; le soir, et jusque bien avant dans la nuit, il s'y fait un vacarme d'enfer. C'est là que tous les Chinois de la colonie viennent se récréer, en jouant, avec un entrain digne d'une meilleure musique, de la flûte de Pan, du gong et du tam-tam en joyeuse société. En somme, dans cette cythère de bas étage, rien d'engageant ; des tripots infects où les sapèques sont remuées à pleines poignées, à la lueur d'une lampe fumeuse; derrière des grillages en bois, des filles pâles, une fleur dans les cheveux, vêtues d'une blouse et d'un pantalon de calicot blanc garni de galon bleu; misérables créatures souvent usées par la débauche et la cruauté du ciel annamite; prêtresses chargées de procurer aux fils du Céleste-Empire les enivrements de l'amour, avec toutes les grosses joies qui font le bonheur de leur existence... On regarde tout cela en passant, mais avec une sorte de dégoût; on éprouve comme un besoin pressant de respirer et l'on hâte le pas.

En sortant de la rue *aux Fleurs*, pour se rendre au quartier des marchands de chinoiseries, de japonaiseries et d'objets en filigrane d'or et d'argent, il faut longer le marché annamite, complètement désert à cette heure de la nuit, mais où, le matin et une grande partie de la journée, abondent tous les produits de la Cochinchine. La visite aux marchands de bibelots offre un certain attrait, mais lorsqu'on doit aller en Chine et ensuite au Japon, il est inutile de se presser et d'acheter à Saïgon ce que, plus tard, on trouvera à moitié prix et en plus belle qualité sur les lieux de production; aussi, ne nous arrêtons-nous que le temps nécessaire pour voir l'ensemble des boutiques, beaucoup plus occupés, d'ailleurs, par le spectacle si mouvementé de la rue, que par les brillantes enluminures des boîtes laquées de Nagasaki et des potiches de Canton.

Plusieurs fois, depuis notre arrivée, nous avions entendu prononcer le nom de *bacouan*; notre aimable cicerone nous avait expliqué le sens de ce mot, et devait nous conduire achever notre soirée à l'un des plus renommés de ces établissements, situé rue Montebello. Fatigués par les premières atteintes du climat cochinchinois et pressés d'arriver aux bons fauteuils de rotin qui nous étaient annoncés, nous terminâmes, le plus vite possible, la tournée des boutiques.

Le *bacouan*, roulette sans roulette qui, je me hâte de le dire, est supprimé depuis bien des années, était, à cette époque, l'une des plus terribles plaies morales de Saïgon. C'était le gouffre où la plupart des officiers de la colonie allaient chaque soir jeter le fruit de leurs économies ; source de plus d'une indélicatesse, cause de plus d'un malheur, le *bacouan* unissait à l'attrait du jeu, celui du confortable ; et bien des gens, attirés par la simple perspective de passer une heure, étendus dans un fauteuil, au milieu des courants d'air d'une vérandah, en fumant un cigare de Manille, aux frais des croupiers, s'en allaient, les poches allégées des piastres qu'elles contenaient à l'arrivée. Le *bacouan* de la rue Montebello était installé dans une salle spacieuse, coquettement décorée ; à l'entrée, une vaste galerie couverte, garnie de nombreux sièges et de lits de bambou, éclairée par une veilleuse dans une lanterne de papier ; silence et mystère.... Dans la pièce principale, à peu près au centre, une grande table affectant la forme d'un rectangle ; d'un côté de cette table, devant un tas de sapèques de cuivre, une tasse de porcelaine sous la main droite, un gros Chinois au ventre rebondi laissant voir sans vergogne son nombril nu, se tient majestueusement. Autour, seuls ou par groupes, debout ou assis, des joueurs à l'air absorbé font leurs mises.

Pendant que deux ou trois domestiques, vêtus d'une

camisole de grenadine bleu de ciel ou vert tendre, circulent d'un pas nonchalant en offrant des rafraîchissements, le jeu va son train. Profitons de l'occasion pour étudier le mécanisme de cette machine à plumer les dindons.

Aux deux bouts de la table, des tableaux munis de numéros destinés à recevoir les enjeux; au milieu un tas de sapèques. Le croupier ou, parfois même, un des joueurs s'empare de la tasse de porcelaine, la plonge dans les sapèques, retire un certain nombre de ces pièces de monnaie, et les fait sortir, deux par deux, en soulevant légèrement un des côtés de la tasse. Il serait plus expéditif et tout aussi simple de compter immédiatement les sapèques retirées du tas, le jeu se bornant, en définitive, à peu près au pair ou impair; mais la manœuvre ci-dessus décrite a pour but de laisser aux joueurs le temps de réfléchir et de faire leurs mises. Quel nombre restera-t-il définitivement sous la sébile ? Telle est la question palpitante. On prolonge l'émotion en ne comptant les sapèques qu'après en avoir distrait, petit à petit, la plus grande partie. Durant tout ce manège, et jusqu'à ce que le banquier ait dit dans son jargon céleste: « *Rien ne va plus* », on peut engager son argent; il est même permis de secouer la sébile et de chercher à reconnaître, à la nature du son, le nombre restant. Les gens habitués à ce genre d'exercice peuvent, dit-on, tirer parti de cette petite supercherie; mais la tolérance du Chinois à cet égard prouve péremptoirement qu'ils se trompent tout comme les joueurs consciencieux. Ce jeu, plus que d'autres encore, est un jeu de dupes, car le banquier retient aux gagnants dix pour cent ; il en résulte qu'avec une mise toujours égale, en supposant même que l'on gagne une fois sur deux, ce qui est loin d'être certain, il arrive à coup sûr un moment où l'on se trouve totalement décavé. Ce soir-là, en jouant à tout hasard, sans rien calculer, en vrai novice, mais avec l'idée arrêtée de ne pas perdre plus d'une piastre, j'eus la chance d'en gagner une vingtaine au gros Chinois qui ne s'en formalisa pas davantage, espérant, sans doute, *in petto*, me les reprendre le lendemain, avec bien d'autres ; espoir déçu, car je ne revins plus chez lui qu'en amateur, bien décidé, au surplus, à ne pas tenter de nouveau la fortune.

A l'époque où nous arrivions à Saïgon, les *bacouans*, sans s'en douter, jouissaient de leur reste ; quelques mois plus tard ils étaient fermés, par arrêté du gouvernement ; arrêté d'autant plus nécessaire qu'il supprimait du même coup, une source de revenus immoraux pour la colonie (1), et une cause d'entraînement fatal à un grand nombre d'officiers.

Pendant que nous nous prélassions sous la vérandah, en attendant l'heure de rentrer à bord, un Chinois, joli garçon, vêtu avec une certaine recherche, vint nous offrir des cigares et nous demander si nous désirions boire quelque chose : « Nous avons à votre disposition, nous dit-il, de la bière médiocre et de la limonade passable. » La façon aisée avec laquelle s'était exprimé ce disciple de Confucius, nous surprit

(1) Les *bacouans* payaient un impôt assez élevé au gouvernement colónial.

au point que nous crûmes un instant avoir été mystifiés par un Français déguisé; mais nous pûmes bientôt nous convaincre du contraire.

Notre Chinois revenait suivi de deux domestiques porteurs de plusieurs bouteilles et d'un plateau chargé de verres.

— Vous n'êtes pas Chinois? dis-je à notre amphitryon, au moment où il me présentait une limonade glacée.

— Tout ce qu'il y a de plus Chinois, me répondit-il; seulement, j'ai fait mes études en France, chez les jésuites de Montgré; je suis chrétien, je me nomme Joseph.

— Alors que faites-vous ici?

— Mon oncle est propriétaire de cet établissement; j'y viens pour me distraire, mais je n'ai aucun intérêt dans le jeu; je suis employé en qualité d'interprète, à la direction de l'intérieur.

Cette rencontre nous procura le plaisir de nous faire donner une foule de renseignements sur Saïgon, et sur les mœurs annamites. Joseph nous apprit ainsi que son oncle avait des actions dans un grand théâtre chinois et nous offrit de nous y conduire, ce qui fut accepté, pour le premier soir où le service nous permettrait encore de nous trouver réunis.

Il était onze heures; les margouillats chantaient, les moustiques jouaient de la trompette à nos oreilles; l'air lourd, saturé d'humidité, était parfois traversé par une brise bienfaisante. Nonchalamment étendus sur ces excellents lits de bambou qui sont la seule couche réellement agréable dans les pays chauds, nous écoutions, dans une demi-somnolence, le bavardage de notre nouvel ami ; nous avions grand'peine à le maintenir sur le terrain indigène, le seul qui nous intéressât pour le moment, et à l'empêcher de nous parler de la France, de Lyon, de Montgré et de cent choses, dont l'excellent Chinois semblait aimer à se souvenir.

A travers les mille bruits qui rendent les nuits des contrées intertropicales presque plus animées, plus vivantes que les jours, nous percevions de temps en temps, assez distinctement, des chants plaintifs et discordants, tantôt très bruyants, tantôt étouffés, accompagnés d'une musique infernale.

— Entendez-vous ? dis-je à mon interlocuteur.

Comprenant que ma question demandait une explication : « Oui, me dit-il, j'entends, c'est un enterrement annamite ; nous sommes ici, dans le voisinage de la plaine des tombeaux.

— Nous serions curieux d'assister à cette cérémonie nocturne.

— Impossible. D'abord, pour arriver à l'endroit où se fait ce charivari, nous éprouverions beaucoup de peine, nous serions obligés de faire un assez long circuit, pour gagner soit la route de Cholen qui longe la plaine des tombeaux, soit la route stratégique qui la coupe en diagonale ; peut-être, pourrions-nous aller au but directement, en prenant à travers champs ; mais la nuit est noire, nous risquerions de nous embourber dans les rizières, ou de prendre un bain dans un des nombreux petits arroyos qui sillonnent en tous sens le pays ; au surplus, les Annamites seraient fort mécontents de nous voir et interrompraient certainement leur opération funèbre, dès qu'ils auraient découvert notre présence.

Le raisonnement de Joseph était inattaquable ; il n'y avait pas à insister.

Un peu après minuit, les joueurs s'étant retirés, on ferma la maison ; nous partîmes et Joseph demeurant en ville nous accompagna.

A cent mètres environ du bacouan, sur la gauche, à quelques pas de la route, s'élevait une lueur assez vive ; derrière des haies de bambou, on voyait des ombres se mouvoir avec une sorte de mystère ; je saisis le bras de Joseph....

— L'enterrement ?... lui dis-je.

— Non, me répondit-il en souriant ; et il n'ajouta rien de plus.

— Que fait-on là ? insistai-je.

— Là, dit-il, rien de bon.

— Mais encore.

— Comment, vous ne connaissez pas Magenta ?

— Non.

— Magenta, c'est le quartier général des filles de joie ; désireriez-vous voir cela de près ?

— Pourquoi pas ? L'observateur ne doit-il pas tout voir par ses propres yeux, les beautés comme les verrues ? Ne doit-il pas tout reproduire consciencieusement, en photographe fidèle, pour que le lecteur puisse dire de son œuvre ce que Montaigne disait de ses *Essais :* Ceci est un livre de bonne foi. Pour étudier l'espèce humaine ne faut-il point, d'ailleurs, emporter parfois un flacon de sels ? Il est telle plaie qu'on doit toucher de la main pour la bien juger ; et le rôle du voyageur n'est, souvent, pas plus agréable que celui du médecin. Du reste, il est minuit passé, nous sommes à trois mille lieues de la Bôve (1) ; qui pourra médire de nous ? Personne. En avant donc !

Il faut d'abord traverser des terrains vagues ; puis, passer un fossé plein d'eau bourbeuse, sur une planche vacillante large à peine de quinze centimètres ; enfin se faufiler à travers des plantations de bambous. Tout à coup, une vieille femme, chiquant le bétel, les cheveux en désordre, les vêtements en lambeaux, espèce de harpie, se dresse devant les promeneurs et semble vouloir leur barrer le passage. Joseph, qui tient la tête de la colonne, glisse dans la main de la mégère quelques sapèques et reçoit en échange un lumignon fumeux, triste flambeau bien digne d'éclairer de sa lueur blafarde un pareil cloaque. Quelques pas encore et l'on tombe au milieu d'un bataillon féminin fort entreprenant. Le plus grand nombre de ces filles d'Ève semblent à peine arrivées à l'adolescence ; quelques-unes, sans être absolument jolies (une Annamite ne saurait l'être pour un Européen), ont je ne sais quoi d'agaçant dans la physionomie. Leur costume léger, laissant deviner des formes marmoréennes, et la singularité du cadre, donnent à ces pécheresses indigènes comme un attrait lascif. Mais une odeur impossible à analyser se dégage de cet essaim de nymphes à la peau de safran. Que l'on se figure pour-

---

(1) Promenade très fréquentée de Lorient.

tant un sachet composé d'huile de coco, de musc, de vinaigre de Bully — bienfait nouveau de la civilisation — et je crois aussi d'un peu d'ail, et l'on pourra peut-être se faire une idée de l'agréable mélange qui vous monte au nez en abordant ces lieux de *délices.* Aussi nous empressons-nous de rétrograder et de gagner au plus vite des quartiers moins... parfumés, jurant de ne pas recommencer, à l'avenir, de semblables voyages d'exploration.

CHAPITRE IV

Quelques jours après cette escapade, suivant sa promesse, Joseph nous conduisit au théâtre.

Lorsqu'on a assisté à une représentation chinoise, on ne sait vraiment ce qui cause le plus de satisfaction, ou d'avoir vu une chose réellement curieuse, ou de se dire qu'on ne sera certainement pas tenté de la voir encore. Le théâtre chinois n'a que bien peu d'analogie avec le théâtre européen; les représentations commencées dès le matin, comme dans nos baraques de foire, continuent, sans interruption, jusqu'à une heure avancée de la nuit; c'est un mélange de gros drame et de farces d'un goût très équivoque, entremêlées de pantalonnades grossières ; le tout avec accompagnement d'une musique dont on peut difficilement se faire une idée. Tam-tam, tambourin, gong, cymbales d'une espèce particulière, flûte suraiguë, psalmodies hurlées sur un ton nasillard; tels sont les éléments dont se compose l'orchestre; c'est à fendre un crâne germanique.

Le théâtre chinois de Saïgon, construit comme tous les théâtres chinois, est assez bien monté. Il possède de nombreux acteurs parmi lesquels se trouvent des acrobates d'une force surprenante; en voyant ces malheureux bondir et retomber à plat ventre ou à plat dos sur la planche dure, on se demande comment ils ne se brisent pas. Mais si leurs tours ont un cachet tout particulier d'originalité, ils sont ordinairement peu variés, et arrivent vite à fatiguer le spectateur européen. L'organisation de la salle est des plus primitives; de chaque côté d'un vaste parallélogramme, des galeries sans séparations; en face de la scène, une tribune en gradins; enfin, dans le bas, un vaste parterre, avec des tables, sur lesquelles les spectateurs indigènes consomment quantité de victuailles, d'un aspect plus ou moins repoussant, en s'humectant, de temps à autre, la tête, avec un linge trempé dans l'eau bouillante, pour se rafraîchir. L'éclairage est non moins dans l'enfance que le reste; des bougies de cire jaune ou de résine, quelques lanternes de papier; bref, c'est à peine si l'on y voit assez clair pour reconnaître son voisin.

Les rôles des deux sexes sont tenus par des hommes; pas l'ombre de naturel; une raideur de convention, des intonations fausses et des costumes représentant des personnages fantastiques. Il est évident que l'art scénique, comme tout, du reste, en Chine, est resté stationnaire et comme empaillé depuis des siècles.

Durant cette soirée, Joseph essaya de nous intéresser à l'action, en nous traduisant les parties saillantes des tirades débitées par les acteurs, et en nous initiant autant que possible à la suite de l'intrigue. Mais, soit inhabileté du traducteur, soit pour tout autre motif, nous n'éprouvâmes, à écouter notre complaisant interprète, qu'une grande lassitude et un ennui difficiles à dissimuler.

La salle entière donnait, par intervalles, des signes non équivoques de son assentiment; alors, Joseph s'arrêtait court; c'est inconvenant, disait-il souvent, je ne puis pas traduire cela. D'où je conclus, tant étaient nombreuses les marques de joie de l'auditoire, que la pièce était émaillée d'une infinité de malpropretés.

La semaine de relâche annoncée venait de s'écouler; nos préparatifs étaient terminés; nous avions reçu des invitations pour un bal d'adieux donné en notre honneur au gouvernement. L'instant du départ était donc proche. Si nous voulions faire une partie de chasse dans la plaine des tombeaux et passer une journée à l'inspection de Cholen, ainsi que nous y avait conviés un de mes bons camarades, administrateur des affaires indigènes, il fallait se hâter.

Le lendemain de la soirée au théâtre chinois, avant l'aube, je quittais le bord, armé de pied en cap, en compagnie d'un des Nemrods de l'état-major.

Au moment où nous accostions le débarcadère, un boy muni d'un grand panier de bambou, se présente:

— *Moi, ça, capitaine; bon boy pour porter gibier,* nous dit-il, dans le petit *sabire* propre aux Annamites.

— Toi, bon boy?

— Oui, capitaine.

— Eh bien, viens et conduis-nous, *là où il y a beau-coup bécassines.*

L'enfant enchanté, part et trotte devant, avec assu-rance, comme s'il eût été habitué, dès longtemps, à ce métier de chien de chasse.

Notre intention était de gagner la route stratégique et de nous rendre à Cholen, en tirant des bécassines le long du chemin. Nous connaissions, à peu près, la direction à suivre pour arriver à la plaine des tom-beaux; pourtant, une fois rendus au palais du gouver-nement, nous eûmes une minute d'hésitation; notre boy semblait attendre nos ordres; ne pouvant obtenir de lui une explication sérieuse, nous avisâmes un gendarme de faction à la grille du palais:

— Gendarme, s'il vous plait, où se trouve la plaine des tombeaux?

Ce gendarme était un penseur ou un mauvais plai-sant.

— Vous me demandez, nous répondit-il, d'un ton sentencieux, où se trouve la plaine des tombeaux; hélas! messieurs, il n'est pas difficile de la trouver; ici, elle est partout; la Cochinchine n'est-elle pas le tombeau de tous les Européens qui ont le malheur d'aborder ses rives?

Sur ce gai renseignement, nous nous remettons en route, non sans avoir remercié le bon gendarme; et toujours guidés par notre boy qui, enfin, a fini par s'orienter, nous arrivons bientôt sur le terrain de chasse.

A peine engagés dans les herbages qui bordent la grande route, les bécassines nous partent sous les pieds. Tous les chasseurs connaissent l'allure indécise de cette habitante des marais et sa réputation bien méritée de difficile à tirer. Après deux essais infructueux, ma troisième cartouche arrête au milieu de ses crochets capricieux une pauvre bestiole qui va, en tournoyant, se précipiter la tête la première dans une touffe verte et drue. Courir, atteindre le but que je n'ai pas quitté de l'œil, est l'affaire de dix secondes; mais en arrivant à la touffe, une bouffée d'air empesté m'arrête court; une odeur cadavérique me monte au nez et me secoue l'estomac; je n'ose avancer; et pourtant, je ne voudrais pas laisser là ma première victime. L'instinct du chasseur l'emportant, j'écarte résolument les herbes, mais, horreur! j'aperçois ma bécassine à côté d'un fragment de crâne humain encore mal dégarni de chair. Il s'en faut peu, à cette vue, que je ne laisse choir mon arme, et que je ne me sauve à toutes jambes.

Comment se fait-il, dira-t-on, qu'aux portes mêmes de Saïgon, le service de la voirie soit aussi mal organisé? A cela rien d'étonnant; malgré toutes les précautions prises dans le but d'assurer la salubrité publique, on ne peut parvenir à empêcher les Annamites pauvres d'enterrer, subrepticement pendant la nuit, leurs morts à leur façon, c'est-à-dire en les recouvrant à peine de quelques pelletées de terre; de telle sorte, qu'un beau jour, les corps sont facilement retrouvés par les fauves amateurs de pourriture qui hantent ces parages et laissent traîner après eux les horribles reliefs de leurs festins.

Cet incident m'avait totalement enlevé l'envie de

continuer ma chasse; nous circulions au milieu de tumuli, pour la plupart très anciens; et soit effet de l'imagination, soit réalité, j'étais poursuivi par l'odeur qui m'avait tant bouleversé. Durant plus d'un quart d'heure, je laissai filer les bécassines, sans avoir le courage de les saluer d'un coup de fusil.

Pendant ce temps-là, mon compagnon emporté par une ardeur juvénile barbotait dans les rizières et se livrait à une fusillade des plus heureuses, à en juger par ses courses, après chaque décharge, pour aller, sans doute, ramasser son gibier.

Cet exemple excitant mon émulation, j'essayai de mettre en pratique les conseils des chasseurs expérimentés: à savoir: ne jamais se presser, et attendre, pour tirer, le troisième crochet du volatile. Je ne tardai pas à être récompensé de mes efforts; en moins d'une heure, j'abattis une quinzaine de bécassines superbes, grasses et appétissantes. Ma cartouchière était vide; le soleil, à peine levé, dardait déjà ses rayons de feu. Je rejoignis mon camarade qui me montra, avec un certain orgueil, le produit de sa chasse s'élevant à environ vingt bécassines.

Après avoir vidé nos carniers dans le panier du boy, nous jugeâmes prudent d'aller nous mettre à l'abri et de nous diriger, par le plus court chemin, vers l'inspection de Cholen, dont les toits émergeaient au milieu d'un fouillis de verdure.

Tout en cheminant à travers les tombeaux, nous distinguions, au loin, devant nous, une certaine quantité d'animaux assez gros, dont nous ne pouvions préciser l'espèce. En avançant d'une centaine de mètres, nous reconnûmes à qui nous avions à faire; c'était une bande d'énormes vautours. J'avais en réserve, dans une des nombreuses poches de ma blouse, deux cartouches chargées à gros plomb; j'en glissai une dans l'un des canons de mon fusil, et faisant signe au boy de se tenir à l'écart, j'avançai avec précaution, en me dissimulant le plus possible derrière les tumuli. Le boy comprenant mon intention, manifesta d'abord un vif étonnement, puis, protesta autant qu'il put, par des gestes et des paroles dont je ne compris pas un mot, mais dont, pourtant, je devinai très bien le sens. Dans ces pays de choléra et de fièvres pestilentielles, le vautour est considéré comme un bienfait de la nature, comme un balayeur public patenté qu'il faut respecter. Les chasseurs sont terribles; j'étais parvenu, non sans peine, à environ trente mètres du groupe des oiseaux voraces, je distinguais leurs cous pelés, leurs têtes chauves, leurs pattes énormes; je voyais tous leurs mouvements, ils s'acharnaient à terminer quelque lugubre repas, et s'arrachaient les dernières miettes d'un déjeuner matinal. Je ne pus résister au plaisir de faire passer de vie à trépas une de ces vilaines créatures; malgré l'ahurissement du boy, je visai le mieux placé des carnassiers et l'un des plus gros; mon coup partit; la bande s'enleva avec un bruit d'ailes d'enfer; un des leurs râlait dans la poussière; à cette vue, l'instinct de la férocité l'emportant sur la peur, ils s'abattirent autour du mourant et, sans nul doute, ils allaient se repaître de la chair d'un frère, si nous n'étions arrivés à temps auprès du moribond.

— Qu'allez-vous faire de cette puante bête? me dit mon compagnon de chasse.

— La laisser ici, lui répondis-je; j'en serais vraiment fort embarrassé et serais désolé, au surplus, de priver ses camarades d'un excellent dîner.

Je coupai néanmoins et emportai, comme preuve et souvenir de mon exploit, une des pattes aux serres effrayantes du monstre ailé.

Un quart d'heure plus tard, nous entrions dans les dépendances de l'inspection de Cholen, où mon ami, prévenu de notre arrivée par ses Mata (1), était en train de nous faire préparer une collation. — D'ici à cinq heures du soir, nous dit-il, nous ne sortirons pas; jusqu'au déjeuner, je serai occupé par le service de l'inspection. Je vais vous indiquer vos chambres et la salle de bain, allez vous reposer; vers midi, je viendrai vous réveiller. Il était huit heures à peine, et déjà, la chaleur était extrême; après avoir pris un bain et nous être administré une douche glacée, nous nous faufilâmes chacun sous notre moustiquaire et nous nous endormîmes profondément sur une fraîche natte du Cambodge.

Vers midi, un joyeux brouhaha nous fit ouvrir les yeux; on riait, on causait dans l'antichambre. Où sont-ils, ces dormeurs, disait une voix de connaissance? C'était un de nos camarades du bord qui, ayant appris de notre domestique, qu'il devait, à dix heures, nous envoyer des effets de rechange, par un Malabar (2), s'était chargé de la commission.

(1) Soldats indigènes.
(2) Nom donné par les Européens, aux fiacres, parce qu'ils

Bientôt, nous fûmes sur pieds et, sans tarder, l'on se mit à table.

L'inspection de Cholen se composait alors, d'un inspecteur habitant, avec sa famille, dans un corps de logis complètement indépendant, et de deux administrateurs vivant sous le même toit, mangeant à une table commune, mais ayant chacun leur appartement séparé. C'étaient ces messieurs qui nous donnaient l'hospitalité.

En arrivant à la salle à manger, mon ami nous présenta à son collègue, officier d'infanterie de marine comme lui, et au Doc-fou, préfet annamite de Cholen. Ce fonctionnaire, dont j'eus, plus tard, l'occasion d'apprécier la noblesse de caractère et la franchise — qualités extrêmement rares chez les gens de sa race — a rendu à la France de grands services. Chevalier de la Légion d'honneur, il porte fièrement le ruban rouge sur son costume national. Possesseur d'une fortune personnelle arrondie par d'assez beaux appointements, il s'est créé un intérieur très confortable, où il est enchanté de recevoir, et où l'on est toujours sûr de trouver l'accueil le plus cordial et le plus empressé. La journée devait se terminer chez lui, par un diner improvisé à notre intention. — Doc-fou, lui répétait mon ami, faites vos recommandations à votre cuisinier, dites-lui bien que nous n'aimons pas la cuisine annamite, et qu'il mette *les petits plats dans les grands.*

sont à peu près tous conduits par des Indiens de la côte de Malabar.

Ne comprenant pas cet idiotisme, le Doc-fou ouvrait de grands yeux : — Non, *pas petits plats*, répondait-il, *grands plats*, soyez tranquilles, *bon cuisine.*

L'intelligent Annamite ne nous trompait pas ; après nous avoir montré sa maison de fond en comble, après nous avoir exhibé les tigres de sa ménagerie et fait admirer les curiosités de son musée, il nous offrit un excellent dîner servi à l'européenne. Chaque convive était flanqué de deux boys, dont l'un veillait à ce que les verres fussent toujours pleins, et l'autre, muni d'un éventail, ne cessait d'agiter l'air, afin de rendre la température supportable. Au dessert, contrairement aux usages annamites, la maîtresse de maison entourée de sa *couvée*, vint nous faire ses *laï* (1). Parmi les enfants, je remarquai une petite fille de huit à dix ans d'une beauté remarquable : des yeux noirs splendides, un teint brun, mais éclairé par un sang vif et généreux.

Comme je paraissais étonné de trouver ce type dans une maison indigène, notre amphitryon me regarda en riant : — Vous pensez, me dit-il, que je ne suis pas le père de cette enfant, et vous avez raison ; les Annamites sont trop laids pour produire quelque chose d'aussi joli ; vos camarades connaissent l'origine de cette fillette, ils vous la diront.

Nous apprimes alors que cette pauvre petite était née des amours d'un officier français avec une Annamite. Le père était parti, abandonnant comme tant d'autres, à l'aventure, le sang de son sang, la chair

____

(1) Salutations, hommages.

de sa chair ; laissant au hasard le soin de lui venir en aide, et de lui rendre une famille. Le brave Doc-fou avait, dans cette occasion, rempli le rôle du hasard.

— Ce que vous avez fait là est bien, dis-je à l'excellent homme en lui tendant la main ; il me la pressa fortement, une larme vint briller au bord de ses cils, il toussa pour s'éclaircir la voix, et ajouta : — Je suis bien heureux d'avoir chez moi la petite Française, je l'aime autant, peut-être plus que mes autres enfants ; j'en suis fier et je dois presque de la reconnaissance à son père de l'avoir laissée ici ; du reste, ce n'est point sa faute, à ce pauvre garçon, s'il est parti sans elle ; il ne pouvait pas l'emmener avec lui.

Eh non, il ne le pouvait pas ! Le Doc-fou avait raison ; pourquoi ? Demandez-le à ce barbare qu'on appelle le monde, à ce tyran auquel il faut, dans cette courte vie, tout sacrifier : saintes amours, joies, bonheurs et, souvent, devoirs sacrés ; demandez-le à ce maître rapace qui vous prend tout et ne vous rend rien ; qui use votre existence et qui, pour prix de tant de sacrifices, vous paie, quand il est de bonne humeur, en vent et en gloriole.

Pardonne donc à celui qui t'a donné le jour, mignonne créature, il n'est pas plus mauvais qu'un autre et n'est pas le plus coupable ; remercie Dieu qui t'a trouvé un autre père et maudis l'esprit fatal qui tient les hommes civilisés sous sa dépendance, et transforme souvent leur cœur en un dur caillou.

La soirée se continua très gaiement. Après le café, on congédia la petite famille et tandis que les boys, toujours armés de leurs grands éventails en plume, nous donnaient de l'air à tour de bras, des danseuses ou plutôt des poseuses, commandées par le Doc-fou pour nous faire une surprise, nous donnèrent une idée de l'art chorégraphique annamite.

Enfin, vers minuit et demi, ayant épuisé tous les genres de divertissements mis à notre disposition par notre hôte, nous rentrâmes à l'inspection où, pour la première fois depuis mon arrivée en Cochinchine, je pus goûter un sommeil paisible et réparateur, sur un lit large de deux mètres, à l'abri des moustiques et dans un lieu suffisamment aéré.

Cette nuit de repos était d'autant plus appréciable, que nous devions passer la suivante au bal.

Un bal au gouvernement ! Se fait-on bien une idée en France de ce que peut être un bal à Saïgon par trente à trente-cinq degrés de chaleur ; dans un pays où l'on ne peut pas supposer qu'une femme, qui n'a pas, au moins, tué père et mère, ose s'aventurer ; car enfin qui dit bal, dit femme ; si, pour faire un civet, on peut, à la rigueur, prendre un chat, pour donner un bal, il faut absolument des femmes ; on ne danse pas entre hommes, à moins que ce ne soit à bord, sur le gaillard d'avant. Eh bien ! des femmes on en a ; on en a même plus qu'il n'en faut; aussi un gouverneur n'est-il jamais embarrassé pour trouver le personnel féminin nécessaire à la formation de six ou huit quadrilles.

Dire que les danseuses sont florissantes de santé, serait beaucoup s'avancer ; plus d'une semble verdir sous le rose de la poudre à la maréchale et il est rare qu'une soirée se passe sans deux ou trois défections inopinées, pour des raisons qu'on ne donne pas, mais que tout le monde devine et qui n'ont absolument rien de poétique.

Quoi qu'il en soit, le groupe des danseuses formait ce soir-là un ensemble des plus chatoyants. Un paquebot et un transport avaient apporté dans la même semaine un contingent inaccoutumé de recrues ; bon nombre de nouvelles débarquées n'avaient pas encore payé leur tribut à la terre de feu ; et fraîches toilettes comme frais minois abondaient dans les splendides salons du gouvernement.

Pour un invité désintéressé de la danse et bien décidé à demeurer, nonobstant toute sollicitation, simple spectateur, cette exhibition était pleine d'attraits. La soirée, commencée par une représentation théâtrale d'une troupe chinoise exclusivement composée de femmes, se continua par le bal.

Des vastes balcons qui font le tour du palais et où sont installées de longues files de fauteuils et de lits en bambou, on pouvait jouir délicieusement du spectacle de l'intérieur, tout en écoutant les morceaux exécutés par la musique de l'infanterie de marine.

On a décrit mille fois les enivrements d'une fête de nuit ; il n'est pas un romancier qui n'ait fait assister son lecteur à quelque raout plus ou moins princier, sous un climat plus ou moins oriental, et dans des appartements féeriques. Je ne marcherai pas sur leurs traces ; ici rien de princier, d'oriental, ni de féerique ; tout ce qu'il y a de plus naturel, de plus classique ; et c'est justement ce classique, ce naturel qui deviennent extraordinaires et remarquables dans leur cadre exotique.

O puissance de la civilisation qui arrives, en moins d'un quart de siècle, à transformer un marécage en une cité; qui peux transporter à des milliers de lieues du continent européen, toutes les élégances, toutes les recherches de notre vieille société, c'est toi qui es la merveille ! Que dirait l'ombre de Phang-tan-gian (1), si, revenant un soir, sombre et pleine de remords, errer sur cette terre livrée aux *Barbares* par sa trahison, elle entendait les échos de sa citadelle renversée, redire les valses de Strauss et de Métra, ou les quadrilles d'Offenbach ! !

A trois heures du matin, l'amiral s'était retiré depuis longtemps, mais l'on dansait encore, les aides de camp ayant reçu l'ordre de *chauffer* l'entrain le plus longtemps possible. Nous jugeâmes bon, toutefois, de nous esquiver et de rentrer à bord.

Le lendemain dans la matinée, après avoir embarqué une compagnie d'infanterie de marine et divers officiers destinés à faire l'expédition du Tonquin ; après avoir pris une canonnière à la remorque, nous quittions Saïgon, en faisant des vœux pour ses aimables habitants, mais en espérant, du fond du cœur, ne les revoir que sous un ciel plus clément. C'était une

---

(1) Mandarin qui, par sa trahison, a facilité la victoire des Français et assuré leur triomphe en Cochinchine. Phang-tan-gian, saisi par le remords, s'est suicidé peu de temps après la conquête et ses fils ont juré une haine éternelle à la France.

illusion ; notre mauvaise étoile devait nous ramener à Saïgon, encore bien des fois ; mais le lecteur peut, sans crainte, dire un adieu définitif à cette ville ; je ne l'y conduirai plus.

CHAPITRE V

La traversée de Saïgon au golfe du Tonquin, où nous devions débarquer nos passagers et larguer les remorques de notre canonnière, fut des plus accidentées. Partis le 23 octobre, à dix heures du matin, nous n'arrivions à l'embouchure du Cam (1) que dans l'après-midi du 7 novembre.

Nous mimes donc à effectuer ce voyage, le double, environ, du temps employé d'habitude, dans les conditions normales, par les navires à vapeur de marche moyenne.

La première journée fut assez belle, et malgré l'entrave apportée à notre vitesse par la canonnière remorquée, nous ne cessâmes guère de filer huit nœuds. Mais en arrivant par le travers de Padaran (2), nous trouvâmes une forte houle et des courants contraires qui réduisirent notre allure de la façon la plus sensible. Tandis que le loch accusait six nœuds de vitesse, nous

(1) Grand cours d'eau affluent du fleuve Rouge.
(2) Nom d'un cap de la côte d'Annam.

n'avancions pas en réalité de plus de trois milles à l'heure.

Les remorques fatiguaient beaucoup ; une lame courte et dure imprimait à la canonnière des secousses effrayantes ; on l'avait allégée de tous ses gros poids : canons, embarcations, vivres, projectiles ; et pourtant on pouvait craindre à chaque minute de la voir sombrer et couler à pic ; un homme de garde à l'arrière avait pour consigne de veiller sans cesse et de trancher l'aussière d'un coup de hache en cas de danger.

Enfin, la mer devint si mauvaise que le commandant n'hésita pas à rallier la terre pour chercher un abri dans le premier havre placé sur notre route.

Nous relâchâmes d'abord dans la baie de Xuandaï où, durant quarante-huit heures de repos forcé, nous eûmes le temps d'explorer la côte, le fusil sur l'épaule, et de faire, à la grande joie de notre chef de gamelle aux abois, des hécatombes de petites cailles rondelettes, d'une espèce particulière, qui abondent dans ces parages.

Ne pouvant rester indéfiniment à Xuandaï et le vent s'étant légèrement calmé, nous reprîmes le large, mais ce fut pour être obligés de chercher bientôt un nouveau refuge.

Un matin, nous avions dépassé la baie de Tourane, le temps semblait s'être mis au beau. Notre commandant, marin consommé, ne paraissait pourtant pas satisfait ; il arpentait le pont à grands pas, d'un air soucieux et flairant, pour ainsi dire, la tempête. Vers dix heures, après avoir conféré avec son second, il donna l'ordre de mettre le cap sur la terre et d'allumer les feux de la canonnière. Rien ne motivait, en apparence, cette détermination ; il faisait calme plat ; mais le baromètre avait, paraît-il, des soubresauts inquiétants.

A onze heures, nous étions à l'abri derrière la petite île de Culao-Cam. Le calme continuait, le baromètre avait repris son aplomb. Le commandant, très perplexe d'abord, puis, enfin, pensant s'être tout à fait trompé, venait de faire appeler au poste d'appareillage ; on était sur le point de virer au cabestan, quand, tout à coup, une rafale terrible passant par-dessus l'île, vint s'abattre sur nous, avec une violence, une impétuosité inouïes.

Au lieu de relever l'ancre, on s'empressa de mouiller la seconde et d'affourcher (1) ; on cala les mâts de hune et l'on rentra les embarcations. L'enseigne de vaisseau capitaine de la canonnière fit embarquer son équipage à la hâte, fila ses remorques et gagna la terre en *pagaye* (2), oubliant même d'emporter des vivres, ce qui le força, lui et ses hommes, à manger, pendant quarante-huit heures, du riz, seul approvisionnement laissé à bord pour le temps de la traversée.

Durant toutes ces opérations, la tempête n'avait pas cessé de redoubler de fureur. Bientôt la pluie était venue se mettre de la partie. Nous étions mouillés près de terre, dans des eaux presque calmes ; nous

(1) Expression maritime qui signifie mouiller ses deux ancres de façon à ce que le vent à craindre soit la bissectrice de l'angle formé par les deux chaînes.

(2) Argot maritime, synonyme de désordre.

pouvions donc assister, avec une tranquillité relative et sans courir de graves dangers, au spectacle grandiose de ce phénomène qu'on nomme cyclone ou typhon ; c'était horrible et superbe à voir. Rien ne peut donner une idée de la violence du vent : tout sur le pont était saisi (1), comme si nous eussions été en pleine mer. L'officier de quart, sur la passerelle, avait grand'peine à se tenir debout, tant l'effort des rafales était puissant. Nous voyions incessamment passer au-dessus de nos têtes des bandes immenses d'oiseaux voyageurs entraînés dans le tourbillon. A terre, tout était bouleversé ; les misérables cases des indigènes renversées, les arbres déracinés, étaient soulevés et emportés comme autant de fétus de paille.

Le commandant, enchanté de son inspiration, avait repris toute sa bonne humeur, il n'était pas absolument exempt de craintes sur l'issue de ce coup de tabac (2), mais il avait conscience d'avoir sagement agi, d'avoir sauvé la canonnière d'une perte certaine et son navire d'une aventure dont les suites pouvaient tourner au tragique.

O brave commandant, combien mon cœur se gonfle de tristesse, en pensant que vous n'êtes plus ; vous qui m'aviez manifesté tant de bonté ; vous qui saviez si bien reconnaitre les efforts de vos subordonnés pour vous seconder dans votre mission ! Pourquoi l'implacable maladie vous a-t-elle ravi si prématurément à l'amour des vôtres, à l'estime et à l'amitié de tous ?

(1) Expression maritime, signifiant arrêté, attaché, retenu.
(2) Argot maritime, synonyme de tempête.

S'il fallait à l'aveugle fléau, une victime de votre rang, ne pouvait-il frapper ailleurs? Faut-il donc que les bons sur cette terre soient les premiers rappelés dans une autre vie? Hélas ! récriminations inutiles, vains regrets ! Le froid tombeau où vous reposez, dans votre cher pays de Bretagne, ne vous rendra pas à ceux qui vous pleurent. Mais si la mort a tué votre corps, le temps ne saurait effacer votre souvenir du cœur de vos amis.

Pendant trente heures environ, la tempête fit rage; vers le milieu du second jour, subitement le calme survint, calme plat, sans un souffle de brise. Vite, alors, on se mit à l'ouvrage; les chaînes des ancres étaient emmêlées, tiraient l'une sur l'autre; cette situation pouvait devenir dangereuse; il fallait les relever, les démêler et terminer ce périlleux travail avant la *renverse.*

Un cyclone n'est absolument qu'un immense tourbillon courant sur la mer, avec une rapidité plus ou moins grande. Comme tous les tourbillons, le cyclone a donc une partie centrale où règne le calme. Malheur au navire pris en mer dans cette zone perfide, rien ne peut le faire sortir du cercle fatal au milieu duquel il est entraîné et l'on peut dire qu'il est irrévocablement perdu.

L'art du marin consiste d'abord à prévoir le phénomène, et à manœuvrer, soit pour l'éviter, s'il en est temps encore, soit pour chercher un abri, soit enfin, en dernière analyse, pour se tenir en dehors du centre. Il existe, pour arriver à ce dernier but, des règles fixes absolument certaines; mais mieux vaut mille fois ne pas être obligé d'y avoir recours. Notre commandant avait adopté la seconde de ces trois solutions.

Lorsqu'un navire subit un cyclone au mouillage et qu'il peut résister, grâce à un abri quelconque, à la fureur des vagues, il se trouve, à un certain moment, au centre du phénomène qui passe sur lui, sans pouvoir l'entraîner. Il éprouve alors un calme parfait d'une durée plus ou moins longue; puis, la tempête recommence jusqu'à ce que le géant des mers aille porter dans d'autres contrées la mort et la dévastation.

Nous étions au centre du cyclone. Sachant que la tranquillité dont nous jouissions ne durerait pas longtemps, on travaillait avec une sorte de frénésie; mais les ancres étaient à peine relevées que le vent reprit avec fureur; il nous assaillit de nouveau, brusquement, brutalement, sans préambule, comme un coup de canon. On laissa retomber précipitamment les ancres à l'eau, avec le paquet de chaînes embrouillées; il était temps, cinq minutes de retard, et nous étions à la côte.

Le second acte de cette pièce à grand orchestre dura moins que le premier. Vers minuit, le vent commença à mollir et, au petit jour, il tomba complétement.

Durant la journée suivante, l'équipage travailla à remettre tout en ordre à bord; la canonnière revint à son poste, et son capitaine affamé nous raconta, entre deux *beef-steaks*, que peu s'en était fallu qu'il ne fût obligé de renouveler la scène du *petit navire* et de tirer à la courte paille, *pour savoir qui, qui serait mangé*. Mais avant d'en arriver à cette dure extrémité, n'ayant même pas la consolation de pouvoir, le cas échéant, dévorer un mousse, on avait résolu, en conseil suprême, d'épuiser d'abord la provision de riz, ce qui donnait bien au moins quinze jours de marge.

L'intention du commandant étant de ne pas partir avant le lendemain, dans la matinée, ceux des officiers dont la présence n'était pas nécessaire à bord, purent descendre à terre et constater les dégâts causés par l'ouragan, sur la petite île de Culao-Cam.

. Les indigènes, à peine revenus de leur terreur, sortaient petit à petit de je ne sais quelles cachettes où ils s'étaient blottis pendant la tourmente. On se serait cru au milieu du chaos; tout était renversé, brisé, saccagé; les paillottes étaient défoncées, les toits emportés; le vent, la pluie avaient entraîné, pêle-mêle, les arbres déracinés, les clôtures, les instruments aratoires et le pauvre mobilier des cases; c'était un spectacle navrant.

Nous cherchâmes en vain, pendant deux heures, quelques pièces de gibier; nous ne rencontrâmes pas un oiseau ; tous avaient été noyés par l'eau du ciel ou jetés à la mer par la violence de la tempête. Seuls, quelques singes gambadant sur le bord d'un bois enchevêtré de lianes impénétrables se présentèrent à nos coups, mais aux premiers grains de plomb sifflant à leurs oreilles, ils détalèrent en faisant des grimaces et en poussant des cris aigus et discordants.

Plusieurs de mes compagnons étaient désolés de ne pas pouvoir atteindre ces malheureuses créatures;

pour mon compte, j'étais enchanté qu'il ne se fût commis aucun meurtre de cette espèce. Il est toujours triste, à mon avis, de tuer une bête innocente, dont on ne peut tirer parti ; l'utilité, après la nécessité, est la seule excuse de la cruauté du chasseur.

Chasseur moi-même et chasseur infatigable, à l'occasion, je n'ai jamais tué un chevreuil sans éprouver une sorte de remords, et sans me sentir la paupière humide en entendant ses plaintes presque humaines.

Quant aux singes, je suis loin de tenir le gorille pour un de nos ancêtres et n'ai pas, sur leur parenté plus ou moins authentique et officielle avec nous, des idées aussi savamment et nettement arrêtées que celles du docteur Carl Vogt et de l'illustre Darwin. Certes, je suis le premier à reconnaître que ces malicieux quaurumanes sont, moralement et intellectuellement parlant, fort éloignés de l'homme qui, au dire de Pascal, *n'est ni ange ni bête* et, d'après Lamartine, se trouve être *un Dieu tombé qui se souvient des cieux.* Toutefois il me sera permis d'avouer qu'il existe — physiquement — de tels points de ressemblance entre les singes et nous, qu'il est impossible, après leur avoir envoyé du plomb dans le corps, d'assister à leur agonie, sans se demander, avec une certaine angoisse, si l'on ne vient pas d'assassiner un de ses semblables. Aussi, après plusieurs expériences de ce genre, me suis-je juré de respecter ces animaux qui, s'ils ne sont pas de notre race, sont, pour la plupart, des êtres inoffensifs, dont la chair et la peau ne peuvent, le plus souvent, servir à quoi que ce soit.

La dernière fois que j'eus la malencontreuse idée de

tirer sur un singe, c'était pendant notre séjour au Tonquin. Une après-midi, je longeais en baleinière la côte est du golfe, faisant une abondante récolte de merles bleus dont la chair délicate et parfumée nous fournissait des rôtis succulents. Plusieurs fois déjà, depuis une heure, les matelots m'avaient indiqué des singes se balançant dans les arbres, ou nous faisant des grimaces du haut des rochers ; je les avais mis en joue, puis, retenu par une sorte de sentiment d'humanité, j'avais abaissé le canon de mon fusil ; c'eût été un crime de bombarber ainsi, au repos, ces pauvres diables sans méfiance. Mon embarcation côtoyait la terre de très près ; tout à coup, je vis bondir, entre deux rochers, une masse grise ; l'instinct du chasseur se réveilla ; l'animal se dérobait ; sans réfléchir, je lançai mon coup dans la direction du fuyard. Le patron, sans attendre mes ordres, accosta la plage, deux hommes sautèrent sur le sable ; je les suivis, le fusil à la main. A ce moment, une plainte lugubre vint frapper mon oreille ; une seconde, j'eus le frisson ; si ce n'était pas un singe?... si c'était un enfant indigène!... Cette horrible pensée ne fit que traverser mon esprit, car aussitôt, l'un des matelots qui m'avait devancé, s'écria, en escaladant une grosse pierre : Le voilà, le voilà, il n'est pas mort, c'est un singe superbe ; il est blessé à la tête. C'était en effet un singe gris, de la famille des chimpanzés, d'une assez belle taille. La pauvre bête, accroupie contre la pierre, dans une posture toute humaine, se tenait la tête à deux mains, et poussait des gémissements à fendre l'âme. Mon premier mouvement, à cette vue, fut d'achever ma victime, en lui envoyant, à deux pas, une charge de plomb à sanglier. L'aide-médecin qui m'accompagnait détourna mon arme.

— Laissez-moi, maintenant, me dit-il, faire mon métier..

— Quelle est votre intention ? répartis-je.

— Essayer de panser la blessure de cet animal, l'emporter à bord, et le sauver si c'est possible.

— Ne croyez-vous pas qu'il serait plus humain d'abréger ses souffrances ?

— Ce n'est pas mon avis ; j'ai, à cet égard, des idées particulières ; au surplus, si je ne parviens pas à guérir mon malade, son cadavre me fournira un sujet d'études anatomiques fort intéressantes ; je tiens à l'avoir en bon état ; réservez donc votre poudre pour une meilleure occasion.

Ne pouvant m'opposer à la fantaisie du docteur, je n'objectai rien. Les matelots jetèrent une vareuse sur le blessé et l'empaquetèrent avec des précautions presque inutiles, car la malheureuse bête était dans un état d'ahurissement qui lui avait enlevé toute envie de se défendre.

Malgré une indifférence affectée, cet incident nous avait tous plongés dans la mélancolie ; j'étais, pour mon compte, fort mécontent de moi-même. A bord ! dis-je un peu brusquement au patron. Les baleiniers, habitués à me voir continuer mes chasses aux merles bleus, souvent jusqu'au coucher du soleil, se regardèrent étonnés ; l'un d'eux, un Breton de Port-Louis, avec lequel j'avais, autrefois, poursuivi les canards dans les coraux de Groix et sur les plages de Larmor et du Kernevel, essaya de rallumer mon ardeur en m'indiquant des merles occupés à picorer à dix mètres de nous. Je secouai la tête négativement et, vingt minutes plus tard, nous rentrions dans notre maison ı. ´llante.

L'aide-médecin fit transporter son nouveau client à la pharmacie.

— Qu'allez-vous faire? lui demandai-je, pour la seconde fois, en descendant l'échelle du carré.

Il prit un air mystérieux, mais ne répondit pas.

Un gémissement du singe que l'on déficelait en ce moment m'empêcha d'insister.

En entrant au carré, j'avais, paraît-il, une figure tellement à l'envers qu'un de mes camarades me demanda s'il m'était arrivé un accident. Je racontai ma mésaventure. Bah ! me dit le joyeux compagnon, pour une bête, pour un singe, ce n'est pas la peine de se monter ainsi la tête. — Pour un singe, ripostai-je, vous en parlez à votre aise ; et si le singe n'était par hasard qu'un homme déchu ou en train de se perfectionner ?

Cette réflexion faite d'un ton solennel et sentencieux excita la joie de mes auditeurs qui m'assaillirent de plaisanteries et se livrèrent, en quelques minutes, à toutes les divagations, connues ou inédites, sur ce thème, spirituelle boutade, présentée d'une façon si originale par Edmond About : « L'homme est un sous-officier d'avenir dans la grande armée des singes. »

Pendant ce temps-là, le jeune médecin, flanqué d'un infirmier, s'était enfermé dans la pharmacie avec son sujet et, après s'être convaincu que celui-ci ayant à la tête une blessure sans remède, rendrait probablement le dernier soupir, avant peu, il se préparait à mettre à exécution ce qu'il entendait par ses idées particulières.

Du premier coup d'œil, monsieur le *carabin*, comme l'appelaient, à bord, les matelots, avait reconnu d'abord, que mon singe était une guenon et que, de plus, la pauvrette était dans une situation intéressante.

Quelle belle occasion, s'était dit le disciple d'Hippocrate, de tenter une opération césarienne!

C'était en effet une occasion unique; mais il fallait agir en secret.

Donc, pendant qu'on dissertait, au carré, sur notre parenté plus ou moins éloignée avec le clown des forêts, le copiste de l'homme comme dit Voltaire, monsieur le *carabin* procédait à la plus terrible des opérations chirurgicales connues. Après avoir préalablement endormi sa patiente à l'aide du chloroforme, il l'avait étendue sur la table à pansements, et s'était prestement mis à la besogne; aussi, un quart d'heure s'était à peine écoulé qu'il nous apportait enveloppé dans un vieux gilet de flanelle, un petit être tout rouge, sans poil, ressemblant d'une façon désespérante à un nouveau-né avant terme. C'était le fruit de la malheureuse guenon.

L'enfant n'était pas vigoureux, il ne vécut guère plus d'une heure; d'aucuns même prétendirent qu'il était mort-né; mais le jeune Esculape soutint énergiquement le contraire. Quant à la mère, grâce à une seconde et forte dose de chloroforme, elle ne reprit pas ses sens; et l'on put ainsi, en la jetant à l'eau dans cet état comateux, la faire passer de vie à trépas sans nouvelles souffrances.

Nous étions tout à l'heure, sur l'ile de Culao-Cam, occupés à constater les effets du cyclone ; ma digression au sujet des singes nous a entraînés loin de là ; revenons au point de départ ; nous y resterons peu de temps, car le lendemain, dès huit heures du matin, nous nous remettions en route, le cap sur l'embouchure du fleuve Rouge. Mais il était écrit que nous ne ferions la route de Saïgon au Tonquin que par courtes étapes et à petites journées ; en effet, vers deux heures de l'après-midi, nous fûmes encore obligés de relâcher, tant était mauvais, au large, l'état de la mer encore suffoquée de la colère de l'avant-veille.

Le nouvel abri choisi par le commandant était un lieu ravissant, la lagune de Fo-ya, véritable lac aux ondes transparentes.

Malgré l'heure assez avancée du jour, nous ne pûmes résister à la tentation de descendre à terre. Le commandant se souciait médiocrement de nous y autoriser; la côte était inhabitée, très sauvage et couverte de bois ; il n'était pas prudent de s'y aventurer. Nous partîmes néanmoins, après avoir promis à notre excellent chef de nous conformer aux recommandations suivantes: ne pas nous éloigner du rivage de la mer; tirer de loin en loin des coups de fusil afin d'effrayer les fauves ; enfin rallier le bord, dès que nous verrions apparaître, en tête du grand mât, le pavillon de rappel.

Cette côte déserte m'attirait d'une façon toute particulière ; dans l'ardeur de mon imagination, je me figurais faire un voyage de découvertes ; aussi, à peine à terre, laissant les canotiers et quelques officiers passagers, je m'élançai avec un de mes bons amis en plein fourré.

Nous entendions chanter des coqs sauvages, à deux pas de nous, dans les halliers; nous les écoutions prendre bruyamment leur vol, et nous croyions à chaque instant pouvoir les atteindre ; mais les maudites bêtes, toujours chantant de leur petite voix claire de trompette, toujours voletant, fuyaient devant nous comme des esprits moqueurs. Fatigués de cette course improductive, à travers une véritable forêt vierge, nous allions rebrousser chemin et revenir sur nos pas quand nous nous trouvâmes, tout à coup, dans une vaste clairière couverte de hautes herbes sèches. Ce terrain facile à arpenter était trop engageant. Allons jusqu'à l'autre bout, me dit mon compagnon, nous reviendrons ensuite. Affaire conclue. Dès nos premiers pas à travers les herbes, des cailles nous partent dans les jambes, et la fusillade commence. Bon, pensai-je, ce n'est pas trop tôt, le commandant sera satisfait s'il entend notre petite guerre. Au moment où, à part moi, je faisais cette réflexion, mon compagnon lâche un énorme juron : — A vous ! me crie-t-il, des paons ! Mille tonnerres, j'ai du plomb d'alouettes dans mon fusil !

Je vis les herbes s'agiter, dans la direction d'où venait la voix; je distinguai vaguement du noir, du gris, du bleu, passer comme le vent, à dix pas de moi; j'envoyai mes deux coups, à tout hasard, au jugé ; mais hélas ! moi aussi je n'avais que de la cendrée dans mes cartouches ; les superbes animaux ne daignèrent même

pas s'envoler au bruit inoffensif de ma poudre. C'était
à s'arracher les cheveux de désespoir. Courons, dis-je
à mon copain, peut-être pourrons-nous les rejoindre
et les forcer à se lever. Vaine et naïve espérance ; de
l'autre côté de la clairière, le bois recommençait,
plus impénétrable, plus inextricable que sur la côte ;
il fallait absolument borner là notre excursion ; du
reste l'heure de rentrer à bord devait être sonnée.
Nous nous mîmes donc en route ; mais au lieu de
prendre le chemin que nous venions de tracer dans
les herbes, nous suivîmes la lisière du bois, dans
l'espoir de retrouver, peut-être, nos paons. Nous n'a-
vions pas marché pendant cinq minutes, que mon ami
s'arrêta court. — Regardez, me dit-il en me mettant la
main sur le bras.

— Quoi ? Je suivis la direction de sa main étendue :
à un mètre de nous, près d'une petite flaque d'eau,
gisaient des restes sanglants, nous avançâmes et
reconnûmes deux têtes, tout un arrière-train, et trois
ou quatre pieds de chevreuil. Il était facile de deviner
d'où provenaient ces dépouilles. Les dineurs étaient
partis sans régler l'addition ; mais le sol humide portait des marques non équivoques de leur passage,
pouvant tenir lieu de cartes de visite. — Filons, conclut
mon complice, il est temps ; en voyant les paons,
j'aurais dû me douter que ces parages étaient mal
habités ; le paon et le tigre vivent toujours côte à
côte.

— Eh bien filons ! répondis-je, mais emportons au
moins un souvenir de notre expédition ; et je ramassai
les deux têtes de chevreuil ; singulières petites têtes

ornées de cornes à moitié recouvertes de poil et garnies de deux grandes dents semblables à des défenses
de sanglier. Nous reconnûmes plus tard que ces têtes
appartenaient à des individus de l'espèce des chevro-
tins porte-musc ; mais pour le quart d'heure nous
ne songions guère à faire de l'histoire naturelle.

Le plus pressé était de regagner la côte et de rejoindre notre canot.

Le soleil était très bas ; évidemment nous étions en
retard et nous commencions à craindre d'être pris par
la nuit qui, dans les pays intertropicaux, succède,
presque sans transition, au coucher de l'astre radieux.
Déjà les mille bourdonnements, les grincements de
tout genre, produits par l'innombrable tribu des insec-
tes nocturnes, commençaient à se faire entendre.
Nous marchions aussi vite que possible, mais avec
une sorte de crainte d'être mal orientés. Le jour bais-
sait à vue d'œil ; c'est tout au plus si nous distinguions
les objets à dix pas de nous ; encore quelques instants
et nous allions être entourés de ténèbres. Nous devions,
suivant notre estime, avoir fait au moins le double du
chemin nécessaire pour rallier la côte ; nous étions
sans doute égarés.

Pendant que, sans nous les communiquer, nous
faisions, chacun de notre côté, les mêmes réflexions,
nos camarades étaient fort inquiets des deux chasseurs
écervelés. Depuis plus d'une demi-heure, le pavillon
de rappel flottait en tête du grand mât ; une embarcation envoyée aux renseignements par le commandant
avait porté à bord la nouvelle que deux officiers man-
quaient à l'appel. Tout à coup je crus entendre dans

le lointain, une détonation d'arme à feu, aussitôt nous lâchâmes nos quatre coups, à une seconde d'intervalle. On répondit immédiatement à notre appel, par quatre coups tirés dans les mêmes conditions.

Il était clair que nous avions dépassé le point du rendez-vous, de plus d'un demi-kilomètre, mais nous avions dû marcher presque parallèlement à la côte et ne pas en être bien éloignés. En effet, en obliquant brusquement sur notre droite et en marchant perpendiculairement à la route parcourue jusqu'alors, nous ne tardâmes pas à entendre le bruit du flot se brisant sur la plage et bientôt nous arrivâmes à la mer.

Il faisait nuit noire, notre navire avait ses feux de position; nous n'apercevions pas le canot; mais, au bruit de ses avirons, nous reconnûmes qu'il venait à notre rencontre.

Moins d'un quart d'heure après, nous escaladions l'échelle du bord, assez penauds de notre escapade et préparés à recevoir une verte admonestation du commandant.

Nous l'attendons encore. A notre grande surprise on ne nous adressa pas le moindre reproche. Je compris plus tard l'indulgence du commandant en cette occasion; très ardent lui-même pour la chasse, il pardonnait tous les entraînements qui résultent de cette passion.

Quarante-huit heures plus tard, nous arrivions enfin au terme de notre voyage à l'embouchure du Cam, un des affluents du fleuve Rouge. Le peu de profondeur des eaux nous empêchant d'approcher de terre, nous mouillâmes à environ deux milles de la côte, par le travers du morne Daou-tchoun. En moins d'une demi-journée, la canonnière fut réarmée ; on lui rendit sa pièce de dix-neuf, ses embarcations, ses vivres, son matériel, ses munitions ; et livrée à ses propres moyens, elle partit, allant rejoindre dans l'intérieur le chef de l'expédition, arrivé quelques jours avant sur un autre bateau.

Pour nous, conformément aux ordres reçus, nous attendimes les événements. Ils ne se firent pas long-temps désirer ; bientôt, effectivement, nous entrâmes dans la longue série d'aventures qui constituent l'expédition du Tonquin.

Retracer une à une les nombreuses péripéties auxquelles a donné lieu cette entreprise guerrière, n'entre pas dans mon plan. Il faudrait citer trop de noms propres, et en mettant en scène des personnages vivants, alarmer leur modestie, sans aucun doute ; tel n'est pas mon but. D'autres avant moi, du reste, sont parvenus, à l'aide de renseignements recueillis de droite et de gauche, à écrire sur ce sujet des choses fort intéressantes.

Je me bornerai donc, dans les chapitres suivants, à traiter la question à un point de vue simplement humoristique, laissant à des plumes plus autorisées le soin d'apprécier les faits et d'en déduire les conséquences.

CHAPITRE VI

Le Tonquin. — Quelques mots sur l'histoire, la géographie,
l'ethnologie et les ressources du pays. — Départ pour Hanoï.
— Heureux coup de main.

Qu'est-ce que le Tonquin?

Bien que la France ait porté naguère, en ce pays,
ses armes victorieuses et qu'elle y ait accompli ce que
l'on pourrait appeler une fantaisie guerrière en sept
ou huit tableaux, sorte de féerie tragique couronnée
par une sanglante apothéose, beaucoup de gens l'igno-
rent complètement.

Chez les uns, ce nom n'éveille qu'un vague souvenir
de missionnaires martyrisés et de petits enfants livrés
aux pourceaux : réminiscence classique de la littérature
sacrée des *Annales de la propagation de la foi*. Chez
d'autres, le mot de Tonquin ne rappelle absolument
rien et n'éveille aucune idée.

Est-ce une contrée d'outre-mer ou un haut personnage étranger? Il n'est pas nécessaire d'être fixé sur
cette grave question pour faire fortune en vendant des
bonnets de coton à la porte Saint-Denis, ou pour
obtenir un brevet de gommeux de première classe, sur
n'importe quel boulevard.

D'aucuns, plus versés dans la géographie, mais en

retard de plusieurs siècles, sont tentés de vous traiter d'ignorant si vous leur affirmez que le Tonquin n'est pas une province de la Chine, mais qu'il fait bel et bien partie intégrante de l'empire d'Annam.

Quand on voit, du reste, à chaque instant, confondre, avec une bonhomie réjouissante, la Cochinchine avec la Chine et la Chine avec le Japon, il n'y a plus lieu de s'étonner de rien. Au surplus, en cette matière, comme en bien d'autres, les opinions sont libres ; témoin cette anecdote historique :

On plaidait au civil devant la cour d'appel de Besançon ; la cause était claire comme le jour ; l'une des parties soutenait une doctrine contraire au plus simple bon sens. *Chacun a son avis*, répétait à tout instant l'avocat défendeur. — Parbleu, cher confrère, dit l'avocat demandeur à bout d'arguments, vous avez parfaitement raison, *chacun a son avis*, M. X... prétendait bien, hier soir, au cercle, que Chandernagor est une *île* ; comme vous le voyez, chacun a son avis.

Sur ce mot, la cour, ne pouvant plus tenir son sérieux, déclara la cause entendue et se retira pour délibérer.

Donc, *chacun a son avis*. Dieu sait pourtant si les livres de voyage manquent dans nos bibliothèques ! Il n'est pas un *glob-trotter* qui n'éprouve, en rentrant au bercail, le besoin de faire paraître le journal de ses impressions particulières. J'ai déjà cédé moi-même à cet entraînement et je m'y laisse aller encore aujourd'hui. Depuis quelque temps aussi, certaines femmes n'ont point su résister au plaisir de profaner leur cahier bleu ou de livrer à la curiosité publique le secret des lettres adressées à leur famille durant le cours de leurs lointaines pérégrinations. C'est un salutaire engouement dont le résultat est de permettre à bien des amateurs effrénés d'aventures et de navigation, de faire agréablement le tour du monde, en pantoufles et en robe de chambre, entre le déjeuner et le dîner, sans quitter le confortable de leur *home*.

Quoi qu'il en soit, le Tonquin est encore peu ou mal connu. Avant ces dernières années, il n'avait guère été exploré que par les pères de la compagnie de Jésus, ou les prêtres des missions étrangères, dont les écrits, tout en ayant une valeur incontestable, n'offrent qu'un médiocre intérêt au lecteur profane qui veut bien se laisser instruire, mais qui désire surtout être amusé.

Le nom de Tonquin, qu'il s'écrive ainsi, d'après la dernière orthographe officiellement adoptée en France, ou qu'il prenne plus ou moins de G, ou de K, vient de deux mots chinois : *Tun* et *quin* ou *long* et *kin; quartier du côté de l'Orient*, autrement dit : *Cour Orientale.*

Pour mériter cette épithète, le pays ainsi baptisé, pensera-t-on naturellement, doit se trouver sans aucun doute, à l'orient de l'Annam. Eh bien! pas le moins du monde; il est au nord de cet empire. Alors pourquoi cette figure de rhétorique, véritable non-sens géographique? Il faut, pour répondre à cette question, se reporter bien loin en arrière, au temps où la Chine, comme une pieuvre immense, étendait ses tentacules administratives dans le Sud-Est, au delà du royaume de Siam. A cette époque, les maîtres fastueux du Céleste-Empire, après avoir passé la saison chaude à leur *Cour du Nord, Pékin,* allaient au-devant du soleil et venaient, pendant l'hiver, s'établir sur les rives tempérées du fleuve Rouge, dans leur *Cour d'Orient, Tonquin.*

Il en est de ce nom de pays comme de tout ce qui a été emprunté à la Chine par l'Annam, ou plutôt, comme de tout ce que la Chine a laissé derrière elle, en se retirant au nord. L'épithète de *Cour Orientale* ne convient pas plus à la partie de la Cochinchine à laquelle elle est dévolue que la plupart des usages d'origine chinoise, adoptés sans discernement et conservés, avec un respect sans bornes du *statu quo*, par les Annamites.

Le Tonquin, proprement dit, a pour confins: au sud, la Cochinchine et le Laos; au nord, la Chine, par la province de Canton; à l'est, cette même province et le golfe de la mer de Chine, appelé de son nom, *golfe du Tonquin;* enfin, à l'ouest, le Laos, le Lac-tho et encore la Chine, par les provinces du Yunan et de Kuan-si.

Après son divorce avec la Chine, le Tonquin a passé par de nombreuses péripéties politiques; tantôt dépendant, tantôt indépendant de l'Annam, il est retombé depuis longtemps sous sa domination; et maintenant, s'il change de maître, ce qui ne saurait beaucoup tarder, ce sera pour passer aux mains des *Barbares d'Occident* qu'on appelle les Français.

Malgré plusieurs siècles d'annexion à l'Annam, le Tonquin ne s'est pas entièrement assimilé à son vainqueur et il semble régner dans ce pays un esprit d'indépendance qui, le cas échéant, pourrait bien encore susciter de graves ennuis à la Cour de Hué. Le Tonquinois est un Annamite, mais il est moins efféminé, moins abâtardi que son compatriote du sud. A quoi cela tient-il ? Est-ce au climat, ou à son origine et à certaines tendances naturelles dont il aurait hérité de ses pères ?

Au point de vue physique, le Tonquinois est moins laid que l'Annamite des provinces chaudes ; il est plus grand, plus fort et moins jaune. Parmi les femmes, on rencontre assez souvent de jolis types, ce qui est excessivement rare en basse Cochinchine. On comprend que le mélange avec le sang mongol et chinois a été plus direct que dans le sud, où l'élément indigène — assurément fort laid, si les Moïs actuels sont bien les derniers spécimens de la race primitive, — ne s'est marié qu'aux Siamois, race déjà moins pure et moins vigoureuse que la race tartare.

Sous une autre administration que celle de ses mandarins, le Tonquin pourrait devenir un pays prospère ; son sol d'une grande fertilité produirait à volonté, outre le riz, toutes les céréales de l'Europe ; il recèle des richesses considérables : mines de fer, de cuivre, d'étain, d'argent et d'or ; mines de charbon très abondantes ; mais de tous ces trésors, aucun n'est exploité d'une façon sérieuse.

Un négociant, un Français qui, depuis de longues années trafiquait en Chine, où il avait réalisé une fortune évaluée à près d'un million et demi, ayant souvent entendu parler des ressources du Tonquin, se décida à explorer cette terre promise, et à s'y rendre en cherchant un chemin à travers le pays des Fils du Ciel.

Ce négociant avait une maison de commerce à Ankow, sur les bords du Yang-tse-Kiang ; il résolut de partir de là, de remonter autant que possible le fleuve Bleu et de rejoindre, par cette voie, le fleuve Rouge.

C'était une entreprise digne de nos aventuriers des XVIIe et XVIIIe siècles ; il la mena à bonne fin, non sans peine, après avoir franchi des rapides sans nombre, après avoir couru les plus grands dangers ; et un beau jour, les indigènes d'Hanoï virent, avec un certain effroi mêlé de curiosité, notre infatigable compatriote débarquer dans leur cité.

Hanoï ou Ké-che — foire, marché, — capitale du Tonquin, est une grande ville située sur la rive droite du fleuve Rouge, à environ quarante-huit heures de son embouchure.

Dupuis, — on a sans doute deviné que c'est de lui dont il s'agit — ayant reconnu la possibilité d'exploiter avec succès les nombreuses mines d'étain et d'autres métaux du Yunan, avait signé des traités de commerce très avantageux avec les autorités de ce pays et résolu d'établir le centre de ses opérations à Hanoï, cette ville, à peu près également distante de la mer et de la frontière chinoise, étant, par sa situation géographique, le point du fleuve Rouge le plus propice à son installation.

En attendant que l'autorisation de résidence lui fût accordée par le gouvernement annamite, en prévision aussi des résistances systématiques des mandarins et afin de vivre, autant que possible, en sécurité, à l'abri des coups de main dont il est toujours bon de se méfier, soit de la part des indigènes, soit de celle des

pillards chinois dont les bandes infestent la contrée,
Dupuis avait armé de chassepots une milice composée
de superbes volontaires chinois, avait acheté des
canonnières, de belles jonques de guerre, et s'était
retranché dans une maison arrangée *ad hoc,* comme
dans une véritable forteresse.

Que serait devenu ce hardi pionnier? Aurait-il réussi
dans ses desseins colossaux? Ou aurait-il péri miséra-
blement de la main de ces rebelles chinois qui déso-
lent le pays et viennent, de temps en temps, à la
faveur de l'incurie des mandarins annamites, lever des
contributions sur le bon peuple impuissant? Dieu seul
le sait.

Or, il advint qu'un jour des navires de guerre français relâchèrent à l'embouchure du *Cam;* l'un d'eux
avait une canonnière à la remorque; on chargea sur ce
petit bateau, des canons, des munitions, des vivres,
on y embarqua une poignée de soldats et de matelots
et, bientôt, la petite expédition prit la route d'Hanoï.
Le voyage dura près de quarante-huit heures; il fallut
d'abord remonter le *Cam* jusqu'au canal de *Sonchi,*
pour entrer de là, dans le *Song-Koï* ou grand fleuve
Rouge, sur les rives duquel s'élève la vieille capitale
du Tonquin.

Cette traversée fut des plus curieuses; le Cam semble, à son embouchure, se confondre avec la mer;
durant quelques heures, ses rives sont basses et maré-
cageuses; puis, progressivement, s'élevant au-dessus
du niveau des eaux, elles finissent par former de véritables digues servant de chemin de halage. De chaque

côté, s'étendent, à perte de vue, des rizières superbes; alors en pleine moisson.

De loin en loin, des fortins en terre, armés de canons et ornés de banderolles aux couleurs voyantes, se dressent, menaçants, sur le chemin des explorateurs; on ralentit la marche de la canonnière, on fait branle-bas de combat; et l'on avance prudemment, prêt à toute éventualité. Mais les canons sont muets, la garnison est absente, les étendards s'effilent sous l'effort de la brise, et la canonnière passe fièrement en lançant un coup de sifflet railleur, répercuté par les échos de la place forte abandonnée. A chaque bouquet d'arbres, un village coquet, blotti sous la ramée, laisse voir ses cases en nattes de bambou dorées par le soleil. Les habitants sont rares; prévenus depuis le matin de l'arrivée d'une machine infernale pleine de *Barbares*, ils fuient dans l'intérieur, ou se tiennent cachés dans leurs masures. Seuls, les chrétiens accourent et se font reconnaître par leurs signes de croix et mille démonstrations amicales. Il est plaisant de voir les pauvres diables pris d'une terreur folle, en entendant le sifflet de la machine, se sauver à toutes jambes, pour revenir ensuite, en riant, se précipiter sur les morceaux de biscuit que leur jette l'équipage.

A mesure que l'on avance, la marche devient de plus en plus difficile; le chenal est très irrégulier; tantôt, il donnerait passage à un cuirassé de premier rang, tantôt, il manque de fond, au point que la canonnière est obligée de stopper, pour chercher une issue en tâtonnant; sans cesse il faut sonder et se tenir sur ses gardes. Le courant aussi est parfois terrible; heureusément les rives sont vaseuses et inoffensives, et l'on peut, sans danger, s'y échouer, lorsque les coudes trop brusques ne permettent pas de prendre un tour suffisant.

Enfin l'on arriva. La nuit était tombée depuis deux heures, lorsque les Français débarquèrent pour se rendre au logement qui leur avait été octroyé par le gouvernement annamite.

Que venaient chercher ces hommes, dans l'ancienne *Cour Orientale* des maîtres tout-puissants de l'Empire du Milieu?

— Je viens, disait leur chef, dans une proclamation qui fut publiée et affichée aux quatre coins de la ville, — « je viens ouvrir le fleuve Rouge au commerce fran-
« çais, espagnol et chinois, ainsi qu'à celui des
« autres puissances, après entente préalable. Je prends
« les Chinois sous ma protection et ceux-ci devront
« désormais m'adresser leurs réclamations, au lieu
« d'en référer, comme par le passé, aux mandarins
« annamites. »

Ce fier langage excita l'hilarité du gouverneur de la province, commandant en chef la citadelle; le vieux maréchal N-Huyen-tri-fu rit beaucoup, paraît-il, de cette outrecuidance; toutefois, avec la politesse orientale toujours mêlée de fourberie, dont les Annamites, plus que d'autres peuples sont si prodigués, il accueillit courtoisement l'officier français et ses compagnons; il donna des ordres pour qu'on accommodât, le mieux possible, la demeure qu'il leur avait assignée dans sa bonne ville, il leur fit mille et une grimaces de convention, mais en définitive ne voulut rien conclure sans prendre les ordres de son souverain.

C'était justice. On calcula le temps nécessaire pour faire, aller et retour, le voyage de Hué; on accorda le répit indispensable à la lenteur annamite pour prendre une détermination; et ne voyant rien venir, au bout du compte, on signifia à son excellence N-Huyen-tri-fu, l'ultimatum suivant :

« Si dans quarante-huit heures, son altesse séré-
« nissime n'a pas donné au chef de l'expédition fran-
« çaise, une réponse favorable à sa demande, ou au
« moins fourni des explications plausibles sur un
« retard aussi inexplicable, la citadelle sera attaquée
« de vive force. »

Cette déclaration redoubla la gaieté du brave maréchal qui faillit mourir de rire en entendant la lecture de cette épître aussi courte que bien sentie.

— Les malheureux! Combien sont-ils?

— Une trentaine, excellence, répondit le secrétaire.

— Ils sont plus nombreux que cela, reprit, en fronçant le sourcil, le grand mandarin.

Le secrétaire croyant s'être mépris sur la fantaisie de son maître, continua :

— Pardon, excellence, je veux dire une trentaine de mille.....

— Trente mille coups de rotin, sur ton échine de eux; va-t'en au diable.

Le courtisan ne se le fit pas répéter deux fois, trop heureux d'en être quitte à si bon marché.

Le grand mandarin était du reste très bien fixé sur le compte des Français; il était parfaitement renseigné et savait qu'ils dépassaient à peine le nombre de cent.

— Les malheureux! répéta-t-il, en aparté; venir attaquer une citadelle de plus de quarante li (1) de tour, une citadelle construite en belles et bonnes pierres, sur les plans d'un nommé Vauban (2), un barbare, il est vrai, mais un barbare très fort en constructions de ce genre; une citadelle munie de portes en bois dur, entourée de fossés pleins d'eau, avec escarpes, contre-escarpes, cavaliers, palissades et chevaux de frise; une citadelle bien armée de canons et autres engins destructeurs, défendue par plus de dix mille combattants, et contenant des vivres pour plusieurs années! Décidément ces barbares ont perdu le peu de cervelle dont les a gratifiés la parcimonieuse nature.

Sur cette réflexion, l'honnête mandarin avala une tasse de thé, se passa la main sur la bouche, prit une lampée de *choum-choum* (3), se gratta la plante du pied et pensa à autre chose. Il n'était peut-être pas aussi tranquille au fond qu'il en avait l'air; car après s'être regratté la plante du pied, ce qui est très naturel de la part d'un Annamite, il se gratta la tête, ce qui est tout aussi naturel, et resta songeur.

Combien de temps songea-t-il? Personne ne saurait le dire; mais ce qu'il y a de certain, c'est qu'au moment où la bonne montre du chef des barbares marquait l'heure à laquelle expirait le temps fixé par l'ultimatum, N-Huyen-tri-fu n'y songeait plus du tout.

(1) Le *li* vaut 100 mètres.
(2) La citadelle d'Hanoï a été construite par les Portugais.
(3) Eau-de-vie de riz.

PLAN

DE LA CITADELLE D'HANOÏ

NOTA. — Les traits pleins indiquent les remparts, murailles en briques, etc.

La croix † marque l'endroit où reposent nos camarades tués dans la sortie du 21 décembre.

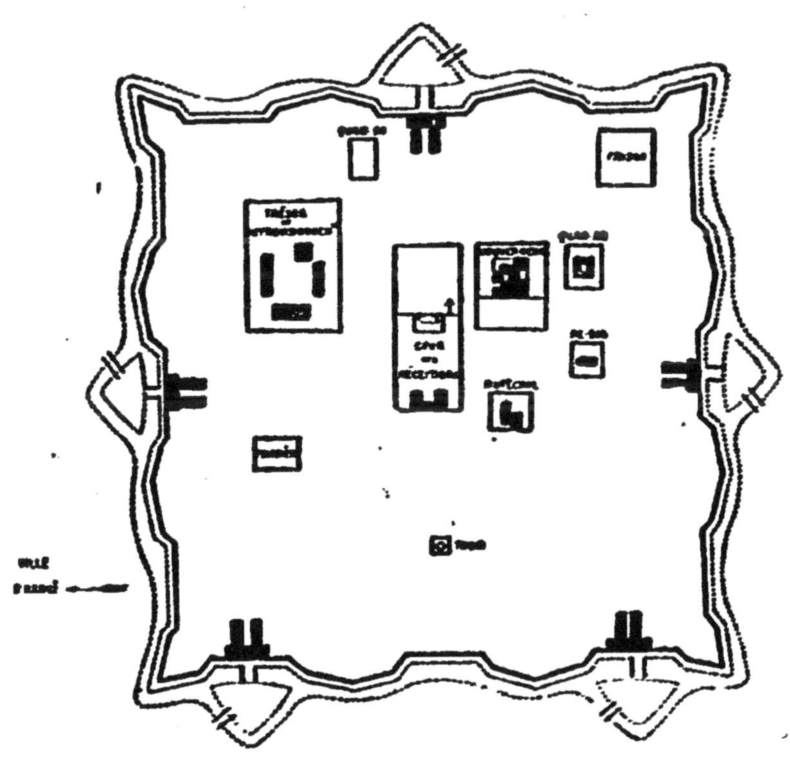

Échelle

Alors, ceux qui avaient le bonheur de se trouver au nombre de ces bons et simples Français, purent assister à une suite, non interrompue pendant plus de trois mois, de spectacles où ils remplissaient le rôle le plus actif, en exposant à chaque instant leur tête, mais où ils se sont parfois bien amusés.

Dès la veille du jour décisif, des dispositions avaient été prises pour une attaque matinale ; ordre était donné de s'ébranler en deux bandes, un peu avant le lever du soleil, et d'engager l'action, avec ensemble, au premier coup de canon tiré en bombe par la canonnière.

C'est ainsi qu'il fut fait. A cinq heures du matin, tandis qu'une colonne sous les ordres du commandant tournait la citadelle pour attaquer la porte du Sud-Est, une deuxième colonne, commandée par un enseigne de vaisseau, se dirigeait vers la porte du Sud-Ouest. Cette deuxième colonne, forte seulement d'une trentaine d'hommes et d'une pièce de montagne, arriva sous le redan au petit jour.

Dans la citadelle, silence parfait ; quelques piques émergent des remparts, mais pas un coup de feu ne se fait entendre ; pas une démonstration hostile du côté des assiégés ; tout le monde dort, parait-il ; c'est le cas de tenter un coup de main.

O Homère ! ô Virgile ! il faudrait vos lyres enthousiastes pour chanter ces exploits et glorifier cette épopée guerrière..... Il faudrait vos vers divins pour redire les hauts faits et les actions mémorables de ces hommes modestes dont la patrie ignore encore les noms.

Ils sont là, d'un côté, une armée; de l'autre, une poignée. L'armée se cache derrière des murs orgueilleux; la poignée est en rase campagne.

Il faut un homme de bonne volonté, trente se présentent; pourquoi faire? Moins que rien : escalader la porte du redan et ouvrir le chemin aux camarades. On désigne le premier venu, il sera certainement tué; n'importe, il n'y pas un instant d'hésitation, et quelques secondes après — *audaces fortuna juvat* — les traverses de la porte sont enlevées et la voie est libre.

En avant!

Mais l'ennemi s'est réveillé et la fusillade commence; enfoncer la seconde porte est indispensable; cette porte est en bois plein, très épais, l'opération ne sera pas facile; seul, le canon peut en venir à bout. Cinq hommes mettent la pièce en batterie, à dix mètres des remparts; les autres, déployés en tirailleurs, démontent avec entrain les servants et les fusiliers ennemis; tous les coups français portent avec une précision terrible dans le tas des assiégés; les coups annamites, mal dirigés, ne font aucun mal aux assaillants disséminés. Bientôt le canon mêle sa voix majestueuse aux notes stridentes du chassepot, au son grave des fusils à pierre; la mitraille passe impuissante par-dessus la tête des matelots; et pendant ce temps-là, la porte vole en éclats sous les obus envoyés à bout portant.

Désormais, de ce côté, la partie est gagnée; les Français font irruption par la brèche et se précipitent sous la voûte. Des monceaux de cadavres et d'agonisants encombrent les issues; on marche dans le sang des morts et des blessés et l'on s'acharne à la poursuite des fuyards.

Mais voilà qu'une balle siffle à l'oreille d'un aspirant et va s'aplatir à quelques mètres devant lui, sur un mur; une seconde suit la première et endommage le fourreau de sabre du sergent-fourrier, puis une troisième, puis une quatrième, c'est une grêle.

Halte! D'où vient le feu? Serait-il resté des ennemis en arrière? Non, la place est nette. Alors ce sont des balles amies. C'est le cas de dire qu'un ami maladroit est souvent plus dangereux qu'un adroit ennemi. Que font ces étourdis? Ce sont les hommes de réserve destinés à protéger une retraite possible qui s'escriment à démonter un être aussi impassible qu'inoffensif: une hampe de pavillon entortillée dans son chiffon jaune, abandonné sur les remparts.

— Sonnez: *cessez le feu!* commande l'officier. Le clairon embouche son instrument et s'évertue à faire comprendre ses objurgations; mais les balles continuent à pleuvoir, sans discontinuer, sur la route qu'il faudrait suivre. La position devient critique; l'ennemi ne se sentant plus poursuivi, peut reprendre l'offensive; au risque de recevoir, dans le dos, quelque horion ridicule, on va se décider à passer le Rubicon, quand enfin, les enragés s'aperçoivent de leur méprise et cessent leur tir à la cible.

La petite troupe de héros reprend alors sa course vers l'intérieur de la citadelle; les morts jonchent le chemin, les blessés tendent leurs armes aux vainqueurs. Un grand mandarin frappé d'un éclat dans le côté remet son sabre enrichi d'or, au médecin qui veut lui prodiguer ses soins. C'est le vieux maréchal tombé l'un des premiers sous les coups de nos canons qui *parlent deux fois*, suivant l'expression pittoresque des Annamites surpris par l'effet des obus.

On ramasse, en courant, des armes de prix abandonnées par les fuyards, de jolis sabres, des fusils à la crosse incrustée de nacre, aux riches garnitures d'argent ; chacun a sa prise de guerre ; et toujours au pas de course, toujours sonnant la charge, on arrive sans autres incidents, au rendez-vous, en même temps que la colonne chargée de l'attaque du Sud-Est. Là, les choses se sont passées comme au Sud-Ouest, la victoire a été menée tambour battant et les vainqueurs n'ont heureusement à enregistrer, pour cette fois, aucune perte.

L'assaut avait commencé à six heures ; à huit, cette citadelle de quarante *li* de tour, si bien construite, si bien armée, si bien approvisionnée, cette citadelle si bien défendue était au pouvoir de ces damnés *Barbares* qui, au nombre de moins de cent, avaient eu la grotesque témérité de l'attaquer. Il était huit heures, et le grand maréchal, naguère si tranquille et si fier, agonisait avec un morceau de fer dans le corps ; et le pavillon tricolore flottant au sommet de la tour d'observation du réduit central, annonçait, *urbi et orbi*, la victoire des Français.

CHAPITRE VII

A travers la citadelle. — Les chiens errants. — L'éléphant.
— Déménagements — N-Huyen-tri-fu. — Les corporations et
les divers quartiers d'Hanoï. — La pagode du Bagnan. —
La pagode des supplices de l'enfer. — Réflexions. — Œuvre
de géant. — Retour des choses de ce monde.

Si le jour de la prise d'Hanoï fut fertile en traits
héroïques, il ne le fut pas moins en faits bizarres ; et,
la verve gauloise se mettant de la partie, plus d'une
fois on se surprit à rire malgré le tragique de la
situation.

Les Annamites, saisis par l'attaque imprévue des
Français, désorganisés par notre facile victoire, affolés
par la mort ou la défection de leurs chefs, s'étaient
évanouis comme des ombres.

Aussitôt les deux colonnes d'attaque réunies, on
tint un rapide conseil de guerre ; toutes les portes
furent occupées ; et, tandis qu'un officier d'un côté, et
un aspirant de l'autre, dépêchés au dehors avec quelques hommes, allaient s'emparer de deux villages dont
on avait reconnu l'importance stratégique, des patrouil-
les étaient envoyées en reconnaissance, dans l'intérieur de la citadelle.

Tout fut trouvé désert ; et sauf les rares prisonniers
pris les armes à la main, au nombre desquels se trou-

vaient trois ou quatre mandarins militaires et les deux fils du célèbre *Phang-lan-gian*, à neuf heures du matin, il n'y avait plus, en apparence, un ennemi dans la place.

En revanche, des animaux domestiques, chiens, poules, porcs et canards, effarouchés par le remue-ménage de la matinée et le départ subit de leurs maîtres, erraient en grand nombre, de tous côtés. Les chiens surtout abondaient; ils s'en allaient, le nez au vent, les oreilles droites, la queue en tire-bouchon, la gueule prête à mordre; et tout en grognant, tout en montrant leurs vilaines mâchoires, ils se précipitaient seuls ou de compagnie. à tort et à travers, à la recherche d'un déjeuner des plus problématiques.

Les chasseurs purent alors se livrer à des exploits cynégétiques d'un nouveau genre, où la race canine, changeant de rôle, était devenue gibier; triste gibier, mais gibier passé à l'état de bête malfaisante dont il fallait à tout prix se débarrasser, sous peine de devenir sa proie à bref délai.

On pourchassa donc les pauvres animaux, et on en tua un grand nombre dont on jeta les corps par-dessus les fortifications.

Outre les chiens et les hôtes de basse-cour, l'ennemi avait laissé quelques jolis petits chevaux dont on s'empara et un superbe éléphant qui, privé de son cornac, et fort étonné de ne pas avoir reçu sa pitance quotidienne, s'était mis en quête d'un repas et promenait philosophiquement, mais d'un air fort maussade, sa massive personne, par la citadelle.

Après une course de deux heures, on rentra au

quartier général, sans avoir rien de grave à signaler.

Pendant ce temps-là, le chef de l'expédition, aidé de son second et des interprètes annamites, avait pris toutes les dispositions prescrites par la prudence et les mesures nécessaires en pareille occasion.

Les habitants de la citadelle avaient fui, ou se tenaient cachés comme des rats dans leurs trous ; mais si dans leur panique ils avaient abandonné tout ce qu'ils possédaient, on pouvait s'attendre à les voir reparaître tôt ou tard, venant revendiquer leurs biens, soit sous la forme d'une armée d'assaillants, soit pacifiquement, mais dans tous les cas, d'une façon dangereuse pour l'ordre. Il fallait prévoir plus d'une éventualité et essayer, d'abord, de se rendre favorables des gens dont la présence, au dehors comme au dedans, constituait une menace continuelle.

Les masses, quand elles n'ont pas le sens patriotique et le sens politique développés par un assez long usage de la liberté, se soumettent volontiers au plus fort ; à la condition, toutefois, que le vainqueur n'attente pas à la propriété privée. Le chef de l'expédition française en était parfaitement convaincu ; aussi, son premier soin fut-il de faire connaître à tous, par la voie des affiches et des proclamations que, « s'il dési« rait, dans un intérêt commun, voir évacuer définiti« vement les murs de la citadelle, par la population « civile, chacun pouvait venir prendre son bien et « emporter même sa maison (1) ; que personne ne

(1) Cette permission n'était pas ce que l'on appellerait en France une offre de Gascon ; les maisons annamites étant

« serait inquiété ; enfin, que les militaires désireux de
« faire leur soumission et de servir sous la bannière
« des occidentaux, seraient enrôlés et recevraient une
« solde supérieure à celle qui leur était allouée par le
« gouvernement annamite. »

A peine la teneur de cette proclamation fut-elle
connue que la citadelle se trouva envahie comme par
enchantement ; une foule énorme d'hommes, de
femmes et d'enfants venant chercher leur bien, se
ruait dans toutes les directions ; il en entrait une
certaine quantité par les portes, mais le plus grand
nombre semblait sortir de dessous terre ; effectivement beaucoup de ces malheureux hébétés par la
frayeur, n'ayant pu s'échapper, s'étaient tenus cachés
je ne sais où, attendant la faveur de la nuit pour
déguerpir en sautant par-dessus les murs, au risque
de se rompre les os, ou de se noyer dans les fossés.

Bientôt le déménagement commença, avec une
activité de fourmis dérangées par le pied d'un passant
et transportant leurs œufs dans un autre domaine. Ce
fut, pendant plusieurs heures, un grouillement indescriptible ; puis, peu à peu, le calme se fit, et, au
coucher du soleil, on jugea l'ordre suffisamment rétabli
pour laisser la garde de la place à l'infanterie de
marine seule et pour renvoyer les matelots à leur
ancien campement.

La nuit s'écoula sans encombre ; les jours suivants
furent employés à reconnaître les environs d'Hanoï et

formées de pieux et de nattes de bambou, il est facile d'en
emporter les matériaux et de les reconstruire ailleurs.

à parfaire notre installation dans l'intérieur de la citadelle destinée à devenir le quartier général de l'expédition.

On vérifia l'importance du magasin des approvisionnements qui ne contenait pas moins de 5,000 mètres cubes de riz ; le trésor, riche d'environ 100,000 francs en ligatures (1), d'un petit nombre de lingots d'argent et de quelques pièces d'or, fut soumis à une garde sévère ; et l'arsenal, assez bien garni de munitions et de vieilles armes : canons datant des Portugais, fusils à pierre, sabres rouillés et autres engins non moins démodés, fut l'objet d'une surveillance toute particulière.

De leur côté, les médecins n'étaient pas restés inactifs ; si notre bonne étoile avait protégé les nôtres contre les coups des Annamites, ceux-ci, très éprouvés, avaient laissé sur le champ de bataille bon nombre de blessés qu'il avait fallu secourir, panser, soigner. Le grand maréchal était l'un des plus gravement atteints ; un éclat d'obus, après lui avoir perforé le côté en lui faisant une blessure terrible, s'était logé dans le bassin ; on aurait pu, sans doute, malgré tout, le sauver ; mais frappé moralement d'une façon plus grave encore, il avait juré de ne pas survivre à son déshonneur ; aussi, dès que les médecins avaient le dos tourné, s'empressait-il d'enlever l'appareil placé sur sa plaie ;

(1) Une ligature vaut environ 90 centimes ; elle se compose de 1,000 à 1,200 sapèques enfilées sur une mince tige de bambou. La sapèque annamite est une pièce de monnaie en zinc, un peu plus large qu'une pièce de 50 centimes, percée d'un trou carré. Il faut un cheval pour porter 100 francs de cette monnaie.

de telle sorte qu'après de longues souffrances, N-Huyen-tri-fu, le *père de la contrée*, rendit sa grande âme à Boudha, en appelant les vengeances du ciel sur la tête de ses vainqueurs.

Au milieu de tous ces labeurs, on trouvait encore le temps nécessaire pour s'occuper de choses moins sérieuses ; en fouillant la citadelle et la ville dans leurs coins les plus secrets, on avait découvert plus d'une curiosité.

Les amateurs de bibelots passaient de longues heures, chez les fabricants d'objets incrustés de nacre, dont les produits charmants forment l'une des branches du commerce tonquinois.

Quant aux observateurs désireux d'étudier le pays au point de vue des mœurs, ils avaient un vaste champ ouvert à leurs études. Petit à petit, la citadelle s'était repeuplée de gens de toutes sortes : marchands, hommes de peine, miliciens, venant offrir leurs services aux Européens ; on avait reçu les uns avec plaisir, parce qu'ils apportaient de grandes facilités à la vie matérielle, et l'on avait enrôlé les autres, dans l'espoir de s'en servir un jour, lorsqu'on reprendrait la suite des opérations militaires. Les hommes et les femmes de peine, embrigadés sous la direction d'un second maître, travaillaient avec entrain aux aménagements des bâtiments destinés à nous servir d'habitation et au transport des vivres et des munitions dans la citadelle. Rien n'était plus curieux que de voir manœuvrer ces pauvres diables. Le sous-officier chargé de les surveiller et de les conduire, ne savait pas un mot d'annamite ; mais, pour lui, le geste suppléait à la parole ; sans cesse armé d'un énorme gourdin dont, il faut le dire à sa louange, on ne le vit jamais user inutilement, il faisait marcher sa petite troupe, avec une précision toute prussienne. Comme on le complimentait sur son *débrouillage* (1) : « En voici le secret, répondit-il en montrant le bâton passé sous son bras gauche, c'est mon dictionnaire ; quand ils ne me comprennent pas, je le fais passer dans ma main droite, cela suffit. »

Le dictionnaire de T..... est resté légendaire parmi les membres de l'expédition du Tonquin.

La ville d'Hanoï proprement dite, la ville non militaire, ne manque pas d'un certain cachet d'originalité ; elle est divisée en divers quartiers complètement séparés les uns des autres par des portes que l'on ferme aussitôt après le coucher du soleil. Ces quartiers sont habités chacun par un corps de métier, dont les membres ne sont pas libres de transporter ailleurs leurs pénates. Ainsi, l'on trouve, dans la même rue, tous les incrusteurs ; les marchands d'éventails sont réunis dans la rue voisine ; les fabricants de boîtes en carton laqué sont à côté ; les cordonniers viennent ensuite, puis les tailleurs, puis les industriels de tous genres réunis en corporations.

L'industrie de tous ces braves gens est assez primitive, leur art est encore dans l'enfance et, sauf les objets incrustés dont la perfection est inouïe, les

---

(1) Mot très employé en marine ; se débrouiller *signifie :* sortir d'embarras, obtenir un résultat difficile, faire quelque chose de rien, réussir envers et contre tous..., etc.

produits de la capitale du Tonquin n'ont rien de remarquable.

En fait de monuments, je n'en vois guère à signaler à l'attention des rares voyageurs qui s'aventureront dans ce pays. Deux choses pourtant sont à voir : dans la ville, la pagode 'des *supplices de l'enfer* et dans l'intérieur de la citadelle, la pagode du Bagnan. Cette dernière est une petite chapelle boudhiste construite dans le fouillis inextricable des branches d'un gigantesque bagnan ; confié, depuis de nombreuses années, à la garde d'une vieille bonzesse, à laquelle on donnerait bien un siècle, ce sanctuaire minuscule n'est admirable que par sa situation au milieu d'un véritable bois formé par un seul arbre.

Durant les premières heures qui suivirent la prise de la citadelle, la bonzesse du Bagnan fut le seul être humain dont on put constater l'existence. Les chasseurs de chiens entrainés par leur ardeur belliqueuse, à la suite de quelque malheureux caniche, s'étaient, tout à coup, trouvés en présence de la pauvre vieille, prosternée devant ses dieux, et invoquant à grands cris leur secours.

La pagode des *supplices de l'enfer* mérite une description plus spéciale : dans un bâtiment d'environ dix à douze mètres de long, sur cinq ou six de large ; deux pièces l'une à la suite de l'autre, se communiquant ; la première, image du Paradis, occupée par des saints de toutes les tailles et de toutes les couleurs, à a pose noble, à l'air béat, n'offre pas d'attrait particulier ; au milieu de la seconde, autour d'une sorte de rocher en forme de pyramide, sont groupés par myriades des petits personnages représentant les damnés de Boudha.

Si l'on n'était déjà bien persuadé que la plupart des religions du globe se sont plus ou moins copiées les unes les autres, il suffirait, pour s'en convaincre, d'examiner, en détail, les scènes reproduites en ce lieu sinistre ; on y retrouve, en effet, toutes les aménités réservées dans l'autre monde au mauvais chrétien. La liste est complète : depuis la vulgaire flamme qui doit nous rôtir pendant les siècles des siècles, jusqu'aux tourments les plus raffinés : le gril, la roue, l'huile bouillante, les fourches des diablotins ; les entonnoirs plongés au fin fond du gosier des patients et dans lesquels on ne verse assurément pas l'ambroisie, rien n'a été omis par l'artiste consciencieux chargé de la construction et de l'installation de ce rocher fatal ; c'est à se croire transporté en plein pays catholique, à un sermon de fin de retraite, destiné à entraîner et les âmes tièdes et les consciences bourrelées au tribunal de la pénitence.

Cette vue suggère de tristes pensées ; l'homme est-il donc si mauvais qu'il faille, pour le maintenir dans la voie du bien le menacer sans cesse et lui laisser entrevoir, au delà de la tombe, des peines dont l'infinité n'est pas proportionnée à sa nature essentiellement imparfaite et finie ?

N'est-ce point, d'ailleurs, un acte d'orgueil insensé, que de nous croire, nous si petits, dignes d'une semblable colère et d'une pareille punition ? N'est-ce point rapetisser cette force immense et majestueuse de qui tout émane et à qui tout doit retourner ? Prêter à

Dieu une idée aussi mesquine, aussi humaine que celle de la vengeance, n'est-ce point lui faire injure ? Et n'est-ce point aussi enlever à sa créature, avec sa dignité, le mérite de ses bonnes actions ?

L'homme qui est gouverné par la peur des châtiments ne doit pas faire le bien pour le bien ; écolier toute sa vie, il agit sans cesse dans la crainte de la férule ; et de là découlent ces accommodements bizarres, ces mille pratiques qui, peu à peu, ont fait de la religion fondée par Jésus, de cette religion d'amour, de pardon et de justice, une religion bien difficile pour ceux dont la foi, aux prises avec la raison, n'est point aussi robuste que celle du *charbonnier.*

Au bout de quelques jours, les installations de la citadelle étant terminées et les milices d'indigènes étant constituées, grâce au concours dévoué des missionnaires, le chef de l'expédition jugea le moment favorable pour reprendre le cours des opérations militaires et continuer son œuvre de conquête.

Dès lors, les faits d'armes les plus brillants se succèdent presque sans interruption, pendant plusieurs semaines ; on voit des citadelles défendues par des milliers de soldats se laisser prendre par quelques hommes! Un aspirant en compagnie de sept matelots, entre sans coup férir dans les murs de *Nim-binh,* encloue les canons, s'empare du gouverneur ; et lorsqu'une partie de la garnison, revenant de sa surprise, veut reprendre l'offensive, il n'est plus temps, l'ennemi installé dans la place y dicte déjà ses lois.

Le miracle de Jéricho se renouvelle pour les armes françaises, les villes se rendent à la voix, non plus des

célèbres trompettes thébaines, mais du simple et
vulgaire clairon. Je le vois toujours d'ici, notre brave
petit clairon, avec sa mine délurée, son allure mar-
tiale ; je l'entends encore ; un fier coup de langue, soit
qu'il nous joue la *casquette*, à l'heure du déjeuner, soit
qu'il sonne la charge à l'assaut d'un rempart, ou qu'il
fasse *virer* au cabestan avec son ami le *lapin*, auquel
il donnait le *la*, de l'air le plus convaincu ; jamais de
canard, jamais de faiblesse, toujours solide au poste,
suivant l'expression du matelot, comme solide à la
soupe et au *boujaron* (1).

C'est ainsi, qu'après Hanoï, les citadelles de *Phu-li*,
Haï-dzeuong, *Phu-luong*, *Nim-binh* et *Nam-dinh*
tombèrent en notre pouvoir. C'est ainsi qu'avec un
effectif d'environ cent dix matelots et soldats, un
homme d'une intelligence à la hauteur de sa coura-
geuse intrépidité, sut s'emparer des principaux boule-
vards d'une province immense, occuper un pays d'une
étendue considérable et tenir sous sa dépendance
une armée, mal organisée, il est vrai, sans disci-
pline, sans liens, mais forte de plus de cent mille
combattants.

Triomphe du génie, de l'habileté,de la science et de
la confiance en soi-même, sur le nombre et la force
brutale. Mais tant il est vrai qu'il n'y a de durables en
ce monde et de véritablement solides que les conquêtes
du temps ; tant il est vrai que construire sur le sable,

(1) Expression maritime ; le *boujaron* est le petit verre de
cognac auquel a droit tout matelot au déjeuner du matin,
avec le café noir.

c'est s'exposer à voir son œuvre emportée par le première brise du large; il ne fut pas donné à celui qui a mérité d'être surnommé le héros du Tonquin, de recueillir les fruits de sa victoire. Nous avions mis moins d'un mois à conquérir la moitié d'un empire, nous le perdîmes en moins d'un jour ; nous avions élevé à la hâte, en négligeant les fondations, un édifice orgueilleux ; le vent de l'adversité souffla, tout à coup, et l'emporta en passant.

CHAPITRE VIII

Depuis quelques jours, des troupes ennemies, occupées au commencement de nos opérations militaires à combattre des rebelles, dans le nord, sous les ordres du prince Hoang, second maréchal du Tonquin, se massaient dans les environs d'Hanoï. Ces troupes, renforcées d'un parti de Chinois ralliés autour d'un haillon noir leur servant de drapeau, pouvaient d'un moment à l'autre rendre notre situation très précaire.

Déjà plusieurs tentatives d'assaut avaient été faites, sans succès, par des bandes peu nombreuses et mal organisées ; mais ce n'était là qu'une entrée en matière.

Le chef de l'expédition, prévenu qu'une attaque sérieuse de la citadelle devenait imminente, était rentré fort inquiet à Hanoï, et n'avait pas caché son mécontentement en apprenant que, pendant son absence, l'enseigne de vaisseau, commandant par intérim, ne s'était point cru assez fort pour donner la chasse aux assaillants et leur faire sentir, une fois de plus, la supériorité de nos armes.

— Je prouverai, répétait le bouillant officier, avec

une sorte de rage, je prouverai à ce troupeau de bri-
gands, d'incendiaires et de pillards, ce que peut un soldat
français. Il le leur prouva, mais à ses dépens ; et faillit,
dans un moment de bravoure irréfléchie, entraîner la
perte des quarante-cinq hommes dont se composait la
garnison de la citadelle d'Hanoï.

On s'attendait à une attaque nocturne, annoncée par
nos espions; et chaque soir, des dispositions étaient
prises pour un combat de nuit; mais les nuits se passaient, et l'ennemi ne paraissait pas. Nous ignorions
alors que les Chinois et les Annamites, saisis par une
crainte superstitieuse dès qu'il fait sombre, n'ose-
raient jamais entamer les hostilités après le coucher
du soleil. Aussi commençait-on à croire à une mystification, lorsqu'un dimanche matin, alors qu'après
avoir entendu la messe de Mgr Puginier, vicaire apos-
tolique d'Hanoï, nous arrosions un assez maigre
déjeuner d'un excellent vin provenant de la petite
réserve du prélat, les interprètes accoururent tout
effarés. — Capitaine, capitaine, dirent-ils à notre commandant, les Chinois au drapeau noir attaquent la
citadelle! Garnier tressaillit; on put voir ses traits
se contracter; son visage, déjà si blanc d'habitude
sous sa barbe noire, pâlit encore davantage. Le moment qu'il attendait, depuis son retour, était venu; il
allait donc enfin pouvoir venger ce qu'il appelait,
dans son exagération patriotique, l'insulte faite à
notre pavillon.

L'impétueux lieutenant de vaisseau ne prend pas
le temps de boucler son ceinturon et de coiffer son
casque en moelle d'aloès; il saisit son revolver; donne

précipitamment des ordres et part, tête nue, organiser à la hâte une sortie.

Tandis que le capitaine de la canonnière mouillée dans le fleuve va chercher sa compagnie de débarquement, un autre officier est envoyé au rempart Nord, et un aspirant est chargé de faire monter une pièce de canon sur la porte du Sud-Ouest pour balayer la plaine de ce côté.

Ces différents mouvements s'étaient exécutés avec une grande rapidité; l'ennemi, beaucoup plus nombreux que lors des précédentes attaques, commençait à ployer et se retirait déjà, sous une pluie de mitraille, en laissant ses morts derrière lui.

C'est à ce moment que Garnier, jugeant l'heure propice, après avoir réuni quelques hommes, s'élança avec une pièce de montagne, à la poursuite des fuyards. On le vit courir à travers les rizières en brandissant son revolver et en excitant ses hommes; il semblait en proie à une sorte de délire. On entendit sonner la charge; la pièce de montagne embourbée fut laissée à la garde de deux hommes et d'un adjudant; et bientôt la petite troupe disparut derrière des bouquets de bambous. D'un autre côté, le capitaine de la canonnière, entraîné par une ardeur aussi inconsidérée, s'engageait de la même façon dans des terrains couverts et disparaissait à son tour.

Dès lors, le feu du rempart paralysé, dut s'éteindre, dans la crainte de faire des victimes parmi les nôtres.

A dater de cet instant, qu'advint-il? On ne le sut jamais d'une manière bien précise.

Les défenseurs, laissés à la garde de la citadelle, étaient assaillis des plus sombres pressentiments; du haut des murs, ils pouvaient, comme d'un observatoire, embrasser la campagne; moins grisés que leurs compagnons, ils jugeaient les choses avec plus de calme et envisageaient la situation plus sainement. Une catastrophe devait être la conséquence de cette course au clocher, à travers un pays infesté d'ennemis, coupé de fossés, de trous d'eau, de bouquets d'arbres, et semé de mille obstacles pouvant recéler, chacun, une embûche.

Ce fut, pour ces braves, un moment de terrible angoisse. Voir courir ses frères à la mort, comprendre le danger qui les menace et ne pouvoir les avertir; ne pouvoir leur prêter secours; rester inactif avec des armes devenues impuissantes; peut-on imaginer rien de plus cruel?

Il est des minutes dans la vie qui durent des siècles, pendant lesquelles on se sent vieillir.

On entendait au loin la fusillade; il s'écoula une demi-heure; l'éternité! Puis on vit reparaître des hommes éparpillés, seuls, ou par groupes de deux ou trois; ils revenaient en courant. La pièce apparut aussi, traînée par un premier maître et un canonnier; dès qu'ils furent à portée de la voix, on les interrogea; qu'est-il arrivé? leur cria-t-on.

Ils avaient l'air bouleversé et ne répondaient rien; enfin le sous-officier laissa tomber ces paroles: Le capitaine ne reviendra plus..... et continuant sa route, il contourna les fossés, pour gagner une des portes.

Le capitaine ne reviendra plus..... il avait donc été

tué; peut-être était-il prisonnier. Mais il faut aller à sa recherche, le retrouver, le ramener, mort ou vif; il ne sera pas dit qu'un Français restera entre les mains de ces sauvages...

Hélas! Dévouement inutile! Et puis, on espère avoir mal entendu, mal compris; on se consulte du regard, sans articuler une parole, le cœur gonflé, l'œil humide; on se sera trompé certainement.

Mais voilà un nouveau groupe qui s'avance, celui-là plus compact, plus serré que les autres; ce sont des soldats d'infanterie de marine commandés par un sergent; ils semblent chargés de lourds fardeaux; à l'aide d'une lorgnette, on cherche à découvrir ce qu'ils portent. Plus de doute, on reconnait des corps mutilés. Alors une rage inouïe s'empare des esprits, on respire la vengeance, on parle avec volubilité de représailles terribles, sans songer qu'on est peut-être un contre cent.

Pendant ce temps-là, le funèbre cortège a fait son entrée dans la citadelle; deux cadavres sanglants gisent couchés sur les dalles, criblés de coups de lance, privés de leur tête et d'un poignet; ils sont pourtant reconnaissables à leurs vêtements maculés, déchirés, mais à peu près complets.

Le plus petit de ces deux corps, ou plutôt de ces deux troncs, le plus abîmé de blessures, et dont une main crispée a les ongles enfoncés dans les chairs, est tout ce qu'il reste de Garnier, de cette vaste intelligence, âme de l'expédition. L'autre est celui du sergent-fourrier Dagorne, un bon et dévoué serviteur, dont je me reproche encore aujourd'hui d'avoir favorisé l'embarquement à notre départ de France.

Après un premier moment de stupeur, tout à coup l'on se réveille; qui sait si nos pertes se borneront là; tout le monde n'est pas rentré; l'équipage de la canonnière, son capitaine et son médecin manquent encore à l'appel.

Que faire? Aller à leur rencontre, les dégager, ou mourir avec eux... Tout est prêt, on va sortir... Mais cette décision héroïque ne doit pas être mise à exécution, car voici nos matelots. Comme les premiers arrivés, ils sont consternés; c'est qu'eux aussi apportent de mauvaises nouvelles; ils ont laissé trois victimes; leur capitaine est tombé sous les coups des ennemis; notre cher compagnon, notre ami, l'enseigne de vaisseau Balny, frappé mortellement est resté là-bas, couché dans la rizière, avec le quartier-maître Sorre, et le fusilier Bonifay. Impossible d'avoir leurs pauvres corps; essayer de les reprendre aux démons qui nous les ont ravis, serait exposer inutilement des vies trop précieuses.

L'étonnement, la stupeur, sont peints sur tous les visages; on ne peut en croire ses yeux: le drame s'est accompli en si peu de temps... Depuis l'instant où les interprètes sont venus annoncer l'arrivée des assaillants, jusqu'au moment terrible où nous nous trouvons en présence de cette hécatombe, il s'est à peine écoulé quatre fois soixante minutes. Il est deux heures de l'après-midi; le soleil resplendit radieux dans un ciel sans nuage; tout semble sourire dans la nature, et le deuil le plus épouvantable, le plus imprévu, nous plonge dans la consternation. On se demande, avec anxiété, si l'ennemi, enhardi par ce facile succès, ne va pas recommencer l'attaque. La situation est des plus périlleuses.

Cette journée nous a coûté cinq morts et six blessés; total : onze hommes hors de combat ; déficit considérable sur une garnison de quarante-cinq combattants. Le moral est encore bon, mais la confiance bien diminuée; il serait difficile de renouveler les prodiges des premiers jours.

Le plus pressé est donc, pour se mettre autant que possible en sûreté, de se retrancher dans l'intérieur de la citadelle et de borner son ambition à repousser les attaques, sans songer à faire de nouvelles sorties, en attendant les renforts annoncés depuis déjà longtemps.

La fin de la journée se passa en travaux de défense; et, quand la nuit vint, sans être absolument certain de se réveiller la tête sur les épaules, chacun, faisant contre fortune bon cœur, avait repris son aplomb, bien déterminé, dans tous les cas, à vendre chèrement sa vie.

La nuit se passa heureusement sans encombre, sinon sans alertes. Des sentinelles, placées de distance en distance sur les fortifications, avaient pour consigne de veiller constamment, avec une attention toute particulière, et de donner l'alarme à la moindre apparence de danger. Aussi, dès qu'un bruissement insolite se faisait entendre dans les roseaux des fossés, nos obéissants gardiens s'empressaient-ils d'envoyer une balle dans la direction suspecte, au grand ébahissement des grenouilles qui, durant cette nuit, maudirent certainement, plus d'une fois, leur sort et reprochèrent à leur étoile de les avoir fait naître dans les dépendances d'une place de guerre.

A partir de ce jour désastreux, l'expédition du Tonquin entra dans une nouvelle et dernière phase, celle des négociations.

Quarante-huit heures après avoir vu baisser le rideau sur la tragédie où nos frères avaient héroïquement perdu la vie, nous recevions les renforts attendus.

On aurait pu, avec ces nouveaux contingents, infliger à l'ennemi une correction éclatante; on aurait pu obtenir la soumission du prince Hoang et, peut-être, se saisir de sa personne. Mais cette consolation ne devait pas être donnée aux valeureux compagnons de Garnier et de Balny; les intérêts de la France s'opposaient à la continuation de cette aventure guerrière; des ordres, émanant de l'autorité supérieure, ne tardèrent pas à parvenir à Hanoï: suspendre immédiatement les hostilités et remettre toutes les citadelles entre les mains des ambassadeurs annamites récemment arrivés avec un chargé d'affaires français, telle était la nouvelle consigne.

On fut un peu étonné de ce brusque changement de politique; on crut, un instant, être en proie à un cauchemar; mais les ordres étaient précis; il fallait s'incliner.

On rendit toutes les citadelles contre un reçu bien et dûment signé par le premier ambassadeur. En un tour de main, la besogne fut faite; il n'eût pas été plus facile de dire : partez muscade.

Le jour même où nous abandonnions la dernière

pierre de notre conquête, les Français d'Hanoï purent lire un factum des plus extraordinaires, revêtu du sceau impérial de sa majesté Tu-Duc.

Ce factum, spécimen remarquable de la finesse et de la duplicité annamite, placardé par les soins des ambassadeurs, était à peu près ainsi conçu :

« Nous avons appris que des aventuriers se *préten-*
« *dant français*, avaient envahi nos provinces du Ton-
« quin, s'étaient emparés de nos citadelles, en por-
« tant la mort et la dévastation dans le pays. Mais ces
« misérables ont déjà subi la peine de leur crime; le
« ciel, dans sa justice, a su, par la main des rebelles,
« leur infliger le châtiment mérité. Et pour empêcher
« le retour de semblables attaques, nous mettons cette
« partie de notre empire sous la protection de l'épée
« loyale de notre amie, la grande et puissante
« France. »

Tel est le premier acte en vertu duquel le Tonquin fut placé sous notre protectorat ; tel fut le point de départ de notre politique actuelle dans cette partie de l'Annam où, petit à petit, nous nous implantons et, où un jour à venir, peut-être proche, nous serons définitivement les maitres aussi bien qu'en basse Cochinchine.

LA VIE
EN CHINE ET AU JAPON

CHAPITRE PREMIER

Fin des temps historiques. — Une ère nouvelle se lève. — Présentation au lecteur. — Le croiseur l'*Ailée*. — Un état-major comme il y en a beaucoup.

Le chapitre précédent a clos l'ère des temps historiques de la campagne. La plupart des héros du Tonquin sont en route pour la France; les uns ont dû débarquer par suite d'avancement, les autres pour cause de maladie. L'état-major est en partie renouvelé. Tout en regrettant les anciens, on se félicite de l'amabilité des nouveaux; avec eux va commencer, on l'espère, une plus heureuse existence.

L'expédition du Tonquin, les angoisses et les jouissances, les plaisirs et les ennuis de cette période fantastique, ne sont pas encore oubliés, mais on les entrevoit déjà comme dans un rêve.

Une ère nouvelle se lève.

6

C'est le moment d'introduire le lecteur dans notre maison flottante et de lui en présenter les hôtes; lorsqu'il aura passé quelques minutes en imagination avec eux, quand il aura placé son œil au kaléïdoscope, où je vais introduire, pour lui, l'une après l'autre, leurs photographies, il sera mieux des nôtres; il nous suivra avec plus d'attention, plus d'attrait, à travers notre vie de chaque jour, parfois bien monotone, mais parfois, aussi, bien accidentée; à travers cette vie du marin, mélange panaché d'heur et de malheur, et dont la note dominante, quoi qu'il arrive, est bien la note française par excellence, note d'amour et de gaieté.

Voulant, toutefois, respecter l'incognito de chacun, en premier lieu celui du bateau, j'adopterai des pseudonymes; et pour commencer, je donnerai à notre navire, enfant des chantiers de Lorient, le nom de la plus humble, et la plus ignorée des rivières de Bretagne, l'*Ailée*, qui ne se doutera jamais de sa gloire, et n'interrompra pas un seul instant son doux murmure sous les saules, pour s'enorgueillir d'avoir servi de marraine à un terrible engin de guerre.

Donc, l'*Ailée*, ancienne corvette à batterie barbette, décrétée depuis peu croiseur de deuxième classe, est un bon et brave navire; pas coquet, pas élégant; mais si bien construit, si solide, si bon marcheur à l'occasion, malgré ses chaudières un peu endommagées!

« Je ne changerais pas mon bateau contre un plus beau, » dit le commandant, lorsqu'il reconnaît les qualités sérieuses de sa corvette.

Et le commandant a raison.

L'artillerie, comme certains autres détails, à bord, laisse bien un peu à désirer; mais en somme, de quoi se plaint-on? Nous avons dix canons : une pièce de 16 centimètres à pivot, sur l'avant; une pièce de 14 centimètres également à pivot, sur l'arrière; huit pièces de 14, en batterie; ces dernières, il faut l'avouer, datent peut-être de Colbert, mais qu'importe? Elles *parlent*; que peut-on leur demander de plus, Dieu merci !

Quant à l'état-major, il n'y a rien à désirer de mieux; des types triés sur le volet par la main intelligente du sort et réunis sur les mêmes planches, pour leur plus grande joie réciproque; un vrai dessus de panier.

Quelques spécimens pris au hasard :

Ab Jove principium; comme disaient les anciens; à tout seigneur... comme nous disons :

Le commandant : un homme... réflexion faite, il faut laisser en paix le commandant; l'autorité est sacrée.

Le second : personnalité tout aussi respectable, mais moins respectée; Samuel Gastinet, lieutenant de vaisseau; trente-huit printemps; né sur les bords de la Garonne; douze années de grade bien employées; a gagné la croix d'officier sous les murs de Paris; devrait être capitaine de frégate; moins de cheveux que d'illusions, un cœur d'or; au demeurant, officier distingué et excellent camarade.

Pour terminer la revue du conseil (1) : l'auteur...
Mais baste! on ne peut pas se photographier soi-
même; passons aux suivants :

Les capitaines de compagnie :

N° 1. Jules Harlès, enseigne de vaisseau; vingt-
quatre ans; Cherbourgeois; lauréat du camp de Châ-
lons; homme fusil, fait des cours sur les armes à
percussion centrale; vous offre, avec le plus grand
sérieux, de tirer à balle dans votre casquette et de
vous l'enlever de la main, à cent cinquante mètres;
a tenté, dit-on, l'aventure, avec un *loqué* de ses amis;
compagnon inséparable du commissaire dans ses
courses cynégétiques ou autres.

N° 2. Aristide Barrot; enseigne de vaisseau, fils de
la brumeuse Bretagne; vingt-trois ans; premier de
promotion; un X articulé, mais un X aimable; un
chronomètre facétieux; un sextant humoristique; sait
mêler l'utile à l'agréable et ne dédaigne pas l'idylle,
après l'intégrale. Ami intime des deux précédents,
condescend, en leur société, à prendre quelques ébats,
quelques délassements salutaires, entre deux arides
équations. L'espoir de la science maritime.

L'officier chargé des montres : Sylvain Saint-Cyr;
Lyonnais; fistot d'Aristide Barrot; vingt-deux ans.
La méthode incarnée; travailleur consciencieux; intelligence d'élite; un peu timide, mais est en train de
se former, et promet d'aller loin... Si sa cousine Agnès
le savait!...

(1) Le conseil d'administration se compose : du commandant, du second et du commissaire.

Maurice de Kerpenic, autre Breton, — celui-là de vieille roche — enseigne de vaisseau sans spécialité. Entré le dernier à l'école, en est sorti scrupuleusement le dernier et n'en rougit pas, car cela ne tire point à conséquence. Soldat de naissance ; s'est battu comme un preux au Bourget, où il a vaillamment conquis, à vingt ans, le glorieux ruban rouge. Charmant, spirituel, joyeux boute-en-train, ami dévoué, cavalier plein d'élégance ; paresseux comme un rat de cale ; excellent marin, du reste. A l'étoffe d'un héros, et sans intriguer, en se livrant à son étoile, par la seule force des choses, passera lieutenant de vaisseau deux ans avant ses camarades de promotion. Qui aurait le mauvais goût de s'en formaliser ? C'est un si bon garçon.

Enfin, le médecin-major : Lucien Verdier ; homme d'esprit et de talent ; un peu fatigué par la navigation : caractère se ressentant, parfois, de son état maladif ; mélange indéfinissable où le bon l'emporte heureusement sur le mauvais.

Et de sept ; en voilà bien assez pour les besoins de la cause ; les autres, simples comparses, paraîtront s'il le faut, en temps et lieu.

CHAPITRE II

Après de nombreuses péripéties plus ou moins désagréables; après des retards aussi longs qu'imprévus, l'*Ailée*, partie de France depuis plus d'un an, allait donc arriver enfin dans les mers de Chine.

On avait, à bord, maintes fois maudit son sort; on avait pesté contre les ordres supérieurs venant changer le but primitif de la campagne; mais tout était oublié en pensant aux plaisirs d'une longue station à Shanghaï, à Hong-Kong, et sur les côtes du poétique pays des *Daïmio*.

Barrot, seul membre de l'état-major qui connût ces contrées, pour y avoir déjà passé deux ans, en qualité d'aspirant de deuxième classe, était à chaque instant assailli de questions :

— Shanghaï était-elle une belle ville? Comment pouvait-on y couler l'existence? Quelles étaient les habitudes des Européens, dans ces cités internationales de l'extrême Orient?

Parfois, une réflexion saugrenue ou une idée folâtre partait comme une fusée et venait jeter sa note gaie, au travers des sérieuses dissertations du docteur; une gauloiserie un peu crue faisait monter le rouge aux joues de Sylvain.

Et le Japon?... Ah! sur le Japon on était intarissable. L'excellent garçon, sans s'émouvoir, répondait à tout, mettant, avec une charmante bonhomie, ses connaissances à la disposition de tous.

Un soir, après dîner, la veille de l'arrivée à Hong-Kong, où l'*Ailée* devait relâcher quelques jours seulement, pour, de là, se rendre à Shanghaï, à propos d'une question posée par Gastinet, Barrot offrit de consacrer une heure ou deux, à mettre ses camarades au courant de ce qui semblait si vivement les inté-resser.

A cette proposition, Barrot fut acclamé; bravo, Galilée! — Barrot était souvent gratifié, en forme de plaisanterie, d'un nom illustre dans la science, — bravo, Papin! A l'œuvre! Nous t'écoutons.

Chacun s'accommoda de son mieux, dans un coin; le jeune mathématicien roula une cigarette, se campa au haut bout de la table et commença en ces termes :

— La vie des étrangers en extrême Orient mérite une étude toute particulière; il est curieux, en effet, de voir les représentants de la grande société occidentale se mouvoir pêle-mêle et se coudoyer, pour ainsi dire, dans les espaces restreints accordés aux « Barbares » par le Céleste-Empire, et aux *Idjin-san* par le gouvernement du Mikado.

— *Barbares... Idjin-san...* qu'est-ce que cela signifie? Je demande de la précision, dit le docteur.

— Vous êtes bien pressé, mon cher Esculape, reprit le conférencier, mais soit; je n'ai rien à vous refuser : les *Barbares* sont les Européens de la Chine; — les Chinois n'ont point trouvé, pour nous qualifier, de plus aimable appellation; — les *Idjin-san*, traduisez « Messieurs les étrangers, » sont les Européens du Japon. Êtes-vous satisfait?

— Oui.

— Alors, si vous le permettez, je continue.

Le docteur, d'un geste digne, indiqua qu'il y consentait.

— De ces rapprochements forcés, de cette espèce de promiscuité inévitable, il semble devoir résulter une fusion complète, une sorte de croisement entre nations : erreur, et là est le côté original de ces agglomérations internationales. S'agit-il de se défendre contre un ennemi commun? On s'entend, on s'unit pour un jour. Dès que l'intérêt particulier est mis en jeu, l'égoïsme sépare les alliés de la veille et chacun va se draper dans les plis du pavillon de son pays.

« Mais si chaque peuple conserve son esprit, son génie propre et quelques habitudes à lui spéciales, tous, il faut l'avouer, se ressentent des mœurs anglaises, surtout en Chine.

« L'Anglais tient à honneur de rester Anglais dans le monde entier; c'est là l'orgueil de sa race; et comme il s'établit, généralement, sans esprit de retour, ou au moins avec l'idée bien arrêtée de ne rentrer qu'après fortune faite, à une époque éloignée, il veut, comme dédommagement à son exil volontaire, se donner, avec le confortable, toutes les illusions possibles, et transporte avec lui sa patrie dans ses malles. Aussi, là où l'Anglais dresse sa tente, surgit-il comme par enchantement un club et un jeu de croket; bientôt des courses de chevaux, des régates s'organisent, et un *recreation fund* ne tarde guère à fonctionner.

« Le comble de l'extravagance dans cet ordre d'idées est le *paper hunt.*

— Ah! oui, interrompis-je, la « chasse au papier », j'ai entendu parler de cette *burlesquerie;* cela me rappelle les chasses de mon enfance, à travers les massifs du jardin de mon père, où nous trouvions, mes petits amis et moi, le gibier le plus varié, et même à l'occasion, les fauves les plus féroces. C'était une de nos grandes réjouissances de cette époque bénie, comprise entre la huitième et la douzième année; nous étions alors... mais pardon de t'avoir interrompu, Barrot; reprends le fil de ton discours, tu parles comme un livre.

— En effet, continua Galilée, le *paper hunt* a quelque analogie, n'en déplaise aux Anglais, avec ces jeux enfantins. Ne pouvant chasser le renard dans les marécages de Shanghaï où il n'existe pas un seul individu de cette espèce, et sur les collines de Yokohama où c'est un être respecté, les sujets de la reine Victoria poussent l'enfantillage national jusqu'à tromper leur passion, en remplaçant le rusé mangeur de poules par une fiction.

« Deux fois l'an, un *holy day*, les honnêtes fils d'Albion endossent l'habit rouge, emprisonnent leurs maigres cuisses dans la culotte de peau, enfourchent leur meilleur dada et sortent des cités.

« Où vont-ils dans ce bel attirail ? .

« L'un d'eux, dès le matin, prend les devants, les poches dûment bourrées de papier coupé en petits morceaux; il se lance dans la plaine, patauge dans les rizières, bondit par-dessus les fossés, s'embourbe dans les ruisseaux fangeux, fait crochet sur crochet, va, vient, s'arrête, retourne sur ses pas, puis, repart dans un autre sens ; c'est le renard; en guise de fumet, il sème sur sa route les morceaux de papier dont il s'est muni, et enfin, va se *terrer* dans un lieu déterminé à l'avance par un jury dont les délibérations sont restées secrètes.

« Un peu plus tard, à une heure fixée, le gros de la bande s'ébranle; une avalanche se précipite, roule et se culbute à travers la campagne; ce sont les chasseurs.

« En voyant passer ces graves gentlemen lancés à fond de train sur une piste de papier, les indigènes lèvent les bras au ciel, et l'ébahissement des *Célestes* frise l'ahurissement.

« La première fois qu'il a été donné aux Chinois de jouir de ce singulier spectacle, les sournois se sont frotté les mains; bon, se disaient-ils, les *Diables rouges* sont fous; avant peu nous pourrons les mettre à la porte.

« Le lendemain, désappointement; les *Diables rouges* avaient repris le cours de leurs occupations habiuelles.

« Aujourd'hui l'ébahissement est, chaque fois, à peu

près le même, mais l'illusion de la folie a disparu.

« En Chine, au Japon, comme aux Indes, comme partout où il y a chance de spéculations heureuses, l'Anglais forme la majorité dans le camp des étrangers ; ce n'est donc pas étonnant qu'avec le caractère absorbant et exclusif dont il est doué, il fasse tout plier à ses habitudes. L'Américain lui-même abdique aux trois quarts sa qualité de yankee pour redevenir Anglo-Saxon ; Jonathan s'incline devant John Bull. Le Français, lui, a bon caractère ; l'on pourrait même lui reprocher de ne pas être assez lui-même, de trop effacer son individualité, et d'adopter avec une facilité d'assimilation trop grande les habitudes du voisin. Quant aux autres : Italiens, Espagnols, Suisses, Belges, Hollandais, ils ne sont pas assez nombreux pour vivre séparément ; aussi entrent-ils dans le grand courant et échappent-ils moins encore que leurs grands frères à l'absorption britannique.

— Je croyais avoir ouï dire, avança Gastinet, que les Russes faisaient presque partout bande à part, en extrême Orient.

— Vous avez raison ; aussi, ne vous en ai-je point parlé en même temps que des autres Européens. Deux peuples se tiennent ou sont tenus à l'écart : les Russes et les Allemands ; les Russes, parce qu'ils ont adopté une politique particulière tout à fait en dehors de celle des autres nations, politique dans laquelle, soit dit en passant, ils pourront rencontrer plus d'une entrave et par laquelle ils se préparent, peut-être, pour l'avenir, d'amères déceptions ; les Allemands, parce qu'ils se sentent, pour ainsi dire, en suspicion.

L'Allemand est mielleux et bourru, rond et fourbe en même temps; sous son épaisse enveloppe qui cache des appétits grossiers, des instincts gloutons, sous un masque de doucereuse politesse, on est certain de rencontrer une morgue sans nom, entretenue par le souvenir encore récent de ses victoires.

« Pendant que les fils du czar se trompent en croyant gagner chaque jour du terrain, l'Allemand ne progresse pas; en Chine, il travaille péniblement avec des fonds chinois, à côté des Chinois dont il se fait le très humble serviteur; au Japon, il est détesté et ne réussit pas mieux.

« Au nombre des étrangers, on peut encore citer les Macaïstes et les Parsis. Les Macaïstes, métis de Portugais et de Chinois de Macao, descendants dégénérés des preux chantés par le Camoëns; les Parsis, Indiens adorateurs du feu, le commerce incarné et, dit-on, l'honnêteté personnifiée. Mais si les uns et les autres se rangent dans la catégorie des étrangers, ils n'appartiennent, pas plus les uns que les autres, à la société occidentale, dont ils sont, du reste, rigoureusement exclus.

« L'Anglais reste donc le type de l'étranger; parler de ses mœurs, c'est donner une idée juste de celles de tous les peuples de la vieille Europe et de la jeune Amérique, en extrême Orient. »

Barrot, assis au haut bout de la table, à la place habituelle du lieutenant (1), ponctua cette phrase par un coup de sonnette.

____

(1) Le lieutenant ayant beaucoup d'ordres à transmettre,

Un mousse dégringola l'échelle, en faisant résonner les échelons de ses talons nus, et entra dans le carré son bonnet à la main, cherchant de l'œil qui pouvait avoir besoin de ses services.

— Va dire au maitre d'hôtel de venir ici, lui cria Galilée.

L'enfant partit en courant ; et l'infatigable conteur, après avoir fait signe, en souriant, qu'il avait le gosier sec, continua ainsi :

— La ville européenne de Shanghaï, construite sur la rive gauche du *Wang-pou*, est divisée en trois concessions distinctes : la plus rapprochée de la ville chinoise et, naturellement, la moins bien située, est la concession française. La concession anglaise vient ensuite, séparée de la première par le *Wang-ki-pang*, petit cours d'eau canalisé. Enfin la troisième, construite au delà du *Suchow-Creek* et reliée à sa voisine par un pont, est la concession américaine.

« Chacun de ces quartiers est bien l'image du pays auquel il appartient et reflète, jusqu'à un certain point, son génie particulier.

« Tandis qu'à l'ombre des trois couleurs françaises, et sous l'égide de la fille aînée de l'église, s'épanouissent les missions catholiques ; tandis que le consulat général, les messageries maritimes et l'hôtel de ville, personnifient notre administration avec ses rouages compliqués et minutieux ; tandis que les grands comptoirs industriels, les verts cottages, les temples

s'assied presque toujours à table, sous le cordon de la sonnette, afin de ne pas avoir à se déranger.

froids et austères de la concession voisine représentent la confortable, la commerçante et protestante
Angleterre; l'Amérique accumule *bar* sur *bar*, taverne
sur taverne, et le gin et le wisky coulent à flots de
l'autre côté du *Suchow-Creek.*

« Pendant que la concession française, administrée
par un conseil municipal, se débat et agonise sous
l'autorité paternelle d'un consul général, sorte de
maire et de préfet autocrate, le settlement anglais
beaucoup moins réglementé, est le triomphe de l'initiative privée agissant sous une protection intelligente,
ennemie des tracasseries. »

Harlès qui, jusque-là, contre son habitude, avait
écouté dans le plus profond recueillement, donna un
grand coup de poing sur la table; puis, s'adressant à
l'orateur : Es-tu sûr de ce que tu avances? lui dit-il
brusquement.

— Parfaitement sûr, accentua Barrot.

— Je n'aime pas entendre ainsi attaquer la France.

— Je suis de ton avis : dénigrer la France au profit
de sa fidèle alliée, est, je le sais, de mode en extrême
Orient; certains Français poussent même un peu loin
cette manie anti-patriotique. Dieu me préserve de
tomber jamais dans ce ridicule; mais je ne puis
m'empêcher de rendre hommage à la vérité, en
reconnaissant la supériorité du système anglais sur le
nôtre.

— C'est un vieux cliché, murmura Harlès.

— Mon cher Harlès, sois-en persuadé, autant que
toi, j'aime mon pays, autant que toi, je voudrais le
voir le premier partout; et c'est justement parce que

je l'aime profondément, parce que je le voudrais parfait, que je remarque ses imperfections. Cacher son mal n'est pas le guérir, s'obstiner à ne pas voir le danger est un procédé qu'il faut laisser à l'autruche : vieux cliché, dis-tu, oui, mais cliché exact, cliché ressemblant.

« A qui la faute ? Aux gouvernants ou aux gouvernés ? Aux uns et aux autres ; parce que les uns veulent transporter à quatre ou cinq mille lieues de la mère-patrie et appliquer aux antipodes, les principes de l'administration métropolitaine, sans souffrir qu'il y soit changé un iota ; parce que les autres, — avouons-le, c'est notre principale excuse — ne sont pas la fleur de notre société, et, sauf d'honorables exceptions, manquent trop souvent de cet esprit de conduite qui caractérise, en particulier, l'Anglais.

« Y aurait-il un remède à cet état de choses ? Oui, je le crois ; mais je ne suis qu'un simple observateur et je laisse à d'autres, plus compétents et plus autorisés, le soin de chercher le spécifique, de le faire connaître et de l'appliquer s'il y a lieu. »

Louis, le maître d'hôtel, dans la position du soldat sans arme, attendait depuis un instant les ordres de Barrot. Celui-ci, tout à son récit, oubliait qu'il avait soif. Sylvain saisit le moment où son ami respirait, et, lui prenant le bras pour attirer son attention : Louis attend tes ordres, lui dit-il.

Louis s'avança : — Que faut-il servir à monsieur ?

— Il me semble qu'un verre d'eau sucrée serait assez de circonstance ; du reste, la situation précaire de notre gamelle ne lui permet pas de mieux abreuver ses clients pour le moment. Donnez-moi donc le classique verre d'eau sucrée ; vous y ajouterez une goutte de *rack* de cambuse (1).

Chacun en demanda autant ; e pendant une minute ou deux, on n'entendit que le b des petites cuillers écrasant le sucre au fond des verres.

Lorsque le calme fut rétabli, Barrot reprit le fil de son discours :

— Ainsi, on ne peut donc pas se le dissimuler, à Shanghaï l'Anglais tient le haut du pavé. Il faut en prendre ton parti, Harlès ; sa concession est la plus florissante ; et si, durant quelques années, de grandes maisons américaines ont pu lui disputer la royauté du dollar, grâce à des opérations dont le plan hardi ne pouvait être conçu que par une imagination aventureuse de Yankee, les temps sont bien changés ; les sinistres financiers et le télégraphe ont mis un terme à l'âge d'or.

« L'époque est passée où les fortunes, commencées avec rien, grandissaient sur la terre des fils du Ciel, comme certaines plantes sous le soleil des tropiques. L'ère des grands coups de dés est close ; et, en extrême Orient plus qu'ailleurs, peut-être, il faut travailler beaucoup, pour gagner peu.

« Aussi, les villes n'ont-elles plus leur aspect d'autrefois. Y ont-elles perdu ? Oui, et non ; oui, parce qu'avec le ralentissement des affaires, le luxe a diminué ; non, parce que ce luxe était un luxe éhonté, un

---

(1) Le *rack* de cambuse est l'eau-de-vie que l'on donne à l'équipage.

luxe de courtisane en vogue ; et en ce sens, les
settlements ont gagné à prendre une physionomie plus
bourgeoise, plus conforme à leur nature.

« Les gains trop faciles, d'où qu'ils proviennent,
ont quelque chose d'éminemment immoral et d'essentiellement transitoire ; l'homme doit gagner sa vie,
plus ou moins, à la sueur de son front ; c'est une loi
naturelle que l'on ne peut enfreindre impunément ; et,
malgré la puissance diabolique de l'or, une sorte de
réprobation inconsciente s'attache aux grosses fortunes dont la source n'est pas absolument lim-
pide. »

Pendant cette tirade sonore, que n'aurait certes pas
désavoué l'académicien Ponsard, la physionomie de
l'auditoire s'était éclairée par degré ; à chaque nouvelle proposition venant appuyer et comme marteler
l'opinion du jeune moraliste, les bouches se dilataient
davantage ; enfin, un immense accès de gaieté assaillit
sa péroraison.

Barrot, sans s'émouvoir, regardait ses camarades,
dont la joie semblait l'enchanter. Lorsque le bruit si
communicatif des fous rires fut un peu apaisé, du
ton le plus sérieux il commença à les admonester.

Mais on ne le laissa pas parler.

— Quand je te disais que tu avais manqué ta voca-
tion, lui criait l'un.

— Tu étais digne de porter la toge et l'épitoge,
appuyait l'autre.

Enfin, l'éloquent Galilée put placer un mot : Ne
seriez-vous pas de mon avis, ma morale n'est-elle pas
la vôtre ?

— Si, si, si, lui répondit-on de toute part ; mais tu es désopilant avec tes phrases solennelles.

— Si je vous ennuie, je m'en tiendrai là.

— Au contraire.

— Dois-je continuer?

— Oui.

— Or, nous parlions de grandes fortunes ; eh bien, on n'en voit plus guère, aujourd'hui, en Chine ; et au Japon, il n'y en a pas du tout. Mais la stagnation du haut commerce n'a pas arrêté l'essor du petit; si le *merchant* ou grand négociant, dont les frais sont considérables, balance à peine ses dépenses avec ses bénéfices, le *store keeper*, celui qui vit de la consommation européenne dans le pays, fait de bonnes affaires et ne diminue pas ses prix. Aussi, la moindre fantaisie vous force-t-elle à passer sous les fourches caudines d'un exploiteur patenté, et vous coûte-t-elle les yeux de la tête.

« Veut-on, par exemple, se faire tailler les cheveux à Shanghaï, on n'a pas le choix, il faut s'adresser à l'officine de Polite; *Polaïte*, ainsi qu'il est bienséant de dire, si l'on ne veut pas se faire regarder de travers, même par ses compatriotes anglicanisés, *Polaïte*, sorte de juif allemand, a plusieurs cordes à son arc et unit, à ses moments perdus, plus d'une fonction lucrative à celle de Figaro du high life. Pour la somme d'un dollar, cet honnête industriel daigne vous livrer aux mains d'un artiste capillaire de classe inférieure, qui a la condescendance de vous raccourcir les poils d'un air maussade et nonchalant.

« A-t-on besoin du plus mince objet de toilette:

chapeau, faux cols, gants, parfumerie ; c'est par dix, quinze, vingt dollars qu'il faut compter.

« Jolie perspective pour nos bourses, n'est-ce pas ? Là encore notre infériorité est marquée, et je suis sûr qu'Harlès cette fois ne me contredira pas ; tandis que les officiers russes, américains et même les officiers anglais, avec une solde triple ou quadruple de la nôtre, peuvent braver ce renchérissement général et vivre à l'aise, nous, — permettez-moi l'expression, — nous tirons le diable par la queue.

« Pour comble de bonheur, Dieu sait quelle marchandise on achète ; rebuts, fonds de boutique de Londres et de San-Francisco, rossignols en tout genre vous sont livrés au poids de l'or par des gens qui, tout en vous dépouillant, semblent vous faire une grâce. Tout ce qui n'est pas chinois, tout ce qui n'est pas fabriqué ou vendu par les Chinois, dont la concurrence est précieuse pour le consommateur, est inabordable.

« Si vous passez devant la boutique d'un pâtissier et que l'odorant fumet d'un petit four vous fasse venir l'eau à la bouche, gardez-vous de céder à votre appétit, ou avant de croquer l'objet de votre convoitise, demandez-en le prix ; la note à payer, si vous n'étiez pas prévenu, pourrait vous causer une indigestion. Dans les *bars*, le rafraîchissement le plus vulgaire, la consommation la plus banale, devient dépense de luxe.

« Vous me direz qu'on peut vivre sans aller chez le pâtissier et qu'on peut satisfaire sa soif, ailleurs qu'au café ; oui, mais si les petits fours et autres douceurs ne sont point choses indispensables à l'existence, il en est dont malheureusement personne ne peut se passer. Dans ces pays de marécages et de miasmes, le médecin est une nécessité ; deux cents piastres par an, prix fait comme celui des petits pâtés ; il n'y a pas à hésiter ; malade ou bien portant, il faut payer ; car sans abonnement, en cas de maladie, on ne sait jusqu'où pourraient aller les prétentions de certains disciples d'Hippocrate.

— Je demande la parole, dit le docteur.

— Accordé, répondit Gastinet qui, en sa qualité de lieutenant, s'adjugeait les fonctions de président.

— J'ai demandé la parole pour une rectification ; sans être jamais venu en Chine, je sais très bien ce qui s'y passe, au point de vue médical, dans les villes habitées par les Européens, bien entendu ; je connais même particulièrement les deux médecins de Shanghaï qui, tous deux, sont d'anciens collègues de la marine. En disant que les médecins font payer leurs soins un peu cher, en extrême Orient, Barrot a raison ; mais j'ai cru remarquer dans ses paroles un certain ton de blâme et d'ironie ; si je ne me suis pas trompé, je n'hésiterai pas à lui dire que son appréciation est injuste.

— Je n'ai pas pensé commettre une injustice en avançant une vérité, répliqua l'orateur attaqué.

— Fort bien ; alors il faut ajouter des considérants ; les voici : l'exercice de son art est, parfois, pour le médecin, un véritable sacerdoce ; mais, vous l'avouerez, s'il veut se dévouer par simple amour de l'humanité, point n'est besoin de venir si loin ; il trouvera à sa porte, assez de misères à soulager, sans en aller chercher au delà des mers ; cet apostolat est réservé aux missionnaires, dont le but n'est pas de ce monde. En s'expatriant, le médecin a certainement l'idée d'être utile à ses semblables ; mais son but principal, parfaitement avouable, à lui qui n'a pas toutes ses pensées tournées vers le ciel, et qui a souvent une famille à nourrir, des enfants à élever, une situation à conquérir, son but est de réaliser de beaux bénéfices dans un pays où les médecins sont rares, les chances de mortalité plus considérables et où l'argent n'a pas la même valeur qu'en Europe.

« Trouvez-vous ce mobile bien répréhensible ? Je ne le pense pas.

« Je vous ai dit que je connaissais particulièrement les deux médecins français de Shanghaï ; ils se sont associés et passent, à tour de rôle, chacun deux ans en France, pour se remettre des atteintes portées à leur santé par le climat de la Chine ; je les ai rencontrés à Paris, l'un après l'autre, ces années dernières ; ils m'ont dit avoir une belle clientèle et se faire de beaux revenus. L'abonnement dont a parlé Barrot est vrai ; mais il n'est pas uniformément de deux cents piastres ; il est proportionné à la fortune du client, et en Chine aussi bien qu'en France, loin d'écorcher les pauvres gens, il arrive bien des fois au médecin d'oublier sa bourse chez un malade nécessiteux ; je vous l'affirme sur l'honneur. »

Quelques mois après cette conversation, les officiers de l'*Ailée* purent faire la connaissance de celui des deux médecins français qui accomplissait alors son

quart de deux années, à Shanghaï et tous eurent
l'occasion d'apprécier les qualités de l'homme charmant, du compatriote hospitalier et de l'obligeant
ami, que Galilée avait attaqué bien innocemment et
sans le vouloir, dans sa diatribe générale contre les
médecins.

Devant la chaleureuse défense du docteur, Barrot
baissa pavillon. — Écoutez, Verdier, lui dit-il d'un
ton sérieux, vous m'avez touché ; je fais amende honorable pour les médecins, mais je vous en prie, aban-
donnez-moi les dentistes.

Cette boutade ramena la gaieté et termina la discussion.

— Ma foi, les dentistes, répondit Verdier, je les
répudie comme confrères ; qu'ils cherchent un avocat ;
je ne mets pas mon éloquence au service du charlata-
nisme de ces Fontanaroses ; ces clients-là ne sont pas
les miens.

— Entendons-nous pourtant, continua Barrot, je ne
veux blesser personne ici ; quelqu'un est-il le parent,
l'allié, ou l'ami d'un fabricant d'eau dentrifice quelconque ?

— Non, répondit-on en chœur.

— Alors, mes bons amis, je parle librement ; gardez-
vous de la rage de dents comme de la peste ; outre
qu'il est toujours désagréable de souffrir de ce mal
atroce dont tout le monde se moque, on ignore où peut
conduire une visite au *dentist engineer*.

« Je me souviens qu'un de mes camarades, pour
avoir eu la malencontreuse idée de se faire plomber
une dent, eut à débourser un mois de solde de *mid-*

ship de deuxième classe ; encore son bourreau lui fit-il la faveur d'une réduction considérable, en considération de la modicité de ses appointements.

« A Shanghaï, les Américains ont le monopole de la profession de dentiste ; ces messieurs excellent, parail-il, dans la manière d'extraire une canine, d'enlever une incisive, ou de cautériser le nerf malade, mais là où ils l'emportent sur leurs collègues des autres pays, c'est dans l'extraction des dollars de votre poche. L'arracheur de dents jouit en Europe d'une réputation dès longtemps faite, à laquelle je n'ai pas la prétention d'ajouter quoi que ce soit, mais c'est en Chine qu'il atteint, à ce point de vue, le summum de son art. »

Saint-Cyr n'avait encore guère manifesté sa présence ; sans cesse égaré dans une rêverie, dont ses amis le raillaient parfois, en lui disant qu'il pensait à sa cousine Agnès, le jeune officier semblait souvent étranger à ce qui se passait à côté de lui. Tout à coup, s'adressant à Barrot : « Parle-nous donc un peu du Japon, lui dit-il, nous avons assez de ta Chine.

— A tes ordres, mon petit Sylvain. Au pays du *Soleil levant*, les représentants des peuples latins sont plus nombreux et l'étranger est, jusqu'ici, moins anglicanisé qu'en Chine. La France y jouit d'une certaine prépondérance morale. Cette situation est due à des causes dont plusieurs, malheureusement, disparaitront prochainement, emportant un à un, avec elles, les lambeaux de notre prestige. »

. . . .

Ici, je dois substituer au récit de Barrot, l'histoire

des faits accomplis, faits dont notre intelligent camarade nous avait laissé entrevoir la réalisation probable,
et dont nous avons été les témoins durant notre séjour
au Japon.

CHAPITRE III

L'auteur reprend la parole. — Les *Idjin-san*. — Les causes
de la prépondérance des Français dans ce pays disparais-
sent. — Une remarque piquante. — Encore les coiffeurs,
les pâtissiers, les médecins et les dentistes.

Longtemps la présence d'une compagnie d'infanterie de marine, à Yokohama, ne contribua pas médiocrement à entretenir dans l'esprit des Japonais une
considération très marquée pour nous. Nos braves
petits soldats, par leur tenue admirable, fascinaient ce
peuple chevaleresque, amateur forcené de tout ce qui
tient à la guerre.

A Yokoska, nos ingénieurs, hommes d'un haut
mérite, donnaient une grande idée de notre science et
de nos connaissances techniques, en fondant un arsenal et un chantier de constructions.

Nous avions en même temps, à Yokohama, un
hôpital maritime et un magasin de prévoyance admi-
nistrés par un officier du Commissariat, chef du service
de la Marine.

Mais après avoir vu flotter pendant douze ans, sur
la *Montagne* (1), le drapeau tricolore, un jour, on le

(1) La *Montagne* est une élévation située à l'une des extrémités de la ville, sur laquelle les Français et les Anglais
avaient installé leurs casernes.

vit amener ; et nos soldats rappelés en France, dirent un éternel adieu au pays charmant des *mous' mé*.

Je me souviendrai longtemps de ce départ. Depuis plusieurs semaines, Yokohama présentait un aspect peu ordinaire. Une agitation inaccoutumée, et d'une espèce particulière, régnait dans la société européenne. Le commerce en souffrance prenait-il un nouvel essor ? De grandes transactions se préparaient-elles ? Ou bien allait-on, plutôt, entreprendre une expédition guerrière, de concert avec le gouvernement japonais ? Rien de tout cela.

Là, un grand dîner était offert par les négociants français aux officiers d'infanterie de marine ; ici, un lunch, par le commerce anglais, aux officiers de Sa Majesté Britannique ; puis, un beau soir, toutes les sociétés allaient fraterniser dans un grand bal à l'Hôtel-de-Ville japonais. Les réunions privées succédaient aux réceptions d'apparat, tantôt à bord des bâtiments de la station, tantôt dans les *yasiki* (1). Partout l'armée était choyée, mais une teinte de mélancolie assombrissait toutes ces fêtes intimes ou officielles. Rencontrait-on un officier dans la rue ? C'étaient des protestations chaleureuses à n'en plus finir... C'est pour tel jour, disait-on, quel dommage ! Quelle résolution fatale !

Que se passait-il donc ? Les troupes anglo-françaises se préparaient à partir ; la colonie européenne allait perdre un appoint important et agréable. La France et l'Angleterre, au moment de se trouver amoin-

____

(1) Maisons d'habitation.

dries, se demandaient, avec une certaine anxiété, si leur situation au Japon ne serait pas considérablement ébranlée. Mais le séjour des troupes à la *Montagne* était une menace désormais inutile et blessante pour le gouvernement japonais entré franchement dans la voie des réformes ; et tout esprit libéral comprenait la nécessité d'accomplir au plus tôt un acte de courtoisie vis-à-vis du Mikado, en remettant franchement et sans arrière-pensée, le sabre au fourreau.

Le départ des troupes, l'évacuation de la *Montagne*, décidés en conseil des nations, comme mesure politique indispensable, étaient résolus ; le jour était fixé, et chacun le voyait arriver avec peine.

Les militaires s'étaient habitués à considérer Yokohama comme une garnison charmante, où ils avaient contracté de douces habitudes ; les résidents civils, sans redouter aucune agression de la part des Japonais, se sentaient plus chez eux, sous la protectiou du drapeau, et un certain chauvinisme les rendait fiers de cette poignée d'hommes représentant l'armée du pays et incarnant la patrie absente.

C'est pourquoi tout le monde était triste ; c'est pourquoi chaque jour on festoyait, avec la mort dans l'âme.

Enfin, l'heure sonna ; les soldats de la Reine et ceux de la République devaient, à la même minute, évacuer le territoire japonais ; le départ était fixé pour midi ; un *troop ship*, arrivé de l'Inde, quelques jours avant, pour prendre les Anglais, était sous pression ; des places avaient été réservées, pour les Français, sur le paquebot des Messageries maritimes en partance.

Depuis le matin, les bagages étaient rendus à bord.
Dès onze heures et demie, les troupes quittèrent leur
casernement, descendirent la *Montagne* et vinrent se
ranger, sous les armes, devant l'hôpital français.

Dans ce moment-là, bien des poignées de main
silencieuses furent échangées; bien des larmes, arrêtées au coin de la paupière, retombèrent sur les cœurs
oppressés en enrouant les voix.

Une foule émue, composée de Japonais autant que
d'Européens, se pressait autour de nos soldats.

Que de remarques intéressantes un observateur eût
pu faire ! Que de scènes touchantes passées inaperçues!
Ici une *mous'mé* en larmes se faufile pour revoir encore
une fois son amant; là un *mous'ko* (1) se jette en
pleurant dans les jambes d'un soldat.

A un coup de canon parti de la rade, la voix des
chefs se fait entendre; tout rentre dans l'ordre; les
pavillons anglais et français flottant au sommet de la
Montagne, sont amenés simultanément; il est midi. Les
troupes se mettent en marche ; l'infanterie de marine,
clairons en tête, les Anglais au son des fifres. Au moment où la tête de la colonne arrive à la cale française
le cri de halte retentit; les Français s'arrêtent; front!
commande le capitaine de la compagnie, présentez...
armes! Les Anglais passent le fusil sous le bras et
continuent jusqu'à la cale anglaise.

Des embarcations des navires de guerre sont accostées le long des quais; dix minutes s'écoulent; un éclair
brille à bord du stationnaire japonais; c'est le signal

______

(1) Petit garçon.

de l'embarquement. Bientôt les canots vigoureusement nagés (1), gagnent le large et passent à ranger les navires mouillés en rade; les hommes sont sur les vergues, les officiers sur la passerelle; et dès qu'une embarcation arrive à portée de la voix, des hourrahs prolongés ébranlent les échos du golfe de Yeddo.

Le défilé dura un quart d'heure; on vit de loin les vestes rouges et les capotes grises gravir l'échelle du bâtiment, qui devait les emporter vers la mère-patrie; puis, tout fut fini; et plus d'un cœur se serra, lorsque le dernier de nos chers *pioupious* eut disparu.

Une demi-heure après la France militaire n'était plus représentée à Yokohama que par la marine de la division, le commissaire et le médecin de l'hôpital. Quant à l'Angleterre, elle avait embarqué ses compagnies de la Reine, en même temps que nos troupes; mais le lendemain, on rencontrait encore dans les rues des casaques rouges, et le pavillon britannique flottait de nouveau au-dessus des arbres de la *Montagne.*

La France avait fidèlement rempli ses engagements; Albion aussi, mais elle n'avait pu se décider à partir, sans laisser derrière elle un peu de graine pour l'avenir.

Ce départ fut le signal de la débandade française; l'hôpital et le magasin, considérés comme désormais inutiles, furent supprimés; la *Montagne,* terre quasi-française fut rétrocédée au Japon; et les ingénieurs de Yokoska suivirent de près le commissaire et le médecin.

Une curieuse remarque en passant : environ une

(1) Nager est une expression maritime qui signifie ramer.

centaine de femmes, dans une position intéressante ou déjà mères, avaient été abandonnées par les Lovelaces de l'armée anglo-française; sur ce nombre, trois seulement pouvaient se recommander de la France. Quelles conséquences en tirer ? Je laisse à d'autres ce soin ; mais selon moi, il faut tout bonnement attribuer ce résultat presque négatif au caractère volage de nos compatriotes.

Le plus beau fleuron de notre couronne, la cause principale de notre considération au Japon, est aussi en train de disparaître. Je veux parler de la mission militaire établie à Yeddo, pour procéder à l'organisation de l'armée et à l'instruction des troupes du Mikado. Cette mission composée d'officiers d'élite de toutes armes, sous les ordres d'un lieutenant-colonel d'état-major, a, depuis longtemps, conquis à la France la sympathie des Japonais. Un jour pourtant, le Lion français venait de succomber dans la lutte inégale de 1870 ; sous l'influence allemande, le gouvernement du Mikado céda à un mauvais sentiment : la nation vaincue, se dit-il, ne peut plus nous fournir de maîtres, il nous faut des vainqueurs. Le terme de l'engagement des Français venait d'arriver ; on appela les Prussiens ; un contrat fut passé pour trois ans, suivant la coutume, et l'on reprit, sous une nouvelle direction, le cours des études militaires.

Au bout d'un mois du régime du bâton, des coups de crosse et de plat de sabre, les Japonais étaient édifiés ; le contrat était résilié ; les Prussiens reprenaient le chemin de chez eux avec de gros dédommagements en poche ; et les Français, rappelés, revenaient continuer l'éducation de leurs élèves, un instant interrompue.

Le seul souvenir, laissé par les héros, est l'ignoble casquette de cocher dont ils ont eu juste le temps d'affubler les troupes. Mais déjà les officiers ne la portent plus, et les soldats ne la mettent qu'à regret, en petite tenue.

Combien de temps cette mission subsistera-t-elle maintenant ? Déjà bien amoindrie, ses jours, dès maintenant, sont comptés, hélas ! Les Japonais pressés de sortir de lisières, veulent voler de leurs propres ailes. Puissent-ils ne pas regretter leur précipitation à se débarrasser du concours de leurs frères d'Occident, et mener à bien l'œuvre colossale de réorganisation, qu'ils ont entreprise avec tant de courage et d'intelligente activité.

Une autre cause de notre influence dans le pays est notre nombre ; sans avoir absolument la majorité, nous comptons une quantité relativement assez grande de nationaux dans les ports ouverts. Outre les employés du comptoir d'escompte et des messageries maritimes, établis à Yokohama ; outre le personnel de la légation et des consulats, outre les prêtres des Missions étrangères, il existe dans chaque ville un petit noyau de négociants français ; pas de grandes maisons, il est vrai, pas de *prince merchant* ; mais beaucoup de modestes commerçants ; beaucoup de commissionnaires en soie, en thé, en bibelots ; presque tous les magasins, où se vendent les mille objets nécessaires à la vie des Européens, ainsi que les hôtels et les cafés, sont entre les mains des Français, dont quelques-uns arrivent à réaliser des bénéfices restreints, mais suffisamment rémunérateurs (1).

Il en résulte un bon marché relatif. Tout se paie, naturellement, plus cher qu'en France; mais on n'est pas écorché vif comme à Shanghaï. A Yokohama, l'article de Paris se vend couramment. Vous pouvez vous faire raser, si bon vous semble, par un compatriote, sans être obligé de recourir à un *Polaïte* quelconque; et si le cœur vous en dit, un pâtissier, enfant de Toulon, vous prouvera que, s'il est du *pays de la raison* (2), il est aussi de celui des bons petits gâteaux.

Les médecins, plus nombreux qu'à Shanghaï, sont tous conformes au portrait esquissé par Verdier. Quant aux dentistes, le mieux est de ne pas s'y fier plus là que sous d'autres latitudes.

Maintenant, retournons à la conférence de l'ami Barrot.

(1) Le meilleur hôtel de Yokohama est tenu par un ancien cuisinier de paquebot qui monta son premier établissement avec le produit d'une paire de lapins domestiques vendus 2,500 francs à un amateur japonais.

(2) Vieille plaisanterie à l'adresse des habitants de Toulon, « *le pays de la raison et des bons sentiments* ».

CHAPITRE IV

— Il me semble, hasarda Sylvain en s'adressant à
l'orateur, qu'il ne serait pas indifférent d'entendre
parler des relations existant entre Européens et indigènes.

— Mon bon ami, répondit Barrot, ta réflexion est
judicieuse, et je vais m'empresser de satisfaire à tes
désirs.

« En Chine, principalement dans les grandes
villes comme Shanghaï et Hongkong, l'étranger affiche
un profond mépris pour l'indigène, qui le lui rend, du
reste, avec usure. Les Anglais se croiraient désho-
norés, s'ils frayaient avec les Célestes ; et ceux-ci, au
surplus, se prêteraient difficilement à des relations
plus amicales. Une fierté réciproque élève une barrière infranchissable entre la race jaune et la race

blanche, entre les sectateurs de Confucius et les membres des diverses religions chrétiennes.

« Dans l'empire du Mikado, cette barrière tend chaque jour à s'abaisser. Malgré l'attristante raideur des Anglais, un rapprochement sensible se fait entre l'élément étranger et l'élément indigène. C'est avec les Français que ce rapprochement est le plus accentué; le Japonais aime à rire; notre caractère, gai et enjoué, est celui qui ressemble le plus au sien; et par-dessus tout, nous ne sommes par fiers.

« La femme n'est pas étrangère à ce mouvement. Les Japonaises ont un véritable attrait pour l'Européen; sans être absolument jolies, suivant les lois de la plastique, elles sont ce que l'on peut appeler agaçantes: douces, rieuses, mignardes et surtout pas gênantes, elles réunissent par excellence toutes les qualités de la maitresse modèle. Aussi, n'est-il guère d'Européen, établi dans le pays, qui ne soit pourvu de ce *meuble* de luxe.

« De ces unions presque légitimes, d'après la loi japonaise, il nait souvent de fort jolis rejetons; les mâles sont quelquefois adoptés par de hauts personnages, lorsque le père rentre en Europe, et donne le *mikoudari-han* (1) à sa compagne. Malheureusement, ces faits sont rares et l'on voit trop souvent de pauvres bébés, dont les joues plus roses accusent leur origine, laissés à la charge de leur mère, par des étourdis sans entrailles. Le sort de ces enfants est plus

____

(1) Voir le *Japon pittoresque.*

terrible qu'en Europe, en ce sens que leur position est encore plus anormale ; car au Japon, l'enfant, quelle que soit sa provenance, doit toujours être à la charge du père ; c'est la règle. Aussi n'ai-je jamais rencontré sur ma route un de ces pauvres petits êtres, facilement reconnaissables, sans être ému de pitié, et sans maudire du fond du cœur les entraînements capables de causer de telles injustices.

« Comme contrepoids à ces misères, on peut citer des excès dans un sens tout opposé. Ainsi, l'on a vu des Européens convertir leurs maîtresses à la religion chrétienne et les épouser religieusement d'abord, pour, à l'inverse de ce qui se passe en France, se marier plus tard, un beau jour, civilement, afin de légitimer les enfants. L'exemple parti de haut a été suivi par quelques-uns placés plus bas sur l'échelle sociale.

« Le sentiment moteur est certainement respectable, mais il a quelque chose d'illogique. La Japonaise, en se laissant convertir, reste dans son rôle d'être passif ; elle se fait chrétienne comme elle se ferait mahométane ou mormone ; elle ne comprend absolument rien aux liens éternels, à l'indissolubilité du mariage, qui sont contraires à ses mœurs ; et ne connaît pas la portée du serment qu'elle a prononcé.

« L'Européen, en épousant une Japonaise, suivant la loi religieuse et civile de son pays, le Français surtout, qui n'a pas le divorce à sa disposition, commet au moins une imprudence. Pour moi, l'homme véritablement sérieux est celui qui, acceptant entièrement la responsabilité de ses actes, se soumet simplement à la loi du Japon et qui, une

fois la faute commise, en supporte toutes les conséquences, sans chercher à l'atténuer par une soumission rétrospective aux exigences de nos lois et de nos
préjugés.

— Il me semble, maître Barrot, objecta Gastinet,
que vous abordez un sujet bien scabreux.

— J'en conviens; cette opinion, à première vue,
semblera peut-être même légèrement subversive; mais
qu'on y réfléchisse; et, en faisant abstraction de la
question religieuse qui, en définitive, au point de vue
philosophique, n'est que relative, on arrivera certainement à mettre la vraie, la saine morale, du côté où
elle doit réellement se trouver.

« A ce propos, je vous développerais bien certaines
théories qui, du temps de mon patron Galilée, m'eus-
sent conduit directement au bûcher, ou dans tous les
cas au cachot de l'inquisition, ce prélude de l'autodafé.
Mais Gastinet me rappellerait peut-être à l'ordre; je
préfère donc m'abstenir et passer à un sujet sans
doute plus intéressant pour vous.

« L'Européen en général, et le Français en particulier, éprouve un véritable engouement pour le Japon;
dès l'abord, il est, à son insu, irrésistiblement attiré
vers ce peuple attrayant; puis, il est inévitablement
saisi par l'amour du bibelot. Aussi, les magasins sont-
ils encombrés d'acheteurs, baragouinant un certain
nombre de mots pseudo-japonais, avec lesquels ils
ont composé un jargon *sui generis*, compris desmar-
chands, des traîneurs de *djin-riki-cha* (1), des

____

(1) La djin-riki-cha est une petite voiture servant de fiacre;
voir le *Japon pittoresque.*

sendo (1), des *mous' mé* (2) et de toute la gent nombreuse, vivant plus ou moins de l'*Idjin-san*.

« La langue parlée est assez facile; les gens du peuple sont, en outre, pleins de bonhomie et de complaisance; il est bien rare d'entendre, comme en Chine, un indigène répondre brutalement: *je ne comprends pas;* il écoute avec attention, prie de répéter, se fait aider par une pantomime, gesticule lui-même beaucoup, s'ingénie, saisit un mot par hasard et, finalement, comprend ce qu'on lui demande. Qu'en résulte-t-il? C'est qu'au bout d'un mois ou deux, l'Européen paresseux croit en savoir assez et ne travaille plus. D'aucuns, même, se contentent d'une douzaine de mots estropiés et ne cherchent pas à en apprendre davantage:

« *Magoto* (3), *ikoura* (4), *amari-takai* (5), *doko-malo* (6), etc., etc. Les bons Japonais rient sous cape; mais ils ont saisi le petit *sabire*, et y répondent imperturbablement (7).

« En travaillant un peu, il est facile d'arriver, au bout de trois ou quatre mois, à dire assez correctement les choses usuelles de la vie; mais pour acquérir une connaissance parfaite de la langue, il faut des années. A cela rien d'étonnant; le japonais ne ressem-

(1) Bateliers.
(2) Filles.
(3) Juste prix.
(4) Combien?
(5) Trop cher.
(6) Où allez-vous?
(7) Tous ces mots, sauf *ikoura* qui même ne peut pas toujours s'employer dans le sens indiqué, ne sont pas japonais.

ble à aucune autre langue; dans son étude, on ne peut s'aider d'aucuns souvenirs; et, en outre, il contient un certain nombre de mots, dont le sens diffère, suivant la prononciation ou la place qu'ils occupent dans la phrase. Exemple: *kami* signifie: *Dieu, papier, cheveux* et *jambe; To* a quatorze significations: *porte, pierre à aiguiser, et, aussi, comme, conflit, dix, infusion, mesure de liquide, temple, ligne, ce, cette, est.*

« L'écriture est encore plus difficile, elle est soit idéographique — c'est l'écriture chinoise compos... de plusieurs milliers de signes, — soit phonétique ou alphabétique. Cette dernière se divise en deux séries composées d'un certain nombre de caractères et de signes supplémentaires, sortes d'accents destinés à modifier les sons. L'une de ces séries, appelée *katakana,* est l'écriture la plus généralement adoptée. L'autre, nommée *hirakana* est à peu près exclusivement employée par les femmes.

« L'écriture idéographique, comme chacun sait, est horriblement compliquée; la vie d'un homme suffit à peine pour apprendre les myriades de signes dont la connaissance constitue à peu près tout le bagage scientifique des lettrés chinois.

« Les Japonais, gens plus pratiques et beaucoup moins exclusifs que leurs voisins, avaient depuis longtemps élargi le programme des connaissances nécessaires à la qualité de lettré. Depuis l'adoption des idées européennes, le mode d'enseignement a été complètement calqué sur le nôtre; aussi l'étude de l'écriture idéographique, sans être entièrement abandonnée, est-elle reléguée tout à fait au second plan.

« Le *katakana* est donc actuellement l'écriture courante ordinaire des Japonais ; mais ils reconnaissent parfaitement la supériorité de notre alphabet sur le leur, et je ne serais pas étonné d'apprendre qu'un beau matin, l'A, B, C, D, aura été rendu purement et simplement obligatoire dans toutes les écoles de l'empire, par décret du Mikado.

« Le Japon est certainement le pays du monde où l'instruction primaire est le plus répandue ; le plus humble *djin-ri'ki* sait lire et écrire ; tous les enfants vont à l'école et le plus petit village possède son magister. C'est à faire rougir de honte les pays occidentaux.

— Je crois, avança Gastinet, que la diffusion de l'instruction au Japon, ne constitue pas un progrès nouveau et que, de tout temps, l'extrême Orient a eu cet avantage sur l'Occident.

— En effet, répondit Barrot, l'amour de la science, au pays des Mikado, ne date pas d'aujourd'hui ; les belles-lettres y ont, pour ainsi dire, toujours été en honneur ; car dès le III⁰ siècle de notre ère, on voit se fonder des écoles et des gymnases ; le X⁰ siècle fut leur apogée. Pendant les cinq siècles suivants, sans cesse troublés par des guerres civiles et des discordes intestines, elles tombèrent en décadence jusqu'à l'époque où s'établit la dynastie des *Tokougawa*. La paix profonde, dont ces *Shogoun* dotèrent leur pays, contribua puissamment à redonner le goût de l'étude et rendit aux belles-lettres leur ancienne splendeur.

— Où diable as-tu puisé tous ces renseignements ? demanda Harlès à l'amusant conteur, tu es étonnant.

— Quand on s'intéresse à un pays, on ne manque
pas une occasion de se renseigner sur son compte.
Durant ma première campagne dans ces contrées, je
n'avais rien de mieux à faire; ma solde de midship ne
me permettant pas de me livrer à de grandes excentri-
cités, j'ai employé à l'étude le temps, qu'en toute autre
circonstance, j'eusse peut-être donné à des plaisirs
moins utiles; et tout mon argent a passé en achats de
bibelots. Voilà le secret de ma science; je vous le
livre; mais je doute que vous suiviez mon exemple.

— Et pourquoi, s'il te plait? demandai-je à
Barrot.

— Oui pourquoi? dirent plusieurs officiers; nous
crois-tu incapables?

— Pas le moins du monde; seulement, vous n'êtes
plus midship de deuxième classe, et vous avez plus de
63 fr. 66 c. à dépenser par mois. Or, pouvant satisfaire
vos fantaisies, dans une certaine limite, vous subirez
des entrainements irrésistibles qui tuent ou paralysent
le goût de l'étude. Sur cette terre du soleil et des jolies
filles, l'existence s'écoule si rapidement que l'on n'a
pas le temps de penser au travail; et soit dit sans
vouloir vous offenser, mes bons camarades, après
un séjour de deux ans dans les mers du Japon, vous
partirez, j'en suis presque certain, sans connaitre le
premier mot de l'i, ro, ha, ni (1).

— Nous verrons bien, murmura Saint-Cyr.

— Ah! par exemple, une chose que vous connaitrez
à fond, c'est le *bibelot*. Le bibelot, aussi bien en Chine

(1) Premières syllabes de l'alphabet du *katakana.*

qu'au Japon, exerce une influence considérable sur la vie des Européens. Seulement, tandis qu'en Chine il est devenu presque inabordable pour les gens qui ne peuvent pas disposer de sommes considérables, au Japon il est encore à peu près accessibl. ᷉ur toutes les bourses. Le bibelot chinois devient, du reste, de plus en plus rare; j'entends le bibelot de valeur, le bibelot artistique; il est autant recherché par les indigènes riches que par les étrangers. Aussi, ne sais-je véritablement pas où et à quel prix, on pourrait encore se procurer de ces porcelaines et de ces laques, auxquelles la Chine doit sa réputation. Les produits modernes sont d'une infériorité révoltante. A Canton, l'on trouve encore d'assez jolis spécimens de porcelaine; mais il vaut presque mieux se fournir en France, dans les magasins de Marseille ou de Paris; on évite ainsi l'ennui du transport, les pourparlers avec la douane, l'aléa de la casse et l'on ne paie pas beaucoup plus cher. Quant aux laques, il est inutile d'en parler; elles ne méritent pas la moindre attention. Les produits les moins dégénérés sont les cloisonnés, les bronzes et les objets d'ivoire travaillés, sinon avec art, du moins avec une grande adresse; mais leurs prix sont excessivement élevés et peu en rapport, à mon avis, avec leur mérite réel.

« Au Japon, le bibelot ancien commence aussi à devenir rare; mais il n'est pas introuvable; les vieilles armes, les vieilles laques et d'autres ravissantes antiquités se rencontrent encore assez fréquemment, dans les villes peu fouillées par les Européens.

« A Yeddo, à Osaka, et surtout à Kiyoto, je suis

tombé sur de véritables mines; j'ai rencontré mille richesses: depuis l'armure en fer for.é vieillé d'or et d'argent avec garniture de soie brochée ; depuis le sabre
à la lame merveilleusement trempée, à la garde à jour,
à la poignée enrichie de petits sujets, en or massif,
jusqu'aux figurines d'ivoire si artistement sculptées;
depuis le *norimono* tout en laque d'un noir de jais,
rehaussé par des dessins en laque d'or, avec incrusta-
tions de nacre, jusqu'aux bonbonnières en laque
d'or garnies de pierres précieuses; depuis les grands
vases, *vieux Satzouma*, aux frais bouquets de fleurs,
jusqu'aux minuscules tassettes, rouge et or, de
Kanga.

« L'art moderne a aussi moins périclité au Japon
qu'en Chine. Si certaines vieilles recettes ont été per-
dues, d'habiles ouvriers en ont trouvé de nouvelles;
et il sort des fabriques de porcelaine, des fonderies de
bronze, ainsi que des ateliers des fabricants d'objets
en laque, bon nombre de choses ravissantes d'un prix
relativement modéré.

« En résumé, le Japon a sur l'Empire du Milieu, au
point de vue de la fabrication du *bibelot*, une supériorité écrasante, supériorité qui tendra toujours à s'ac-
croitre, étant donnés, d'un côté, l'inaction, la pétrifi-
cation morale de la Chine, de l'autre, le gigantesque
mouvement progressiste des Japonais.

« Après un séjour de quelques années au pays du
Soleil levant, tout Européen s'est monté un vrai
magasin de curiosités ; le bibelot, insensiblement,
devient une passion à laquelle on s'adonne tôt ou tard
avec entrainement; on a beau s'en défendre, il faut

fatalement se laisser entraîner dans le mouvement général.

« Le verbe *bibeloter* est devenu français; tout le monde *bibelote*, suivant ses moyens, durant ses heures de loisirs. On se rencontre chez les marchands; on se raconte ses impressions; on se fait part de ses bonnes trouvailles; bref, la recherche du bibelot passe à l'état de nécessité de l'existence; et l'on voit des amateurs qui, lorsqu'ils ont découvert un objet à leur goût, en perdent le sommeil et l'appétit jusqu'à ce qu'ils s'en soient rendus propriétaires.

Rien de plus original que la conclusion d'un marché dans un magasin de bric-à-brac. Les prix peuvent varier, suivant les circonstances, de 75 o/o; l'époque de l'année où l'on se trouve, la situation pécuniaire du brocanteur, ou simplement sa disposition morale du moment, sont autant de causes modificatrices. Vendre le plus cher possible est de principe chez ces industriels; profiter de l'inexpérience du chaland et chauffer son enthousiasme de toutes les façons possibles, est le *b, a, ba* du métier. Aussi, faut-il posséder une science toute particulière, et user d'un certain machiavélisme pour ne pas se laisser voler. Règle générale, ne jamais avoir l'air de désirer particulièrement un objet et, surtout, ne pas se presser.

« Un exemple vous donnera une idée exacte de la façon dont il est bon de procéder.

« Un jour, au commencement de décembre, j'étais entré dans un des nombreux bric-à-bracs du *Benten*(1),

---

(1) Le Benten est une rue de Yokohama où se trouvent la plupart des marchands de bibelots.

sans idée bien arrêtée d'y acheter quelque chose. A peine installé à côté du *hibatchi* (1) où les Japonais vous invitent, d'habitude, à vous asseoir, pour prendre une tasse de thé et fumer une pipe, j'avisai dans un coin, plantée sur un mannequin, une armure qui me parut fort belle. Depuis longtemps je désirais acheter une de ces défroques guerrières; mais je me gardai bien de laisser percer mes intentions. Après avoir négligemment parcouru du regard les bibelots étalés, je demandai le prix d'une boîte très laide; je marquai un vif enthousiasme pour une marmite en bronze, dont je n'aurais pas donné un *bou* (2); je m'enflammai à la vue d'une paire de vases en porcelaine laquée, aux couleurs voyantes, d'un goût détestable et, finalement, je sortis en demandant, comme par hasard, le prix de l'armure.

« — *Kou-djou-go-rio*, me répondit le marchand.

« — *Sayo-nara* (3), lui dis-je, en feignant de ne pas avoir entendu, ou de peu m'intéresser à sa réponse.

« Tout en cheminant dans le *Benten*, je réfléchissais: *Kou-djou-go-rio*, me disais-je, quatre-vingt-quinze piastres, c'est un peu cher, mais aussi quelle trouvaille! Une armure en fer forgé niellé d'or et d'argent, une armure complète avec brassards, cuissards, casque et tous les accessoires parfaitement appareillés. Voyons, calculons: quatre-vingt-quinze piastres, en chiffres ronds, cela fait..... une somme folle, cinq cents

(1) Brasero, voir le *Japon pittoresque*, pour les explications.

(2) 1 fr. 25 cent.

(3) Au revoir.

francs ! Décidément, c'est une folie, n'y pensons plus. Pourtant la garniture est en soie magnifique, en soie bleue brochée d'argent ; son antiquité est incontestable ; car, depuis longtemps, les Japonais ne fabriquent plus d'armure en fer ; sa conservation est parfaite ; quel beau bibelot à rapporter en France ! Oui, seulement cinq cents francs représentent juste six mois de solde ; allons, c'est impossible.

« Le lendemain, je tombai malade et fus obligé de garder la chambre à bord. Un soir, — c'était vers le 20 décembre, — en rentrant, le docteur qui était aussi passionné que moi pour le bibelot, me dit : Vous avez marchandé une armure, il y a quelque temps ?

« — Oui.

« — Je vous avais reconnu au portrait fait de vous par le marchand ; combien prétendait-il avoir de cette vieillerie ?

« — Un prix exorbitant.

« — Si vous y tenez, vous obtiendrez, j'en suis sûr, une forte diminution ; on m'a chargé de vous engager à revenir.

« Je ne pouvais pas encore descendre à terre : ce ne fut guère avant huit jours que je repris le chemin du Benten. En me voyant, l'homme à l'armure ne put dissimuler sa satisfaction ; il s'empressa de déballer sa marchandise en la faisant valoir le plus possible.

« — Vous perdez votre temps, lui dis-je, mes moyens ne me permettent pas de m'offrir un objet de quatre-vingt-quinze *rio*.

« — Je vous ferai une faveur.

« — Je vous écoute.

« — Mon dernier prix sera soixante-quinze *rio*.

« — Je n'en veux pas.

« — Combien en offrez-vous?

« — Juste soixante de moins.

« — Vous voulez sans doute vous moquer de moi.

« — Non.

« — Tant pis.

« Comprenant toutefois que pour quinze *rio*, je n'avais rien à espérer, j'ajoutai : Tenez afin de terminer rapidement cette affaire, je mets vingt *rio*.

« — Ce n'est pas possible.

« — Alors adieu.

« Je tenais mon homme, je le sentais; du reste, j'avais appris d'un marchand de mes amis que l'objet litigieux ne devait pas coûter plus de quinze ou vingt *rio* à son détenteur actuel, peut-être moins, et qu'il s'en débarrasserait en se contentant d'un très mince bénéfice, à cause des fêtes prochaines et de l'échéance redoutable du premier jour de l'an.

« C'était, je crois, le 30 décembre. Le 1ᵉʳ janvier, vers midi, je passai devant la boutique ; les volets étaient à moitié fermés ; j'entendis dans l'intérieur des rires bruyants, et m'étant approché furtivement, je vis nombreuse société accroupie pêle-mêle sur les *tatami* (1), au milieu d'une myriade de petits plats et de fioles de *saké*.

« Bien, pensai-je, demain pour payer les frais du festin, on sera tout heureux, et tout aise de céder l'armure à un prix abordable, et je pourrai sans scrupule satisfaire ma fantaisie.

(1) Les nattes du plancher.

« Le lendemain, en effet, j'arrivai vers quatre heures du soir ; aux joies de la veille avait succédé une tristesse morne. J'entrai, on ne se dérangea même pas. Je m'assis ; le maître de la maison, les mains étendues au-dessus du *hibatchi*, semblait absorbé par les pensées les moins récréatives.

« — Eh bien, lui dis-je, mon armure?.....

« — Elle est là, si vous la voulez?...

« — Avez-vous réfléchi à me demander une somme moins ridicule ?

« Le Japonais fit mille contorsions, puis, après une grimace comique, il me dit à demi-voix : Quarante *rio*, je ne puis pas moins.

« Je fis un geste négatif.

« Le marchand ne répliqua pas et se replongea dans ses méditations. Au bout d'un moment il se leva, prit un gros livre, le feuilleta bruyamment en faisant glisser l'une sur l'autre, avec le pouce, les feuilles soyeuses ; s'empara de son *soroban*, fit mouvoir, durant une ou deux minutes, les boules de l'instrument à calculs, le déposa à côté de lui, se chauffa les mains sur le *hibatchi*, fuma une pipe, m'offrit en souriant une tasse de thé, reprit son livre, se passa la main sur la tête et enfin, me dit : L'armure que vous désirez me coûte trente-cinq *rio*, je me contenterai de un *rio* de bénéfice, je vous la laisse pour trente-six *rio; yorouchi-ka?* (1)

« — *Iya* (2).

(1) Est-ce fait, est-ce conclu? mot à mot, est-ce bien?
(2) Non.

« Je savais dès lors à quoi m'en tenir ; s'il accusait trente-cinq *rio*, je pouvais hardiment compter sur une exagération de douze à quinze. Ces objets de luxe ont été souvent abandonnés par des *Samouraï*, en des temps de misère, pour un morceau de pain. L'armement nouveau des troupes leur a enlevé toute valeur commerciale ; seul, l'engouement des Européens leur donne encore une valeur artistique.

« Pendant que je faisais toutes ces réflexions, un jeune homme était entré, porteur d'un certain nombre de cahiers et de lettres. On s'était incliné très bas devant le nouveau venu ; on avait offert tout ce que l'on offre à un visiteur de distinction : la pipe, le thé ; on avait ensuite discuté longuement et enfin, la boîte aux *rio* avait été vidée entre les mains de l'étranger, dont la figure manifestait un assez vif mécontentement.

« Durant ce colloque, j'avais réfléchi ; mon budget me permettait, pour le moment, de faire une folie de vingt-cinq piastres, et je ne pouvais mieux placer mon argent que dans cette armure tant désirée. Je frappai sur l'épaule de mon hôte ; il se retourna au milieu de ses comptes ; je vis qu'il avait lu sur mes lèvres une proposition ; j'hésitai encore une seconde, mais enfin je lui dis : Écoutez-moi bien et méditez votre réponse, car ce sera mon dernier mot : je vous offre vingt-cinq *rio* et je paie en argent (1).

« — *Yorouchi*, me dit-il, d'un ton bas, avec une pantomime indescriptible.

(1) La piastre gagne généralement au change sur le papier monnaie.

— Je comptai immédiatement vingt-cinq dollars américains ; à mesure que je les alignais par piles de cinq, sur les *tatami*, le marchand, comme s'il eût eu quelque répugnance à toucher cet argent, qui ne devait pas lui rester, le poussait, du bout de son éventail, vers le jeune homme accroupi de l'autre côté du *hibatchi* ; celui-ci, après avoir recompté mes dollars, les mit dans un petit sac qui en contenait déjà, donna un reçu et sortit.

« J'étais enchanté de mon achat ; au fond, mon vendeur ne l'était pas moins, et il avait pour cela d'excellentes raisons. J'appris en effet, quelque temps après, que la fameuse armure, grâce à laquelle il avait pu payer son loyer, lui avait été laissée, l'année précédente, par un ex-*Samouraï* en détresse, pour la somme dérisoire de quatre *rio*.

« Je n'en demeurai pas moins satisfait, l'objet ayant une valeur considérable.

« La plupart des marchés peuvent se conclure dans des conditions analogues ; il suffit d'y mettre le temps et de savoir profiter des circonstances ; je parle, bien entendu, des achats de vieilleries, dont les prix ne sont pas fixes ; les objets neufs, malgré leur qualité plus inférieure, se vendent ordinairement beaucoup plus cher. »

Barrot, s'étant arrêté, but une gorgée d'eau sucrée ; Harlès en profita pour placer son mot :

— Je ne conteste pas, dit-il, l'attrait du bibelot ; mais j'avoue qu'il ne suffirait pas à mon bonheur. N'y a-t-il pas d'autres distractions dans ce pays des Dieux ?

— Je vois ce qui te tourmente, riposta Galilée ; sois sans inquiétude ; tu trouveras de quoi satisfaire ton penchant pour la balistique ; MM. les *riflemen* et les *myolung* te tiendront tête, quand tu voudras.

— Comme rapports de société, sur quoi peut-on compter ? questionna Gastinet.

— Shanghaï, pendant l'hiver, est une ville de ressources pour les mondains : grands dîners, bals et fêtes s'y succèdent presque sans interruption. L'été venu, une tristesse mortelle plane sur les concessions : seuls, les employés de l'État et les petits négociants n'émigrent pas vers des rivages plus habitables. Les femmes prennent leur volée vers *Tchéfoo* et ne reviennent guère avant le mois de septembre.

« Au Japon, l'on vit davantage en petit comité : l'existence est plus bourgeoise ; on se réunit, mais entre amis intimes seulement, ce qui est, à mon avis, au moins aussi agréable. »

Saint-Cyr ayant fait signe qu'il avait à parler, Barrot s'interrompit pour attendre la question de son ami.

— Tu viens de nous dire : Les femmes prennent leur volée..... je m'étais toujours figuré qu'en Chine, de même qu'à Saïgon, le beau sexe brillait par son absence.

— D'abord, mon petit Sylvain, je te ferai remarquer que Saïgon n'est pas aussi déshérité que tu veux bien le dire ; lors de notre passage dans cette ville, tu étais encore tellement plein de tes souvenirs de France que tu n'as rien vu, tu regardais en dedans.

« En Chine, la plupart des gens établis à demeure ont une famille ; il n'est pas rare de voir des jeunes gens, après un séjour de quelques années, demander un congé, prendre le paquebot et, quatre mois après, ramener d'Europe une compagne.

« Les Américaines, en filles intelligentes et avisées, évitent cette peine à leur fiancé ; une fois le mariage conclu par correspondance, elles s'embarquent bravement ; et un beau matin, après avoir effectué, sans autre protecteur que leur éducation virile, un voyage de cinquante ou soixante jours, elles tombent dans les bras d'un époux, dont elles ne connaissent que le style et la photographie.

« Procédé bizarre, n'est-ce pas ? Oui, mais procédé logique ; ces principes étant posés, que le temps est de l'argent et le mariage une transaction comme une autre.

« La nécessité de se créer un intérieur se fait sentir d'autant plus impérieusement, que l'existence des garçons est semée de plus de difficultés et d'impedimenta. La vie à l'hôtel est, sinon impossible, du moins fort dispendieuse et peu agréable. Il en résulte que presque tous les célibataires vivent chez eux ; à Yeddo, plus encore qu'à Shanghaï et à Yokohama, c'est indispensable.

« Chacun est donc obligé de se monter une maison avec un personnel complet, car il est impossible de songer à se faire servir, comme en France, dans beaucoup de familles bourgeoises, par un seul domestique. Les femmes sont, d'ailleurs, le plus souvent, de détestables servantes. La Chinoise aux petits pieds est la moins mauvaise de toutes ; mais la mode l'a rendue presque impotente et elle ne peut pas faire un service actif ; à Shanghaï, où les babys pullulent, on l'emploie cependant volontiers comme bonne d'enfants.

« Quant à la Japonaise, avec son gentil minois, elle est impossible, surtout chez les célibataires où, ne tardant pas à se prévaloir de certaines privautés à peu près inévitables, elle ne manque pas de n'en faire absolument qu'à sa guise.

« Aussi, pour éviter ce genre d'ennui, prend-on d'habitude des hommes ; l'un est chargé du cheval ou de la *djin-riki-cha*; l'autre, de la cuisine, un troisième est affecté spécialement à la personne du maître. et il n'est pas rare de voir chacun de ces larbins s'adjoindre un aide qui lui sert de domestique.

« Les bons serviteurs japonais sont rares ; leur grand défaut est d'être volages et de ne pas se fixer. On en rencontre pourtant, parfois, de premier ordre: ceux-là sont de vraies perles : respect, fines attentions, prévoyance, adresse, intelligence, ils réunissent toutes les qualités ; c'est plaisir d'être ainsi servi. on n'a pas le temps de désirer quelque chose. Mais je le répète, ces descendants des *Labranche* et des *Lafleur* sont, de même que les bibelots anciens, difficiles à trouver. Enfin, comme cuisiniers, ils sont toujours médiocres et bien inférieurs aux Chinois, pour qui l'art de Vatel, depuis longtemps, n'a plus de secrets.

« Le phénix de la gent domestique est le *bette*. Propre, soigné dans sa mise et le plus souvent d'un physique agréable, cet homme vivant dans la société du cheval, semble avoir pris quelque chose de l'allure fière et souple de ce noble animal; sans cesse rebondissant sur ses membres de caoutchouc et d'acier, il arrive à un degré d'agilité étonnant. Les *bello*, uniquement chargés dans une maison du soin des chevaux, sont aussi rapides et plus infatigables qu'eux. Quand on n'y est pas habitué, on ne peut voir, sans étonnement, ces beaux garçons toujours frais et dispos, trotter des heures entières, tantôt à côté de la voiture attendant les ordres du maître, tantôt en avant, sur la route, pour écarter les obstacles ; et dans les premiers temps, poussé par un sentiment d'humanité, on est toujours tenté de leur offrir une place à côté de soi, ce qu'ils refuseraient, du reste, comme indigne de leur profession héréditaire.

« Un des signes distinctifs du *bello* est le tatouage dont généralement son corps est couvert.

« Le tatouage japonais est des plus curieux; il nécessite un art véritable de la part des exécutants, et une forte dose de courage, du côté des patients. Ce n'est pas seulement un membre ou une partie du corps que se font tatouer les *bello*, mais le corps tout entier. L'artiste commence par former, sur le dos, les épaules, les bras, la poitrine, les cuisses et les jambes de son client, les dessins les plus variés, au moyen de piqûres faites avec un poinçon acéré; puis, alors que les piqûres sont encore saignantes, il les recouvre de diverses couleurs qui s'incrustent dans la peau d'une façon indélébile.

« Après avoir subi cette opération, les malheureux sont souvent en proie à une fièvre ardente, et quelques-uns, dit-on, succombent à des érysipèles terribles ou à des accès de tétanos.

« Quoi qu'il en soit, ainsi accommodés, les *hetto* sont très remarquables ; les uns ont dans le dos, des oiseaux, des bêtes de toutes sortes ; des animaux fantastiques sur le ventre ; des serpents enroulés autour du bras ; des dragons, des chimères sur les cuisses ; d'autres poussent la fantaisie jusqu'à se faire dessiner sur le corps un habillement complet, avec les armes ou les initiales de leur patron.

« Quelle ruine pour les tailleurs, si cette mode venait à s'introduire dans les pays occidentaux !

« Mais aujourd'hui que la pruderie anglaise, avec son insupportable *shoking*, a forcé les Japonais à s'habiller en tout temps, même pendant les fortes chaleurs de l'été, la passion du *hetto* pour le tatouage a beaucoup diminué ; et l'époque n'est pas loin où il en sera de cette coutume comme de tant d'autres, pleines d'originalité, de grâce, de couleur locale, qui, sous la pression européenne, ont cédé la place à quelque innovation plus ou moins burlesque. »

Le changement de quart avait eu lieu. Barrot regarda sa montre. — Satané bavard ! s'écria-t-il, je cause, je cause, et je ne m'aperçois pas que j'empiète sur votre sommeil, avec trop de sans-gêne, mes bons camarades. Je pourrais vous dire : la suite à demain, car je n'ai pas fini ; mais demain nous serons à Hong-Kong et la terre aura plus d'attrait pour vous que mes racontars ; à une autre fois donc, si les circonstances s'y prêtent. Et maintenant bonne nuit !

CHAPITRE V

Au point du jour, l'*Ailée* était en vue du rocher de Hong-Kong. Vers huit heures, venant d'un quart sur tribord, elle piquait sur la passe Ouest, et une demi-heure plus tard, passant à ranger le fouillis inextricable des jonques mouillées le long de l'île, elle faisait son entrée, pavillon flottant à la corne et flamme de guerre en tête du grand mât.

Au moment d'un mouillage, tout le monde à bord est occupé; chacun est à son poste, chargé de la surveillance et de l'impulsion d'un des rouages nombreux, qui composent le grand *tout* d'un navire de guerre.

Le commandant sur la passerelle, avec l'officier de quart, plane et domine; le lieutenant est au boudoir; l'officier de manœuvre, prêt à faire exécuter des mouvements de voiles, en cas de besoin, se tient sur l'arrière. Mais les gens les plus affairés sont certainement les timoniers. Armés de la longue-vue, ils scrutent et fouillent l'horizon; l'un veille le sémaphore, l'autre inspecte la terre; un troisième cherche, au lieu des navires déjà mouillés, s'il ne découvrira pas une mâture de bateau de guerre, un pavillon français, ou une flamme de commandement.

L'Ailée avançait prudemment.

En arrivant du large, à Hong-Kong, on ne découvre d'abord ni la rade, ni la ville qui se démasquent peu à peu. Tout à coup, le chef de timonerie pousse une exclamation, puis prend sa course vers la passerelle; le commandant, la lorgnette à la main, regarde dans la direction indiquée par le maître; celui-ci, à genoux, la longue-vue appuyée sur la batayolle de la passerelle, cherche à retrouver ce qui l'a si fort étonné. Il y a là un mystère; mais, bientôt, tout le monde est au courant : l'amiral est en rade! D'après les dernières nouvelles il se trouvait à Yokohama et ne devait revenir en Chine que plus tard; d'où peut provenir ce changement de détermination? Et les commentaires de marcher leur train.

— Si nous allions trouver de nouveaux ordres!...

— Si nous étions renvoyés en Cochinchine... ce ne serait pas le premier exemple (1)... Si...

— Mon Dieu, messieurs, dit le docteur, en s'approchant d'un groupe où les imaginations semblaient très surexcitées, vous allez nous porter malheur; quand vous feriez des suppositions à perte de vue, en seriez-vous plus avancés? Soyez donc un peu philosophes et plus patients. Dans un quart d'heure nous aurons mouillé; dix minutes après, le commandant sera dans

(1) Quelques mois avant, un navire, après avoir été retenu de longs mois au Tonquin, avait enfin reçu l'ordre de rallier la Chine; mais en arrivant à Hong-Kong il avait trouvé une dépêche lui prescrivant d'aller reprendre son ancien poste.

la chambre de l'amiral; et dans moins d'une heure vous serez fixés. A quoi bon se tourmenter à l'avance? Du reste, que peut-il nous arriver de plus triste? Raisonnons...

Le docteur allait commencer, lui aussi, le chapitre des suppositions, quand un jeune timonier annonça qu'il distinguait un signal.

L'amiral télégraphiait.

— Nous n'aurons même pas à attendre une heure, dit l'un des officiers; avant cinq minutes nous connaitrons notre sort.

— Hissez l'aperçu! cria le commandant.

Un mousse se précipita à la drisse.

— Bien, amenez, dit le chef de timonerie, sans cesser d'observer l'amiral; attention! Kerlaradec, écrivez sur l'ardoise.

« *Ailée...* hissez l'aperçu! amenez!

Faire... hissez! amenez!

Immédiatement...

Le mousse, la drisse en main, hissait et amenait sans attendre le commandement du maitre.

« *Charbon... et... partir... demain... matin... Yoko-hama.* »

— Bon, dit Barrot, qui avait lu les mots sur l'ardoise, à mesure que le quartier-maitre les inscrivait, ce n'était pas la peine de m'escrimer, hier soir, à vous parler de Shanghaï; j'avais pour cela du temps devant moi; nous partons pour Yokohama, aussitôt nos soutes remplies.

Une demi-heure plus tard, l'*Ailée*, après avoir pris son mouillage, était accostée par des chalands de charbon chargés à l'avance, et le commandant recevait, de la bouche même du commandant de la division, la confirmation de l'ordre transmis un instant avant par la voie aérienne.

— Je n'ai pas voulu perdre une minute, lui dit l'amiral, afin que vous prissiez immédiatement vos dispositions pour le départ; il est urgent que vous fassiez toute diligence. En ce moment la France n'est pas représentée dans les mers du Japon; le ministre me prescrit de rallier Shanghaï et d'y passer l'hiver. Allez me remplacer à Yokohama; je vous donnerai des ordres subséquents, soit par lettre, soit par le télégraphe, s'il y a urgence; mais il est probable que je vous laisserai tranquille jusqu'au printemps; à cette époque, je vous enverrai, sans doute, dans le nord à Hakodadi, et peut-être même jusqu'à Wladiwostok.

Ce nouveau changement de destination satisfaisait les uns et mécontentait les autres. Pourquoi? Commencer par la Chine et finir par le Japon, ou vice-versa, devait être chose absolument indifférente. Eh bien! non; on avait fait ses projets; on avait rêvé chasses, courses, bals, fêtes, diners, pour l'hiver à Shanghaï; on avait frissonné d'aise en pensant aux eaux limpides, aux cascades glacées et aux vertes campagnes du Japon, pour l'été; et voilà que tous ces calculs étaient déjoués, tous ces beaux plans s'évanouissaient devant la réalité, comme fond la neige au soleil. Un coup de pouce; deux piles mises en communication à quatre mille lieues de distance; et l'échafaudage des châteaux en Espagne s'écroulait plus facilement que des capucins de cartes.

En marine, c'est la règle; on devrait le savoir et, comme le sage d'Horace, rester impassible. Compter sur le lendemain, est s'exposer à compter souvent deux fois; aussi, faut-il vivre au jour le jour, s'habituer à être satisfait de tout ce qui peut arriver et mettre en pratique la devise qui semble avoir été inventée pour le marin : fais ce que dois, advienne que pourra.

Victoria (1), adossée au versant nord de son rocher, paraissant posée pour surveiller d'un œil jaloux la terre ferme, mirait coquettement ses maisons blanches dans les eaux bleues de sa rade.

Après un séjour d'un an dans les marécages du pays d'Annam, l'aspect de cette ville, propre et tirée au cordeau, réjouissait les officiers de l'*Ailée*; la plupart nourrissaient une envie démesurée d'aller s'ébattre quelques heures en pays civilisé. Pour eux, Hong-Kong avait un double attrait, c'était la première terre chinoise qu'ils abordaient et c'était en même temps presque l'Europe, l'Europe transplantée, il est vrai, mais malgré tout l'Europe.

Victoria produit, à première vue, sur presque tous les Français, la même impression; avec ses rues à arcades couvertes, on dirait une caricature d'Alger; et ses montées tortueuses rappellent vaguement la *Casbah*. Mais cette impression dure peu. Les Chinois à grands chapeaux, porteurs de chaises; les casaques rouges des cipayes, et les policemen indiens armés du bâton de la Reine, se chargent de vous rappeler à la réalité.

Donner ici une description de cette ville anglo-chi-

(1) Nom officiel de Hong-Kong.

noise, serait s'exposer à redire, sans nul intérêt d'ailleurs, ce qui a été déjà dit et écrit vingt fois.

Tous les officiers de l'*Ailée*, sauf le lieutenant retenu par son service, descendirent à terre, soit pendant la journée, soit après le dîner. Le lendemain, pendant le déjeuner, on se raconta ses faits et gestes. En compagnie de Kerpenic, j'avais fait une assez longue promenade extra-muros; nous étions allés à Happy-Valley et en étions revenus, exténués, mais enchantés de notre excursion. Happy-Valley est une oasis d'un agrément inappréciable, dans un pays chaud comme Hong-Kong et aussi déshérité de végétation; c'est la plus haute expression de cet art, exclusivement anglais, qui consiste à faire pousser de la verdure sur les cailloux les plus arides et les plus dépourvus d'humidité.

Barrot, pour se convaincre qu'il n'avait pas oublié la langue japonaise, avait passé sa journée chez les marchands, sujets du Mikado, établis à Victoria.

Quant à Saint-Cyr et Harlès, on ne sut jamais où et comment ils avaient passé leur soirée; au petit jour, un Chinois était venu leur apporter un chèque à payer (1). Ils eurent beau raconter, avec le plus grand sérieux, les choses du monde les plus naturelles; leur accent manquait de sincérité, du reste il y avait des variantes dans leurs récits, ils ne s'entendaient pas bien, se coupaient mutuellement dans leurs affirmations, et. comme deux augures du temps de Cicéron, ne pou-

---

(1) En Chine, la monnaie courante étant la piastre, monnaie fort incommode, on ne porte sur soi que de très petites sommes, et l'on donne des *bons* pour les grosses dépenses.

vaient se regarder sans rire; bref, personne ne les crut.

Aussitôt après le déjeuner, l'embarquement du charbon étant terminé, l'on partit.

Dès le soir même, le temps devint mauvais; dans la nuit il fut indispensable de placer partout les panneaux pleins (1); et pendant quatre-vingt-seize heures, une mer démontée ne cessa de secouer la pauvre *Ailée* comme une épave égarée sur les flots. Enfin, après une traversée de six jours, six siècles, apparurent les côtes verdoyantes du Japon; c'était le 12 septembre, jour mémorable, marqué au crayon rose sur le journal des officiers.

Les Hébreux mettant le pied sur la terre de Chanaan, n'éprouvèrent certainement pas une joie plus grande que l'équipage et l'état-major en arrivant à Yokohama; pour eux, en effet, n'était-ce point aussi la terre promise depuis le départ de France, le but entrevu depuis si longtemps et sans cesse reculé par des événements imprévus? N'était-ce pas le repos après l'action, le calme après la tempête?

Les jours qui suivirent l'arrivée furent employés à un vaste nettoyage du navire; Gastinet, en lieutenant jaloux de la réputation de son bateau, voulait le présenter aux étrangers coquettement paré de tous ses atours et sous le jour le plus favorable.

Durant près d'une semaine, on vécut dans une

(1) Lorsque le temps est très mauvais, on bouche toutes les ouvertures du navire avec des panneaux en planche pour l'empêcher d'être rempli par les lames.

atmosphère de peinture à l'huile, de lait de chaux et de vernis au tampon. Les officiers avaient profité de l'occasion pour fuir le bord le plus possible ; et presque tous, grâce à d'anciennes connaissances, soit parmi les résidants civils, soit parmi les officiers de la *Montagne* et ceux de la mission militaire, s'étaient, sans plus tarder, créé des relations.

On n'avait pas manqué de rendre aux marines étrangères la visite de l'arrivée (1) ; et déjà plusieurs invitations à diner avaient été adressées par les états-majors américains et russes. Les Allemands mêmes, avec le tact qui les caractérise, s'étaient empressés d'accourir ; mais ce jour-là, tout le monde était sorti : et l'officier de quart, rivé par son devoir, sur le pont, s'était vu dans la nécessité de ne pas recevoir les visi-teurs importuns.

Avant qu'un mois se soit écoulé, chacun a donc pris ses habitudes : Kerpenic, en vrai gentilhomme campagnard, passe ses jours de liberté à parcourir à cheval les environs.

Saint-Cyr, hanté par la passion malheureuse du canotage, lutte dans le youyou du bord, de vitesse et d'habileté, sans grand succès, il faut le dire, avec les *gigs* anglais.

Harlès s'est fait présenter à tous les amateurs du tir à la cible ; et Barrot s'adonne, en ma compagnie, à la recherche des bibelots artistiques, avec d'autant plus

(1) Quand un navire de guerre mouille sur une rade, cha-cun des autres navires de guerre précédemment arrivés délègue un officier pour souhaiter la bienvenue au nouveau et lui offrir aide et assistance en cas de besoin.

de frénésie qu'il a dû se contenir, faute d'argent, pendant sa première campagne.

Bref, tout le monde semble satisfait de son sort; et un ordre de départ venant, à l'improviste, couper court à cette nouvelle et douce existence, serait certes très mal accueilli, malgré une forte dose de philosophie et de résignation. Mais il n'y a rien à craindre, heureusement, de ce côté ; et suivant toutes probabilités, on peut compter sur plusieurs mois de calme.

Tout est donc, comme dit Pangloss, pour le mieux dans le meilleur des mondes. Pour comble de bonheur — soit dit avec tout le respect dû à un chef,— le commandant est en villégiature quelque part : à Nikko, à Hakoné, au Fouzi-Yama peut-être, on ne sait pas au juste ; il a annoncé une absence de douze jours. Le maître n'y est pas, c'est le cas de s'amuser. Du reste, l'intègre Gastinet en prend la responsabilité.

CHAPITRE VI

Voilà pourquoi l'on vit, un beau matin, le cuisinier
des officiers et celui des aspirants, — un fin matois —
se prêter l'assistance de leurs mutuelles lumières et
s'escrimer à qui mieux mieux.

Voilà pourquoi le maître d'hôtel, depuis vingt-
quatre heures, fouille ses caissons, exhume des profondeurs de son office, des bouteilles poudreuses et
des flacons aux reflets d'or.

Que se passe-t-il ? Pourquoi ce branle-bas gastrono-
mique ? Il s'agit tout simplement de recevoir, avec les
honneurs dus à leurs mérites, les officiers de la frégate
américaine le *Monroë* ; c'est plus qu'un retour de noce ;
c'est une joute, une vraie revanche du Chambertin et
du Château-Laffitte contre le champagne de San-Francisco et le Sherry.

Grâce à la clémence du ciel japonais au mois d'octobre, le couvert a pu être dressé sur le pont. Une
table, destinée à recevoir vingt convives, s'allonge à
bâbord, à partir de l'escalier du commandant jusqu'à
la coupée, entre les bastingages et la claire-voie du

carré. Les pavillons de la timonerie, employés en guise de rideaux, forment l'enceinte de la salle à manger ; la tente d'arrière remplace le plafond. Des girandoles de pistolets, servant de lustres et de candélabres, œuvres du maître armurier, artistement alternées par des trophées de sabres-baïonnettes, ornent les bouts de la table. Les pièces montées les plus excentriques remplissent les places vides. Des lanternes indigènes se balancent suspendues sur une double rangée, tout autour de l'enceinte.

Voilà pour la vue ; cette mise en scène ne peut que la réjouir.

La suite apprendra si le goût, cet autre sens exigeant, sera aussi satisfait. Mais déjà, par anticipation, les arômes culinaires les plus variés viennent, au gré de la brise, par douces rafales pleines de promesses, chatouiller agréablement l'odorat et aiguiser l'appétit.

Il est sept heures ; la nuit est tombée. Tandis qu'Harlès, chef de gamelle à perpétuité, secondé, pour la circonstance, par notre ami Kerpenic, jette un dernier regard, le regard du maître, sur cet ensemble chatoyant, un canot pousse de la frégate.

Trois mousses prennent leur élan : deux vont prévenir le lieutenant dans sa chambre ; le troisième s'élance vers l'officier de quart.

— Bien, dit ce dernier ; quatre hommes à la coupée !

Le bruit de douze avirons bien manœuvrés se fait entendre ; un commandement en anglais, sec, bref, et l'échelle de tribord s'ébranle.

— Sur le bord !

Le coup de sifflet du *bosman* (1) retentit, strident, modulé, prolongé, un coup de sifflet de première classe. Une casquette à torsade d'or émerge à la coupée, puis deux, puis trois, puis six, puis douze.... on comptait sur vingt couverts, il y en aura vingt-cinq: le maître d'hôtel se débrouillera.

— Bonjour, messieurs.

— How do you do ?

— Merci, très bien ; que vous êtes aimables d'être tous venus !

Pendant cinq minutes, les poignées de main les plus américaines, les compliments les plus cordiaux, s'échangent sans interruption. L'état-major, prévenu de l'arrivée des invités, accourt en détail, et à chaque nouveau venu les protestations recommencent.

Bientôt l'on est au grand complet.

Harlés, d'un œil inquiet, compte son monde et fait signe aux domestiques d'ajouter des couverts.

Le maître d'hôtel, malgré son habitude de parer à toutes les éventualités, est consterné ; impossible de laisser à vingt-cinq dineurs la place nécessaire pour remuer les coudes. Il faudra pourtant arriver à une solution satisfaisante.

Pendant que l'on appelle le maître charpentier en consultation, Kerpenic entraine son monde sur l'arrière, où il a fait préparer les apéritifs. Cette savante diversion permettra au chef de gamelle d'allonger sa table à son gré. Quelques minutes suffisent, parait-il, à son imagination inventive pour obtenir ce résultat :

____

(1) Maître d'équipage.

car le vermouth et l'amer Picon sont à peine absorbés,
quand le clairon fait entendre les notes joyeuses de
l'air de la *casquette*, qui remplace à bord des navires
de guerre français, le sacramentel *madame est servie*.

Gastinet, d'une humeur charmante, prend, en sa
qualité de second, le rôle d'amphitryon et précède les
Américains.

L'arrivée à la salle à manger est une ovation pour
Harlès; les murmures les plus flatteurs viennent
caresser d'une façon délicieuse son oreille de chef de
gamelle.

Après un instant de confusion, chacun a trouvé sa
place. On déploie les serviettes; on recule ou l'on
avance une chaise; mais pas un mot n'est prononcé.
Ainsi commencent tous les repas. Le potage et les
relevés sont engloutis avec un recueillement curieux,
interrompu seulement par le bruit des mâchoires en
mouvement, le tintement des fourchettes, le heurt
sonore des verres, ou par quelques monosyllabes rapidement échangés.

L'appétit est alors dans sa première ardeur; et la
verve n'est point encore excitée par le fumet des
vins.

Au premier service les conversations s'engagent
entre voisins, calmes, posées et, le plus souvent,
banales. Le ton général est en dessous du diapason
moyen; il en résulte une sorte de bourdonnement, sur
lequel se détache bientôt, en fausset, une exclamation,
un bon mot d'un convive gai avant l'heure.

Un premier verre de Bordeaux par-dessus le madère,
et voilà les langues déliées. Le second verre émous-

tille les plus durs à la détente; au troisième, la glace est définitivement rompue et le bavardage, encore sérieux, est devenu général.

Le lieutenant Thompson, second du *Monroë*, assis à la droite de Gastinet, lui raconte les épisodes de la guerre de Sécession à laquelle il a pris part.

Mr Davis, *paymaster*, assis à la gauche du chef de carré, se croit, en qualité de collègue, obligé de me parler d'administration et, par bienséance, je pense être forcé de l'écouter.

Pendant ce temps-là, Barrot, toujours lancé long-temps avant les autres, entretient le *navigating officer* de découvertes chronométriques des plus attrayantes et de calculs fantaisistes, dont l'exposé et la démonstra-tion ne nécessiteraient peut-être pas les gestes arrondis et l'éloquence entraînante, déployés en pure perte par le jeune savant. Harlès, tout entier à son rôle d'orga-nisateur, parle peu ; mais tout en se préparant par de bonnes rasades à se mettre à l'unisson, il surveille le service et darde de temps en temps ses petits yeux noirs, avec une expression indéfinissable, sur les domestiques aux aguets.

Quant à Saint-Cyr, il est profondément absorbé par la contemplation d'un bouquet de roses artificielles et se trouve, sans doute, en ce moment, avec sa cousine Agnès, loin, bien loin de Yokohama, perdu en imagi-nation dans les brouillards de la Saône combinés avec ceux du Rhône.

Le reste des convives s'entretient gentiment de choses plus ou moins ineptes.

Mais voici le deuxième service : le Chambertin a

remplacé le Bordeaux et la gaieté grandit de plus en plus comme le *crescendo* dans la musique de Rossini.

Barrot, ayant abandonné son voisin de droite, égaré au milieu de ses courbes et abasourdi par ses infinitésimales, s'est emparé de son voisin de gauche, Yankee de la plus pure espèce.

— Parlons français, dit cet enfant du nouveau monde, avec l'accent harmonieux que chacun connaît ; moi je n'aime que le français.

— Volontiers, répond Barrot ; mais, dites-moi, de quel pays de l'Union êtes-vous ?

— Je suis de Phlad'ph.

— S'il vous plait ?.

— J'ai dit Phlad'ph.

— J'entends bien, mais où placez-vous ce Flâde ?

— Phlad'ph ! Phlad'ph !

— Eh bien, parole d'honneur, je ne comprends pas davantage.

— Oh ! c'est une plaisanterie !

— Non, ma foi ! écrivez le mot, je vous prie.

— Phi-la-del-phie..... Voici.

— Ah pardon ! très bien ! excusez-moi ; oui, oui, c'est vrai, je suis d'une étourderie... il est vrai que j'entends si mal l'anglais... de Phlad'ph.

— Saisissez bien la situation, criait Mr Thompson dans l'oreille du brave Gastinet : Le *Mérimac* était là, le *Cumberland* ici ; c'est très clair...

— Pas trop, murmura Verdier.

— Le *Congress* était de ce côté, continua le narrateur ; *Buchanan*, capitaine *Cumberland*....

— Pardon, rectifia Gastinet, après une demi-seconde de réflexion, vous faites une erreur: *Mérimac*, capitaine *Buchanan*...

— Je sais ce que je dis: *Buchanan*, capitaine *Congress*.

— Mais, non...

— Enfin, vous dites, *mais non*, y étiez-vous?

— Non, dit le docteur, entre ses dents, Gastinet n'y était pas, mais je crois que maître Thompson n'y est plus.

Thompson, malgré son commencement d'ivresse, entendit le mot; il releva brusquement la tête, et regardant en face le malencontreux interrupteur, il allait peut-être riposter par quelque grosse impertinence, quand un bouchon de champagne, après avoir frappé le fond d'une lanterne, vint lui tomber sur le nez.

—Oh, dit-il, bien touché! Heureusement, ce n'est point une des dragées que nous crachait le *Mérimac*... Nous disions que le *Monitor*...

Un des aides du maître d'hôtel lui coupa la parole en remplissant sa coupe de moët. La mousse allait déborder; sous prétexte de l'arrêter, il vida le verre d'un trait, puis, après s'être passé la langue sur les lèvres... où en étais-je? dit-il.

— A la paix, lieutenant Thompson, lui dit le docteur en lui tendant la main.

Le Yankee hésita l'instant de la pensée, puis, prenant la main qu'on lui présentait, il la serra à la broyer et répondit, avec une larme au coin de l'œil: « Oui, à la paix. »

Harlès, alors définitivement remis de ses émotions de chef de gamelle, commençait à se mêler à la conversation : — Ah ! disait-il, dans un accès de lyrisme au champagne, au paymaster Davis légèrement ahuri : L'Amérique, le pays de mes rêves, le pays des libertés sans bornes, où le mot de Napoléon est de monnaie courante : *impossible n'est pas frrr… n'est pas américain*; le pays des immensités, des forêts vierges et des femmes qui ne le sont guère; le pays des grands lacs, des chemins de fer sans fin, des trains qui sautent et des vapeurs qui déraillent… non, c'est tout le contraire que je veux dire, mais en Amérique, on n'y regarde pas de si près; le pays du papier-monnaie et des dollars; oh! les dollars! Moi, vois-tu, Davis, j'aime les dollars! quand on en a seulement cinq dans sa poche, on se croit riche ; aussi, je te le promets, j'irai manger ma retraite en Amérique. Si tu le veux, nous irons ensemble, tous deux seuls, dans un désert immense ; et là, nous fonderons une religion… mais trinque donc, Davis…

« … Messieurs, je bois au grand Lincoln.

— A Lafayette! disait au même instant le lieutenant Thompson; à la France, à l'Amérique unies!

— Oui, répondait Gastinet, à l'union de l'Amérique et de la France! à ces deux grandes nations qui, malgré la différence des races, malgré l'océan qui les sépare, sont sœurs par les idées, sœurs par leurs instincts naturels et leurs aspirations libérales!

— Hourrah pour la France!

— Hourrah pour l'Amérique!

Après le brouhaha de ce toast gigantesque, comme

on entonnait dans un autre ton, la même gamme patriotique assez fastidieuse pour des hommes dans leur bon sens, Saint-Cyr interrompit l'orateur par cette boutade :

— Comment, messieurs, vous oubliez le beau sexe! Ce n'est pas être galant.

— Mais où est-il, ton beau sexe, petit Sylvain? lui dit-on de toute part. Petit cachottier, nous ménagerais-tu quelque surprise? Tiendrais-tu en réserve, dans les profondeurs de ta chambre, une demi-douzaine de nymphes ou de sirènes pêchées durant tes mystérieuses et solitaires promenades en youyou?

— Hélas! mes bons amis, pas l'ombre d'un cotillon à vous présenter; je n'ai pas même la ressource de vous offrir la cuisinière; nous n'avons à bord que des cuisinières mâles; mais ce n'est pas une raison pour oublier les dames.

— A ces dames! répondirent ceux des convives qui pouvaient encore porter une coupe à leurs lèvres.

— A propos de dames, messieurs, dit le paymaster Davis qui, seul parmi ses compatriotes, avait conservé tout son calme, chaque semaine, le lundi, nous donnons à bord, ce que vous appelez en France, une après-midi dansante; c'est une manière de rendre à la société américaine de Yokohama les nombreuses politesses dont nous sommes l'objet. Voulez-vous nous faire le plaisir d'accepter notre invitation pour lundi prochain, et nous promettre de répondre à notre appel, comme nous avons répondu au vôtre? Vous serez les bienvenus à bord du *Monroë;* et vous aurez de plus le plaisir d'y faire la connaissance de charmantes jeunes filles, dont il vous sera loisible de cultiver la société à terre. Ainsi, nous vous présenterons aux misses Honesbury; vous en avez peut-être entendu parler; ce sont les plus pimpantes personnes de Yokohama; aux misses Cumberley, d'autres élégantes; celles-là presque Françaises, élevées à Paris, *aux Oiseaux;* à miss Johnston, une délicieuse petite blonde; et à tant d'autres. Oh! et puis, à une merveille que j'allais oublier, à miss Tillia Simpson.

— Quelle est donc cette miss Tillia? interrompit Harlès; vingt fois déjà depuis mon arrivée ici, j'ai entendu prononcer son nom, dans des occasions différentes et à propos des choses les plus disparates; la première fois c'était au club...

Kerpenic regardait son ami d'un œil inquiet. Attention, semblait-il lui dire, ménage tes expressions.

Aussi Harlès, haussant les épaules, lui répondit tout haut : Ne t'effarouche pas, noble vicomte, je serai convenable; du reste, il n'y a pas lieu d'être inconvenant; si l'on a souvent parlé devant moi de miss *Téria...*

— Mauvais calembour, dit le docteur qui avait quelque prétention à ce genre d'esprit.

— Bon ou mauvais, je ne l'ai pas cherché et, peut-être, en vaut-il d'autres préparés la veille pour être servis le lendemain, par des gens de ma connaissance; mais là n'est point la question, revenons à Mlle Tillia; je disais que je n'ai jamais entendu parler d'elle que dans les termes les plus respectueux et même avec une nuance très marquée d'admiration.

—Elle le mérite bien, appuya un midshipman du *Monroë,* en rougissant jusqu'aux oreilles.

— Qui diable nous en entretenait, l'autre jour, ici même? reprit Harlès. Parbleu, je m'en souviens, c'était un des pères de la mission catholique.

— Et que disait ce saint personnage? questionna le lieutenant Thompson, à moitié dégrisé.

— Il disait qu'il rencontrait parfois dans les maisons pauvres, au chevet des malades, une charmante jeune fille, une Américaine, bonne, charitable et... jolie à faire damner un bienheureux ; il ajoutait même, en soupirant, avec un dépit mal caché : Ah ! si ce n'était pas une protestante !...

— Il parlait de miss Tillia ?

— Oui.

— Mais au club, qu'en disait-on ?

— Au club, il n'était pas question des vertus chrétiennes de la belle Américaine; on vantait sa force au pistolet, voire même à la carabine. Vous devez penser si cela suffit pour attirer mon attention; je prêtai l'oreille et j'entendis narrer sur son compte les faits les plus extraordinaires : ainsi, j'appris que l'année dernière, au concours des *Riflemen* de Shanghaï, elle a remporté le prix d'honneur, un prix de série. A 250 mètres, à la carabine, sur douze coups, elle aurait fait douze mouches en mettant toutes ses balles dans le trou formé par la première.

« Mais ceci n'est rien à côté de l'histoire suivante : Miss Tillia possède un gros chien noir; — c'est classique, toute jeune fille un peu excentrique doit posséder un chien, gros et noir. Celui-ci est un terre-neuve superbe, qui l'accompagne dans ses promenades souvent aventureuses. Ce chien est plus qu'une bête favorite ; c'est un compagnon fidèle, un ami cher, un confident des joies et des chagrins de sa mignonne maîtresse. Le noble animal se prête avec une bonhomie sans pareille aux caprices les plus fantastiques de son amie : c'est ainsi qu'après avoir pris entre ses dents une petite tringle coudée, surmontée d'une cible de six centimètres de diamètre, il va se poster à vingt pas contre un mur, s'assied sur sa queue et attend le bon plaisir de son cher tyran. Miss Tillia épaule négligemment un bijou de carabine, ajuste un quart de seconde, presse la détente ; et sa balle, après avoir traversé la cible juste au centre, va se loger dans le mur, dont la crépissure rejaillit en poudre blanche sur la robe d'ébène du bon Ralph.

« Durant cet exercice, l'excellente bête n'a pas bronché ; de ses grands yeux humides, il n'a pas cessé de regarder tendrement sa maîtresse, attendant un signe, pour venir lécher le bout de ses doigts roses et chercher, avec une caresse, un compliment bien mérité.

« Hein, qu'en penses-tu ? dit Harlès, en s'adressant à moi : te sentirais-tu capable d'en faire autant ?

— Autant que qui ? autant que miss Tillia, ou autant que le chien ?

— À vrai dire, je ne sais lequel des deux a le plus de mérite. Mais ce n'est pas tout ; ici, c'est comme chez *Nicolet*; et si je n'avais une aveugle confiance dans la véracité des gentlemen du club, je prendrais la fin de leur récit pour un conte renouvelé du baron de Crac, de joyeuse mémoire.

« Certains jours, paraît-il, miss Tillia a mal aux

nerfs; — est-il au monde une femme exempte de cette aimable indisposition? — Ces jours-là, il faut à l'originale créature de fortes émotions; qui est chargé de les lui procurer? Vous l'avez deviné, c'est Ralph, le brave Ralph, dont l'égalité de caractère est commune à tous les individus de son espèce. Or, par les temps d'orage, mettre une balle dans un petit carton, à un centimètre de l'œil d'un être vivant ne serait qu'un plaisir trop fade; la cible passe de la tête à la queue du patient animal: Hop! hop! Ralph! dit la voix irrésistible de Mlle Tillia; et Ralph, l'appendice caudal en trompette, surmonté d'un carton à cercles concentriques, part au petit galop de chasse. La capricieuse enfant s'élance à la suite de son esclave soumis, la carabine au poing, l'œil fixe, la tête légèrement penchée sur l'épaule droite; le coup part tout à coup; miss Tillia détache le carton et l'inspecte minutieusement; si la balle est mathématiquement au centre, Ralph reçoit une caresse sur sa grosse tête, aboie joyeusement en gambadant au travers des jupons de sa maîtresse et retourne à ses affaires personnelles; sinon, l'on recommence l'expérience jusqu'à complète réussite.

« Messieurs, continua Harlès, en s'adressant aux Américains, après une légère pause, j'en appelle à vous, ces faits sont-ils exacts?

— Rigoureusement exacts, répondirent en chœur les compatriotes de l'héroïne.

— Il me semble, hasarda timidement Sylvain, que cette jeune fille ne fait pas preuve de bonté, en s'exposant ainsi de gaîté de cœur, à tuer raide ce pauvre Ralph.

— Oh! n'attaquez pas le cœur de Tillia, protesta le midshipman qui s'était déjà fait l'avocat de l'originale miss; si elle pensait seulement roussir un poil à son bon ami, elle aimerait cent fois mieux briser sa carabine et renoncer à tout jamais à ce genre de distraction; mais elle est sûre de son adresse; et si sa sœur ou tout autre voulait se prêter à sa fantaisie, elle tirerait d'une main aussi tranquille que sur Ralph.

— Comme moi, murmura Harlès avec un clignement d'œil à mon adresse; et il ajouta : oui, mais à Ralph la palme, pour servir de cible.

Kerpénic, jusque-là, avait écouté en silence; il remplit sa coupe de champagne, puis, l'élevant à la hauteur de son œil droit : — Messieurs, dit-il, je propose un toast à Mlle Tillia; mais avant, Mr Thompson devrait bien satisfaire notre curiosité, en nous donnant quelques renseignements sur sa charmante *payse*.

— Très volontiers, répondit le lieutenant du *Monroë*.

CHAPITRE VII

Un dîner à bord de l'*Ailée* (suite). — La famille Simpson. —
Comment on devient colonel en Amérique. — Un mot sur
l'armée américaine. — Une page d'histoire. — La campagne
du Potomac. — Pourquoi les Simpson habitent-ils le Japon?
— Un toast gigantesque. — Effet de nuit.

— Miss Tillia est la plus jeune fille du général
Simpson lequel possède, d'un premier mariage, une
fille beaucoup plus âgée. Vous allez me demander ce
que c'est que le général Simpson ; je vous dirai
d'abord que c'est un excellent homme dont le seul
défaut est de n'être jamais chez lui.

« Et Mme Simpson ?

« Mme Simpson est aussi bonne que son mari ; mais
si vous ne rencontrez jamais celui-ci parce qu'il est toujours sorti, vous ne voyez pas beaucoup plus celle-là.
parce qu'elle est toujours malade.

« Quoi qu'il en soit, Tillia se promène beaucoup.
chaperonnée par sa sœur Kettly ; et même, se promène
souvent seule ; car Kettly s'étant vouée à l'apostolat.
ne peut pas toujours l'accompagner. Du reste, les
mœurs américaines permettent aux jeunes filles de
sortir seules ; elles ont, à cet égard, la plus grande
liberté, dont elles usent largement, sans que l'opinion

publique ait jamais rien à y redire, ni que les abus, provenant de ce chef, soient bien nombreux.

— Qu'entendez-vous par vouée à l'apostolat? demanda Gastinet.

— Comment! vous ne savez pas, répondit Thompson, qu'en Amérique, les femmes aussi bien que les hommes ont le droit de prêcher leur religion ! Miss Kettly est missionnaire.

— Je sais que, quand il s'agit de l'Amérique, il ne faut s'étonner de rien.....

— Le général Simpson a fait beaucoup de choses dans sa vie : chercheur d'or dans sa première jeunesse, puis négociant en coton, en soie, en thé et en dernier lieu, banquier à San-Francisco, il a pu réaliser une fortune de huit à neuf cent mille dollars, dont les revenus lui permettent de venir d'Amérique en partie de plaisir au Japon.

— Exactement, dis-je, comme un bourgeois du Marais, va en villégiature à Asnières ou à Saint-Cloud.

— Exactement, appuya le paymaster Davis, en riant de la comparaison.

— Mais, objecta Verdier, qui se réservait le monopole des remarques aigre-douces, où diable votre monsieur Simpson a-t-il *pêché* son titre de général ?

— Vous avez dit « *pêché* », je ne comprends pas, répondit Thompson.

— Ou a-t-il *acquis*, si vous aimez mieux, le grade de général? Car enfin, jusqu'ici, je ne vois rien de militaire dans la carrière de l'honorable gentleman.

— Ceci est un détail, mais un détail qui, pourtant,

mérite une mention particulière. C'était en 1862, au début de la guerre de Sécession ; le Nord venait de perdre la bataille de *Bulls'-run*, et commençait à ouvrir les yeux sur ses erreurs et sur ses fautes. L'armée régulière, composée de 20,000 hommes en temps ordinaire, avait presque entièrement disparu ; ses officiers, tous sortis de l'école de West-point, appartenant, pour la plupart, aux familles du Sud, avaient passé aux insurgés ; les soldats, Irlandais ou Allemands, disséminés à travers les immensités du Texas, s'étaient dispersés. Au moment où il fallut prendre les armes, deux ou trois mille hommes, au plus, répondirent à l'appel. Le cas était grave ; le congrès décréta la levée de cinq cent mille hommes. En Europe, une pareille mesure eût été traitée d'insanité. En Amérique, tout ce qu'on veut, on le fait ; nous savons toujours trouver en nous-mêmes les ressources exigées par la nécessité du moment.

— Croyez-vous, dit Harlès à l'Américain, en endossant l'uniforme, acquérir toutes les qualités du soldat ?

— J'en suis intimement convaincu ; nous l'avons prouvé.

— Permettez-moi de vous dire que ceci est au moins une prétention sur laquelle il y aurait lieu de discuter ; mais ce n'est pas le moment.

— Oui, si vous le voulez, nous en parlerons un autre jour et je suis sûr de vous convaincre.

« Savez-vous comment, en Amérique, on forme un régiment ? C'est bien simple et ce n'est pas long aussitôt après le vote du congrès fixant le nombre d'hommes à envoyer sous les drapeaux, une répartition est faite entre tous les États de l'Union ; les contingents des différents États sont arrêtés ; chaque gouverneur fait savoir qu'il sera levé dans sa juridiction tant de régiments. Dès lors, une fièvre dévorante s'empare de toutes les classes de la société ; et, parmi les notables, on est certain de trouver bon nombre de gens résolus, riches et considérés, prêts à mettre au service de la patrie, leur activité, leur fortune et qui, le moment venu, n'hésitent même pas à donner leur sang.

« Certains moralistes nous ont fait, en Europe, une mauvaise réputation ; ils ont répandu, surtout en France, cette idée blessante pour nous : l'Américain, ont-ils prétendu, n'a d'autre Dieu que l'argent. Nous considérons, il est vrai, l'argent comme le levier du monde et nous passons une partie de notre existence à en gagner le plus possible ; mais nous savons l'employer et, à l'occasion, le sacrifier aux besoins de la communauté.

« Pour prix de leur dévouement, que demandent les ardents patriotes favorisés par la fortune ? Un peu d'honneur. Accordez-nous la grâce de nous laisser former un régiment, disent-ils au gouvernement ; nous répondons de tout, de la solde, de la nourriture, de l'équipement ; en retour, donnez-nous un brevet de colonel. Les demandes affluent ; les titres sont discutés ; bref, on voit, du jour au lendemain, de bons bourgeois ou de paisibles négociants ceindre l'épée et devenir chefs de légions. »

Harlès ne put s'empêcher de sourire, Mr Thompson s'en aperçut. — « Vous vous moquez, dit-il au jeune enseigne, et vous avez tort ; en France, où tout dérive du gouvernement central, vous ne vous faites pas une idée de la puissance de l'initiative privée ; chez nous, elle est capable des plus grandes choses et des plus nobles sacrifices ; la victoire du Nord sur le Sud dans la guerre de Sécession en est un éclatant témoignage, et un exemple concluant.

« Or, le 17 février 1862, à deux heures du matin, Mʳ Simpson sortit du club, rentra dans son bel appartement de Palace-hôtel, réveilla Mᵉˢ Simpson et lui dit : Ma chère amie, je lève un régiment, dont je suis nommé colonel ; et dans huit jours je pars pour Washington.

« En véritable Américaine, la bonne dame ne s'émut guère de ce que lui annonçait son mari.....

— Pas plus, ajouta Kerpenic, que s'il lui eût appris un changement de Président.....

— Pas davantage, répondit imperturbablement Mʳ Thompson ; Mʳ Simpson avait dit vrai.

« Le jour même il confiait la clef de sa caisse à un fondé de pouvoirs ; et huit fois vingt-quatre heures plus tard, il était en route pour Washington, à la tête de trois mille hommes.

— Mon cher lieutenant, dit Gastinet à son collègue, ne vous offensez point des interruptions facétieuses de ces messieurs, ils aiment à rire, mais n'ont pas du tout l'intention de vous critiquer ; tous ceux qui s'intéressent au grand peuple américain, et ils sont nombreux, savent dans quelles conditions vous avez engagé la lutte, véritablement homérique, qui s'appelle la guerre de Sécession. Pour moi, je me déclare un de vos admirateurs ; j'ai lu souvent l'histoire de cette épopée et je pourrais vous rappeler plus d'un épisode de ces combats de héros. Mais revenons à M' Simpson ; que devint-il ?

— Simpson ne prit part qu'à la campagne du Potomac, qui fut une glorieuse étape vers la victoire et la prépondérance définitive du Nord sur le Sud ; il se battit comme un lion, perdit une bonne moitié de son régiment au passage de Warwick-creek, et conquit les étoiles à la bataille de Williams-burg. Ce fut la fin de sa courte mais brillante carrière ; à dater de cette époque, on ne parla plus guère du général Simpson. Excellent soldat, comme tout Américain qui en a la volonté, ses connaissances dans l'art militaire étaient trop succinctes pour qu'il pût jamais devenir un grand tacticien et un illustre capitaine. Après le glorieux combat de Malvern-Hill, fatigué, surmené, perclus de douleurs et de rhumatismes, il obtint un congé et rentra dans ses foyers à San-Francisco, où il déposa, probablement pour toujours, son épée et ses galons de général.

« Quelques années après, la santé de M™ Simpson, fort ébranlée depuis la naissance de sa fille Tillia, commença à donner de sérieuses inquiétudes. Les médecins lui conseillèrent de voyager. Vous le savez, nous ne faisons pas les choses à demi ; pour l'Américain, voyager c'est aller loin ; traverser l'océan pour lui est un jeu. Les Simpson partirent pour le Japon. La santé de la malade se trouva bien de ce changement d'air. Après un séjour de six mois au pays du *Soleil levant,* elle revint en Californie, à peu près guérie.

« Deux ans ne s'étaient point encore écoulés que Mme Simpson retomba dans un état de langueur indéfinissable. Le voyage ayant bien réussi une première fois, on s'embarqua de nouveau ; et alors ce fut pour la France. C'était en 1867 ; on passa près de trois mois à Paris, pendant l'exposition ; et vers la fin de septembre, on se mit en route pour Marseille, après avoir décidé que l'on rentrerait à San-Francisco en faisant escale au Japon.

« L'escale se prolongea plusieurs mois, et Mme Simpson revint encore une fois à la santé.

« Cette deuxième épreuve décida l'excellent général : il acheta à Yokohama un terrain situé sur *la Colline* (1), se fit construire une charmante villa ; et il fut arrêté que, sans abandonner complètement San-Francisco, la famille viendrait passer, tous les ans, six mois dans les domaines du Mikado. Petit à petit, les six mois destinés au Japon ont empiété sur les six mois dus à l'Amérique ; et un beau jour on s'est aperçu qu'il resterait à peine le temps nécessaire pour faire le voyage aller et retour, si l'on voulait être revenu à Yokohama pour le commencement de l'automne, époque de l'année la plus agréable au Japon. Alors, afin d'être plus tôt arrivé, on ne partit pas ; et depuis, on n'a jamais manqué d'oublier l'époque du départ. Bref, sans avoir renoncé complètement à l'Amérique, où il va seul, de temps en temps, faire une promenade d'agrément, le général Simpson a, je crois, définitivement planté sa tente ici, où il est aimé et estimé de tous et

(1) La *Colline* est un des quartiers de Yokohama.

où chacun se plait à reconnaître sa franchise, sa rondeur et son honnêteté.

« Vous voilà renseignés sur le chef de la famille ; vous connaissez déjà, de réputation du moins, l'un de ses membres qui n'est certes pas le moins intéressant, je veux parler de miss Tillia ; vous en jugerez par vos yeux lundi et vous verrez par la même occasion sa sœur Kettly, vieille fille charmante. Quant à M⁰ⁿ Simpson, vous courrez grand risque de ne pas faire sa connaissance, à moins que vous n'y teniez expressément ; car elle sort fort peu et ne reçoit généralement pas. »

Le lieutenant Thompson s'arrêta.

— Messieurs, dit Kerpenic, un ban pour M⁰ᵉ Tillia, la digne fille du vaillant général Simpson.

Toutes les coupes s'élevèrent ; — A miss Tillia ! dirent en chœur vingt-cinq voix d'hommes ; et vingt-cinq couteaux frappèrent en cadence sur le cristal, quinze coups, cinq par cinq, ponctués par un dernier coup prolongé en point d'orgue.

La diversion, opérée par M⁰ᵉ Simpson, avait eu le double mérite de calmer les cerveaux échauffés beaucoup plus par le feu de la conversation que par les libations, et d'arrêter un entretien exalté lancé sur une pente dangereuse ; car il est toujours mauvais d'attaquer la corde politique avec des étrangers.

Les bougies, arrivées au bout de leur existence éphémère, coulaient à cœur joie le long des canons de pistolets, en formant sur la table une chaine de montagnes et de vallées en miniature.

Déjà deux ou trois lanternes de papier avaient

flambé comme des feuilles sèches. Les *bon quart der-*
rière, bon quart devant (1) s'étaient succédé nombreux.
Depuis longtemps le timonier de service avait *piqué*
minuit. Gastinet, pensant à son quart du jour (2), dont
il ne devait pas être bien éloigné, baillait, derrière sa
main, à se décrocher la mâchoire.

Les Américains jugèrent le moment opportun pour
lever la séance.

Après un nombre considérable de poignées de main
énergiques et de protestations d'amitié, on se sépara.

— N'oubliez pas nos *Lundis* à bord du *Monroë*,
cria M\r Davis, en descendant l'échelle de la coupée.

— Comptez sur nous, répondit Gastinet.

Le lieutenant Thompson lança un ordre avec cet
accent guttural cher aux Américains ; l'embarcation,
débordée vigoureusement, fit quelques brasses en courant sur son aire ; à un coup de sifflet du maître, les
avirons dressés verticalement, s'abattirent avec ensemble ; la mer sembla s'enflammer et le canot, enlevé
par la puissante impulsion des nageurs, bondit comme
un monstre marin, au milieu d'un banc d'écume phos-
phorescente.

Pendant un instant, le bruit rhythmé des avirons se
fit entendre, sorte de respiration rauque allant toujours

---

(1) Toutes les demi-heures, les hommes de garde, à l'avant
et à l'arrière, ont la consigne de crier : *bon quart devant* ou
bon quart derrière. C'est afin d'être bien certain qu'ils ne
s'endorment pas.

(2) On appelle *quart du jour* le quart commencé à 4 heures
du matin et terminé à 8 heures.

en décroissant. On put voir le canot encore une ou deux secondes ; mais bientôt il entra dans une zone d'ombre ; et l'on ne reconnut plus sa présence qu'à son sillage étincelant.

La mer était calme ; l'onde unie comme une glace ; seule, une houle longue et plate, dernière suffocation d'une colère océanique lointaine, secouait mollement les navires au mouillage.

L'aspect général de la rade était merveilleux ; le ciel paraissait d'autant plus constellé qu'il était sans lune. Le firmament, d'un bleu foncé presque noir, donnait un éclat inaccoutumé à l'immense écrin des mondes. Un silence parfait régnait au loin ; de temps en temps, un appel au quart, un coup de sifflet de *bosman*, retentissaient, réveillant les échos endormis.

Ces nuits, sur la rade de Yokohama, sont magiques ; les feux des navires lancent de toute part des rayons blancs ou rouges, et forment une espèce de brouillard lumineux, qui plane sur les eaux sans les éclairer. Parfois, une lueur plus vive, mais indécise, paraît et disparaît : c'est le fanal d'une embarcation retardataire, qui rentre à bord.

La ville semble entourée d'une auréole : d'un côté, la ligne bien tranchée des réverbères du quai ; à gauche, s'élevant au-dessus des arbres de la *Montagne* et de la *Colline*, un rayonnement pâle ; à droite, le télégraphe et l'hôtel de ville japonais ; un espace plein d'ombre : le Benten endormi ; puis, plus loin, dans la même direction, une longue traînée brillante ; c'est le Yochivara d'où il semble s'élever comme une buée de plaisirs. Enfin, pour toile de fond, se déta-

chant en noir sur un ciel de cobalt, la silhouette morn
et grandiose de l'éternel Fouzi.

Tout à coup, le silence est rompu; un tintement
retentit à bord d'un bateau; c'est l'heure qui *pique;*
une seconde après, un autre tintement se fait entendre; un troisième succède au second; puis un quatrième, un dizième, un vingtième, dans vingt tons
différents. Pendant deux ou trois minutes, on croirait
ouïr une sorte de carillon; les ondes sonores courent
sur les ondes liquides, se mêlent, s'entre-choquent, en
produisant une cacophonie bizarre; et parfois aussi,
en parcourant, par suite d'un hasard étrange, tous les
tons de la gamme, dans un ordre harmonique. Pendant un moment, plus rien : puis un bateau en retard
fait entendre sa sonnerie; la voix grêle de la cloche se
mêle un instant au sifflement aigu de la flûte d'un mas-
seur japonais, offrant le secours de son art aux gens
atteints d'insomnie; et tout retombe dans le calme le
plus parfait . . . .
. . . .

Les bateaux de la rade venaient de faire entendre
trois tintements doubles, suivis d'un tintement simple.
Il était trois heures et demie.

L'embarcation des Américains, après avoir accosté
le *Monroë*, avait été hissée sur ses porte-manteaux.

A bord de l'*Ailée*, un groupe d'officiers causait
encore sur le pont; mais à chaque instant, une nouvelle défection avait lieu. Bientôt, l'officier de quart se
trouva seul, en compagnie de sa pipe. On entendit
encore un ou deux lazzis, partant des chambres du
carré; puis, tout se tut.

Déjà quelques ronflements sonores avaient remplacé les bruyantes conversations de la soirée.

A ce moment, un timonier entra dans la chambre de Gastinet, et lui fourrant sa lanterne sous le nez : — Lieutenant, lui dit-il, il est quatre heures moins un quart.

— Comment, déjà ! répondit une voix légèrement enrouée, ce n'est pas possible ; je viens à peine de me coucher. »

Au dire de certaines mauvaises langues, le lieutenant de l'*Ailée* ne parut pas sur le pont ce matin-là, avant dix heures ; mensonge, calomnie, assurément... Et pourtant... eût-il, en cette occasion, commis un bien grand crime ?

CHAPITRE VIII

Deux jours après le diner de l'*Ailée*, on remit à Gastinet, au moment où il descendait du quart, un mot de Mr Davis: « Notre commandant vient de « recevoir une mission, lui disait le *paymaster* du « *Monroë*; nous partons dans deux heures, mais pour « une quinzaine de jours seulement ; ainsi nous comp- « tons sur vous et sur vos amis pour le premier lundi « qui suivra notre retour. »

Le *Monroë* prit effectivement la mer dans l'après-midi; et il ne fut plus question, momentanément, ni des Américains, ni de miss Tillia. Pourtant, comme on l'apprendra plus tard, la fantasque maitresse du bon Ralph n'avait pas été oubliée par tout le monde, au carré de l'*Ailée*.

Au commencement de la semaine suivante, je partis pour Yeddo. Un de mes bons amis, officier d'infanterie de marine, attaché à la mission militaire, que je n'avais pas encore vu depuis mon arrivée au Japon, m'avait invité à venir passer quarante-huit heures avec lui, pour visiter la vieille capitale des *Taïkoun*. En m'écrivant, il m'avait indiqué les heures des trains et engagé à partir le matin :

« J'ai donné ton signalement à mon *betto*, me disait-il, en post-scriptum ; il ira t'attendre demain à huit heures, à la gare. »

La lettre m'arriva à six heures du soir. Au lieu d'attendre le lendemain, je ne sais quelle mouche me piquant, ou quelle humeur me poussant, je me mis en route sans plus tarder et m'embarquai dans le dernier train du soir.

L'adresse de mon camarade était assez difficile à retenir pour une oreille encore peu habituée à la langue japonaise ; je l'avais oubliée ; mais je ne pensai à ce détail qu'une fois en route. Je pouvais me trouver, à l'arrivée, fort embarrassé ; et en y réfléchissant, je compris tellement ma sottise qu'à la deuxième station, Kawasaki, je crois, je demandai s'il n'y avait plus de train pour Yokohama ; dans le cas de l'affirmative, je serais revenu sur mes pas.

— *Arimasen*, me répondit laconiquement l'employé, « il n'y en a pas ». Le sort en était donc jeté.

Vers neuf heures et demie, j'arrivai à Yeddo ; c'était un peu tard pour faire son entrée dans une cité sur laquelle on ne possède que les données les plus vagues. Pour comble de malheur, il n'y avait pas dans le train un seul Européen, à qui je pusse demander les renseignements qui m'étaient nécessaires. Une fois débarqué dans la salle des pas perdus, je m'informai vainement de quelqu'un sachant le français ou l'anglais ; les rares voyageurs arrivés à cette heure avancée, avaient déjà pris le chemin de la ville. Seuls, deux ou trois employés de la gare, allant à leurs affaires, me regardaient, d'un air abruti et peu complaisant.

Voyant qu'il n'y avait aucun secours à espérer de ce côté, je me disposais à sortir pour me mettre bravement en quête d'une *yadoya* où passer la nuit, en attendant l'heure à laquelle mon ami devait m'envoyer chercher, lorsque apparut un policeman. Je me crus sauvé; j'abordai poliment l'honnête représentant de l'autorité et lui exposai mon affaire; il m'écouta, la bouche ouverte, hochant la tête; puis, lorsque j'eus terminé, sans m'avoir rien répondu, il me tourna les talons et disparut. J'accablais déjà le digne fonctionnaire de toutes les malédictions de mon répertoire, quand je le vis revenir: — *Come-here*, me dit-il. — Je le suivis et me trouvai en présence de deux *djin-ri'ki*. Croyant ces braves gens très forts en anglais, j'essayai cette langue; mais le *come-here* était le seul mot qu'ils comprissent; là se bornait toute leur science. Ils écarquillaient de grands yeux, gesticulaient beaucoup, en me baragouinant du japonais, dont je ne saisissais pas grand'chose à cette époque; bref, je perdais tout espoir, quand il me vint une idée lumineuse: les officiers français sont assez peu nombreux pour être tous connus personnellement de la caste des *djin-ri'ki*; ceux-ci ont certainement vu mon ami, pensai-je. Tout en ne comprenant le japonais que d'une façon très imparfaite, je savais déjà assez de mots pour les questionner:

— Connaissez-vous M. O..? leur dis-je.

Ils semblèrent se consulter, se racontèrent une masse

de choses et, finalement, me firent un signe négatif, accompagné d'un flot de paroles.

— M. O..., insistai-je, un officier français; gros, cheveux blonds, un peu chauve..... La figure de mes gens s'illuminait.

— Il a un pantalon bleu, avec une bande rouge, continuai-je.....

— *Yorouchi*, *yorouchi*, « bien », « bien », me dirent-ils joyeux; nous savons et, me montrant sa *djin-riki-cha*, l'un d'eux m'engagea à y monter.

Je ne me fis pas prier; et, l'un traînant, l'autre poussant, ils m'emportèrent au grand trot de leurs jambes nerveuses.

Ce soir-là, je ne vis rien ou à peu près rien; la ville de Yeddo, toute capitale qu'elle est, n'est pas bien éclairée; notre course était rapide; et, au surplus, j'avais moins envie de regarder autour de moi et de satisfaire ma curiosité que d'arriver au plus vite chez mon ami, que je craignais de trouver couché.

Au bout d'une demi-heure de secousses et de cahots, mes deux hommes s'arrêtèrent devant des murs noirs; à la lueur d'une petite lanterne, je voyais leur corps à moitié nu fumer de chaleur, malgré la température aigrelette de la nuit. Ils appelèrent deux fois, en frappant en même temps dans leurs mains; j'entendis un châssis de fenêtre glisser dans sa rainure; un Japonais apparut derrière le grillage de lattes: — Qu'est-ce qu'il y a? dit-il.

— Un étranger.

Le Japonais referma la fenêtre, sans répondre; et, pendant cinq minutes, je crus qu'on ne voulait pas me recevoir, que mes traineurs ne m'avaient pas compris; et je recommençais encore à maudire ma fantaisie, quand la fenêtre grinça de nouveau. Cette fois, je vis un bonnet de coton blanchir à travers le grillage et j'entendis ces mots, en bon français, prononcés avec un petit accent de Strasbourg que je reconnus immédiatement:

— Qui diable vient me réveiller à cette heure-ci?

— C'est moi, mon brave O..., excuse-moi.

— Ah, sacredié! mon cher, pardonne-moi de te faire ainsi poser; on va t'ouvrir; je ne t'attendais que demain matin.

Deux minutes après, j'étais dans les bras de mon excellent camarade, qui ne pouvait en revenir de me voir si tard. Je lui racontai les incidents de mon expédition nocturne; nous causâmes, comme on cause, quand on se retrouve, bien loin de la France, après plusieurs années de séparation: à bâtons rompus. Il semble que l'on n'aura jamais le temps de se dire tout ce que l'on a emmagasiné dans son souvenir et dans son cœur; les demandes n'attendent souvent pas les réponses, pour se renouveler; on effleure tous les sujets; on passe de l'un à l'autre; puis on revient au premier, parce qu'aucun n'a été approfondi, et tout cela est entremêlé de poignées de main et d'exclamations.

— Combien y a-t-il de temps que nous ne nous étions vus!

— Te souviens-tu du dernier soir, à Lorient, au café de l'Univers?

— Et ce brave *un tel*; et ce pauvre *tel autre*? Te rappelles-tu son chien Scipion?

— Oui, il a été tué à Bapaume.

— Un tel?

— Non, son chien.

— Mais ce pauvre B..... a été tué, lui.

— Oui, je l'ai appris. Sapristi, ai-je assez rongé mon frein, moi, ici! Quand je savais que vous vous battiez là-bas! Mais impossible de rentrer en France.

— Tu sais que C..... est marié?

— Ah bah!

— C'est parfaitement vrai.

Et ainsi de suite; cela dure longtemps; les heures passent et l'on ne s'en doute pas.

A minuit et demie, pourtant, mon ami me mit un chandelier dans la main; et, me conduisant à la chambre qui m'avait été préparée, me souhaita bonne nuit.

Ce souhait ne devait pas être exaucé; car, soit grâce aux vents coulis filtrant à travers les carreaux de papier, soit pour toute autre cause, je ne pus arriver à fermer l'œil, avant une heure très avancée; et à peine avais-je commencé à goûter les douceurs du sommeil que la diane me réveilla en sursaut. J'eus alors une sorte d'hallucination; je ne me rendais pas compte du lieu où je me trouvais; un instant je me crus encore au Tonquin; puis, en reconnaissant des sonneries de cavalerie, je pensai être en France, à Lorient, dans ma chambre de la rue Poissonnière, d'où j'entendais passer l'artillerie se rendant au polygone. Je ne revins à la réalité qu'après plusieurs minutes de réflexion; je compris alors que la maison de mon ami avoisinait une caserne. L'armée du mikado, complètement organisée à la française, a en effet adopté, non seulement notre théorie, notre tactique, nos manœuvres, nos commandements, mais aussi toutes nos sonneries de clairon et de trompette. C'est pourquoi, pendant une heure, je ne cessai d'entendre le pansage, *la botte à coco* et la série entière des ordres en musique, auxquels obéissent si bien nos soldats.

Vers sept heures, le calme se fit; mais bientôt j'entendis frapper à ma porte : — Debout, debout, paresseux! me criait mon hôte; nous avons beaucoup à faire aujourd'hui; il s'agit de ne point perdre de temps.

En moins d'un quart d'heure, je fus prêt; et à huit heures, après avoir dégusté une excellente tasse de café à la crème, — un régal inconnu depuis bien longtemps, nous montions en *djin-riki-cha* et nous roulions de compagnie, mon brave O... et moi, vers les quartiers populeux de la grande cité impériale.

Parler ici, en détail, des curiosités de l'immense capitale, serait me répéter; je préfère renvoyer mes lecteurs au *Japon pittoresque*, où ils trouveront la description des monuments et des sites remarquables, que j'ai visités durant mon premier séjour à Yeddo. Je me bornerai à donner mon impression sur l'effet général de cette ville, naguère encore si mystérieuse, ouverte aujourd'hui à peu près à tout venant.

Yeddo ou, pour employer son nouveau nom, Tokio, est bien une capitale. Ce n'est point à sa magnificence qu'on le reconnaît, mais à un je ne sais quoi qui plane dans l'air, indiquant un point de centralisation et la présence d'un gouvernement.

Si, en quittant la gare, le touriste, après avoir

franchi un pont, tourne court à gauche, il traverse d'abord une large artère, bâtie à l'européenne, s'étendant au loin, à perte de vue; sorte de caricature de la rue de Rivoli, construite par un architecte de rencontre, dont l'ignorance n'avait d'égale que la fatuité; puis, il franchit bientôt une première enceinte et se trouve dans la ville officielle. Celle-ci est d'un morne, dont rien ne peut donner une idée; à peine si l'on y rencontre un passant par minute. Le panorama manque absolument de gaieté : des murs de planches peintes en noir, alternant avec des murs de fortification; des poternes sombres et tournantes; tout à coup un fossé large de trente mètres couvert de nuées de canards sauvages et de sarcelles, comme en pleine campagne; de temps en temps, un officier passant au galop de son cheval; un soldat, coiffé de l'*élégante* casquette prussienne; au détour d'un bastion, un champ de manœuvre, trop grand pour la petite troupe qui y fait l'exercice; puis, encore, puis, toujours des murs noirs. Au loin, droit devant, une citadelle à l'aspect majestueux et imposant : ce qu'il reste du *Shiro*, dévoré par les flammes, il y a quelques années. Sur la gauche, une élévation surmontée de constructions ressemblant à des temples : c'est Kamon-sama-yasiki, résidence du colonel et d'une partie des membres de la mission militaire.

À droite, dans le lointain, le clairon fait entendre les notes gaies d'une de nos fanfares militaires. En tournant ses pas de ce côté, on arrive au ministère de la guerre, à la demeure de mon camarade et, en continuant dans cette direction, on tombe dans l'ancien

quartier des *daïmio*, occupé aujourd'hui par la plupart
des administrations. Là, moins encore d'animation
qu'ailleurs; de temps en temps, paraît un homme
affairé, à l'air hautain et désagréable, se rendant d'un
ministère à un autre; une *djin-riki-cha* de maître,
lancée au galop, entraînant une excellence ou un des
Européens employés dans l'une des administrations du
gouvernement. Partout un silence glacial. Et pourtant, quand on circule dans ces larges rues mornes, et
envahies par l'herbe, on ne peut se défendre d'une émotion insurmontable : si l'on se reporte seulement à quelques années en arrière, on voit tous ces palais, qui semblent maintenant abandonnés, et qui, de fait, le sont à
peu près, occupés par les orgueilleux représentants de
la féodalité japonaise. Là où vit piteusement un simple
portier, se tenait naguère une garde brillante, prête à
rendre les honneurs à quelque seigneur de haute volée.
Derrière ces persiennes, aujourd'hui closes et délabrées,
se pressaient des essaims de femmes luxueusement
attifées; coquettes pensionnaires de la cour de ces
petits potentats. Mais rien ne subsiste des splendeurs
d'un autre âge si vite disparu; rien; toutefois le changement a été si brusque, si rapide, que, malgré la
transformation radicale, il reste encore dans ces lieux,
dans ces immenses agglomérations de bâtiments,
de temples, de palais, comme un parfum de l'ancien régime; il semble que la baguette d'une fée
a produit un enchantement grotesque; et l'on ver-
rait, tout à coup, déboucher d'une de ces grandes
portes laquées, un cortège de guerriers armés
de pied en cap, ou le norimono d'une princesse,

sans en être, il me semble, aucunement étonné

Si, de cette cité qui rappelle un peu le château de la Belle au bois dormant, on passe à la ville commerçante, le contraste est frappant; autant il y a de raideur solennelle, d'empois officiel dans l'une, autant l'on trouve de mouvement, d'entrain, d'humour dans l'autre. Une foule houleuse, vivante, enjouée, se précipite dans tous les sens. Aux abords des temples renommés, les baraques des marchands forains, les buvettes de thé, sont sans cesse assaillies par un public turbulent et endimanché. Les tréteaux des baladins, les guignols, sont pris d'assaut; les jardins, les théâtres sont envahis; il semble que ce peuple ne songe qu'à passer gaiement l'existence. De fait, pour le Japonais, tout est prétexte à plaisirs; et c'est peut-être là le mauvais côté de son caractère; il est bambocheur par excellence; n'ayant pas encore l'habitude de posséder, il ne sait que vivre au jour le jour, sans penser au lendemain. L'épargne est inconnue de ces grands enfants et, sans doute, il faudra bien des années pour leur en donner le goût.

Rien n'est plus amusant que de se mêler à cette tourbe d'écoliers en vacances, d'étudier sur le vif cette civilisation en train de se transformer, dont on se fait encore une idée si vague en Europe. Au bout de mes deux jours de permission, je quittai mon excellent camarade, et rentrai à bord, non sans rapporter une ample moisson de souvenirs et de bibelots recueillis, à la hâte, durant nos pérégrinations dans la vieille capitale des *Taikoum*.

CHAPITRE IX

En revenant à Yokohama, je trouvai Barrot de plus en plus adonné à l'étude de la langue japonaise, et lancé à corps perdu dans la recherche de ses chères antiquités; Sylvain, entiché plus que jamais de ses promenades en youyou; et Kerpenic, en train d'essayer, les uns après les autres, les chevaux de l'écurie de Péquignot (1).

Un jour, Galilée, après m'avoir accompagné durant quelques minutes dans la grand'rue d'*Omoura*, m'avait subitement quitté, sous prétexte d'aller causer astronomie avec M. le ministre de Russie. Désappointé de me trouver seul j'entrai dans deux ou trois magasins de bric-à-brac, et je me disposais à reprendre le chemin de la ville, pour aller dîner chez les officiers de la *Montagne*, lorsque je fus arrêté par un jeune garçon japonais. L'enfant tenait un objet enveloppé dans un morceau de serge jaune.

— Voulez-vous m'acheter cela, *Danna-san* ? me dit-il, en découvrant une boîte en laque d'or.

Du premier coup d'œil je reconnus un objet de

(1) Loueur de chevaux et de voitures à Yokohama.

valeur ; mais, profitant des leçons de Barrot, je ne manifestai pas le moindre enthousiasme.

— C'est dix piastres, me dit le mous'ko ; mais croyant que je n'appréciais pas sa marchandise, il ajouta : peut-être mon père vous fera-t-il une diminution ; venez avec moi, s'il vous plaît.

Je suivis le moutard ; bientôt nous arrivâmes dans une de ces rues étroites et relativement sales, pour une ville japonaise, qui, partant de la grand'rue d'O-moura, montent perpendiculairement et aboutissent, par des escaliers, au chemin de la *Colline*. Presque au bout de cette rue, nous entrâmes dans une case de très pauvre apparence. Dans la pièce de deux mètres carrés formant antichambre, un homme accroupi fumait tristement à côté d'un *hibatchi* presque éteint, surmonté d'une théière ébréchée. Mon conducteur entama avec le maître du logis, son père sans doute, une conversation, dont je ne compris pas le sens et déposa à terre la boîte enveloppée de serge jaune.

L'homme releva la tête. — Voulez-vous acheter cela ? me dit-il.

— Oui, mais je trouve le prix de dix *rio* trop élevé.

— Je vous ferai un rabais d'un *rio* parce que j'ai grand besoin d'argent ; ma femme et l'un de mes enfants sont malades ; moi-même je suis retenu à la maison par des douleurs qui m'empêchent de travailler.

La boîte était fort belle ; l'acheter était faire en même temps un bon marché et une bonne œuvre ; je ne marchandai pas davantage, et comptai même dix rio au pauvre homme qui, tout étonné, voulut m'en rendre un.

Cet acte de générosité l'ayant touché, il appela son fils et lui ordonna de préparer le thé.

Les ustensiles de la maison n'étaient point engageants; mais je ne pouvais m'excuser, sans blesser le pauvre diable. Je m'assis donc à côté du *hibatchi* et allumai une pipe, une vraie pipe de tabac français, pur caporal.

Pendant que l'enfant ranimait le feu pour faire chauffer l'eau du thé, j'entendis dans la pièce voisine, séparée de nous par un simple paravent, une toux sèche, un gémissement, puis, une voix douce de femme dire quelques mots en japonais.

— C'est là qu'est votre malade? demandai-je au bonhomme.

— Oui, me répondit-il, l'*ischia-san* (1), est avec elle en ce moment.

— Quel est cet *ischia-san*, un Européen, ou un Japonais?

— Oh! murmura-t-il, avec des larmes dans la voix, mes moyens ne me permettent pas de demander un médecin européen et les médecins japonais ne connaissent pas le mal de la pauvre femme.

— Qui est-ce donc, si ce n'est ni un médecin européen, ni un médecin japonais?

— *American mous' mé*, me dit-il en souriant tristement.

— Une demoiselle américaine?

______

(1) Médecin.

— Oui, continua-t-il, bien bonne et bien belle.

Ma curiosité était piquée au vif; j'attendis le thé et trouvai qu'il avait été préparé trop vite; je cherchai mille prétextes pour rester encore; je fis causer le pauvre homme sur la maladie de sa femme, je compris qu'elle était arrivée au dernier période d'une phtisie pulmonaire et je parus si bien m'intéresser à son sort, que le Japonais se levant : — Venez la voir, tous les Européens sont un peu médecins; peut-être trouve-rez-vous un *onguent* pour la sauver.

Le panneau glissa...

Dans un trou, pas plus grand que celui où nous nous trouvions, une femme, étendue sur un grabat de *flon*, semblait déjà râler ; une pauvre créature de six à sept ans, couchée contre sa mère, ne paraissait pas dans un meilleur état.

Une jeune fille européenne, accroupie à côté des moribondes, essayait de leur faire prendre, à tour de rôle, quelques gouttes d'une potion calmante. Au bruit que nous fîmes en entrant, la jeune fille se retourna, rougit jusqu'aux oreilles en me voyant et se releva subitement.

— Mademoiselle, dis-je à cette sœur de charité volontaire, en m'inclinant avec respect, permettez-moi de vous témoigner mon étonnement et mon admiration pour votre dévouement et l'abnégation dont vous faites preuve, en prodiguant vos soins à ces malheureuses abandonnées. Puis-je savoir si vous conservez quel-que espoir de les sauver? Elles me semblent arrivées à un point où seul, un miracle.....

La jeune fille, me regardant d'un air étonné, me dit:

— Je ne suis pas médecin ; les corps, du reste, sont condamnés ; mais les âmes sont sauvées ; vous voyez deux chrétiennes.

À ces mots elle se baissa, embrassa sur le front la plus jeune des malades, déposa deux *rio* en papier, pliés en quatre, sur un plateau encombré de tasses et de fioles, et sortit en me saluant.

La vue de cette charmante *miss* me rappelant l'intéressante Yankee, dont nous avaient entretenus les officiers du *Monroë*, l'idée me vint que ce pouvait être elle en personne. J'interrogeai le Japonais à cet égard, mais ne pus en obtenir aucun éclaircissement et je partis en emportant ma précieuse acquisition.

En arrivant à la *Montagne*, je trouvai joyeuse société : outre quelques officiers de l'*Ailée*, au nombre desquels se trouvaient Harlès et Verdier, mon collègue avait invité plusieurs résidants et, entre autres, le médecin de l'hôpital américain.

Je pensai qu'il ne pouvait pas se présenter à moi de meilleure occasion de me renseigner sur le compte de ma belle inconnue. Après le dîner, au moment où nous passions au fumoir, je pris à part le médecin américain et lui demandai s'il connaissait Mˡˡᵉ Tillia Simpson.

— Très bien, me répondit-il ; c'est une de nos plus charmantes compatriotes ; mais pourquoi cette question ?

— J'en ai beaucoup entendu parler, et je crois avoir eu le plaisir de la rencontrer aujourd'hui.

— Seule ?

— Oui.

— Où cela ?

— Dans une maison japonaise, au chevet d'une malade.

— Ce doit être elle ; faites-moi le portrait de cette personne.

Harlès, s'étant rapproché, avait saisi le sens de la conversation : Je parie, dit-il, que vous parlez de Mlle Simpson.

— Encore *miss Téria,* dit Verdier en se mêlant à notre groupe.

— Oui, cher docteur ; mais je vous ferai remarquer qu'on a déjà fait une fois cette facétie. Harlès, je t'engage à prendre dorénavant des brevets ; Verdier te pille.

— A votre aise, docteur ; je suis assez riche pour me laisser voler.

La gaieté de notre colloque avait attiré l'attention générale. De qui parlez-vous, dit le maître de la maison ?

— D'une fée, lui répondis-je, peut-être la connaissez-vous ; tenez, voici son signalement et, ajoutai-je en m'adressant au médecin américain, monsieur est là pour me contredire, si je fais fausse route.

— Cheveux : blond ardent ; une forêt.

— Yes.

— Yeux : bleu foncé ; grands comme ça...! et du bout de l'index gauche j'indiquais deux phalanges de l'index droit.

— Yes, répondit pour la deuxième fois le compatriote de l'héroïne.

— Pourquoi pas longs comme le bras! murmura Verdier.

— Dans une bouche trop grande, continuai-je sans relever la boutade, deux colliers de perles de Ceylan.

— All right !

— Un nez, oh ! Mais un nez indescriptible, tout un poëme ; rien de grec, rien de classique ; et pourtant, un nez dont il faut, à tout prix, être amoureux.

— Very well.

— Ajoutez une fossette mutine dans la joue gauche, s'estompant sous le moindre sourire ; et avec cela une taille ! Une tournure !... Le tout éclairé d'un éclat, d'une jeunesse, au plein de son épanouissement et.....

— Vous avez la photographie de miss Tillia Simpson, continua le jeune Américain, en me coupant la parole.

— Le portrait est-il ressemblant ?

— En tout point ; miss Tillia n'est point une beauté ; mais c'est une créature adorable, il y a en elle un je ne sais quoi qui vous frappe et vous attire irrésistiblement.

— C'est donc bien elle que j'ai rencontrée ?

— A n'en pas douter.

CHAPITRE X

Le lendemain, comme je rentrais à bord, à l'heure
du dîner, je trouvai tout l'état-major en émoi : Sylvain,
parti en youyou depuis onze heures du matin, n'était
pas encore de retour. Il était huit heures et demie du
soir ; on commençait à s'inquiéter.

Le jeune enseigne avait l'habitude de ces excursions ;
nous le plaisantions parfois sur cette fantaisie ; mais
nos railleries amicales ne l'empêchaient point de suivre
ses goûts. Il s'en allait seul ou accompagné d'un
mousse, après le déjeuner, et revenait, d'habitude,
vers deux ou trois heures du soir, après avoir couru
un certain nombre de bordées. Ce jour-là, je l'avais vu
partir seul. La rade était splendide ; par-ci, par-là,
semées comme autant de cygnes sur un immense
bassin, les blanches voiles de quelques minuscules
bateaux de plaisance, cinglaient dans diverses directions. En attendant l'heure du canot-major (1), j'avais,

(1) Le canot-major est le canot des officiers, deux fois pa
jour, à heure fixe, le canot est armé, pour porter à terre les
officiers qui désirent y aller.

un instant suivi des yeux l'intrépide youyoutier. Le temps était superbe ; rien ne pouvait faire prévoir un malheur. Gastinet avait, toutefois, envoyé deux embarcations en reconnaissance ; et nous accumulions suppositions sur suppositions, quand un timonier vint nous prévenir qu'un *sampang* allait accoster à tribord avec un officier.

C'était Sylvain dans un assez drôle d'équipage : les vêtements en désordre, une blessure à la tête, la figure à l'envers.

— Que t'est-il arrivé ? lui demanda-t-on de toute part.

— Pas grand'chose ; en sautant à terre j'ai glissé, je suis tombé à l'eau et mon front a porté sur une pierre ; ce n'est rien.

— Mais où as-tu laissé le youyou ?

— En lieu sûr, demain j'irai le chercher.

On ne put avoir, pour le moment, d'autres explications.

Verdier s'empressa autour du blessé, le fit coucher et, après lui avoir prodigué ses soins, vint nous rassurer sur son compte.

Le lendemain, il n'y paraissait plus ; Sylvain, étant parti dès le matin, par le canot de la *poste aux choux*, avait ramené le youyou à l'heure du déjeuner. Il semblait mystérieux ; à n'en pas douter, son histoire de la veille était un conte, mais on avait eu beau l'interroger et lui demander des détails sur sa mésaventure, il n'était pas sorti de sa première version.

A quelques jours de là, un matin, me trouvant seul avec lui sur le pont, je le regardai bien en face et me mis à sourire. Il comprit ma pantomime.

— Saint Thomas ! me dit-il.

— Oui, je pourrais même, à l'exemple du saint, mettre mes doigts dans tes plaies, car tu as encore une belle marque au-dessus de l'œil droit ; mais à franchement parler, cette expérience ne diminuerait en rien mon incrédulité.

— Tu ne crois pas un mot de ce que j'ai raconté, en rentrant l'autre soir?

— Pas un traître mot.

— Alors écoute. Mais avant, jure-moi... non, ne me jure rien du tout.....

La cloche coupa la parole à Saint-Cyr ; on *piquait* neuf heures, le maître d'hôtel vint nous prévenir que le déjeuner était servi.

— Tu me diras plus tard ton histoire.

— Oui, répondit-il, et nous descendimes au carré.

Au moment où les domestiques versaient le café, à cet instant où chacun, après avoir demandé, qui sa pipe, qui son papier à cigarette, s'installe de son mieux pour humer à l'aise sa demi-tasse ou déguster son petit verre, Sylvain prit la parole.

— Messieurs, dit-il, j'ai un remords de conscience ; je vous ai fait un mensonge, le soir où je me suis blessé ; mais l'intérêt que vous m'avez porté, m'engage à vous dire la vérité ; j'ai commencé tout à l'heure ma confession, en particulier, avec un camarade ; si vous voulez m'accorder un quart d'heure d'attention, je vais la continuer ici, publiquement devant vous tous réunis.

Un éclat de rire général accueillit ces paroles.

— Bon, je vous comprends, je vois que ma dissimulation n'avait trompé personne. Donc, vous m'avez vu partir, n'est-ce pas ? La mer était magnifique, il faisait une brise ronde; c'était un plaisir. Bientôt je perdis de vue l'*Ailée* au milieu des autres navires de la rade; depuis quelques minutes une sorte de coquille de noix, voilée comme un côtre de vingt tonneaux, attirait mon attention; à la distance où je me trouvais de cette embarcation, je distinguais à peine sa coque, tant elle était petite; mais sa grande voile se détachait nette et blanche sur le rouge sombre des falaises. 'Quel était l'insensé assez téméraire pour s'exposer ainsi, à une époque où les sautes de vent sont si fréquentes ? La curiosité me poussant, je tachai de gagner au vent de ma coquille de noix, pour essayer ensuite de lui couper la route; mais après une demi-heure d'infructueux essais, je jugeai prudent de renoncer à mon entreprise et m'appliquai à doubler le cap, pour aller relâcher au fond de la baie du *Mississipi*, à une jolie *Icha-ya*, où j'avais, la semaine précédente, remarqué deux ou trois *né-san* fort agaçantes.

— Bravo, Sylvain !

Le jeune officier, sans s'arrêter à cette louange ironique, continua sa narration :

— Quand j'accostai, il y avait nombreuse société japonaise; une volée de filles de toutes les tailles, vêtues de frais *kimono* et quelques jeunes *mous'ko* prenaient leurs ébats sur les rochers de la côte, tandis que la partie sérieuse de la société, assise sous un kiosque, se livrait consciencieusement à une de ces bonnes petites débauches champêtres, dont les Japonais sont si amateurs.

« Je sautai à terre ; et, pendant que j'amarrais mon youyou, deux *mous'mé*, fortement enluminées, vinrent en députation m'engager à rejoindre leurs amis et à prendre part au festin.

« Refuser eût été faire injure à ces bonnes gens ; j'acceptai. J'étais attablé ou plutôt accroupi à la japonaise, depuis une demi-heure à peine, lorsqu'une voile blanche doubla le cap et courut une bordée dans notre direction ; c'était la coquille de noix ; je la reconnus sans peine, bientôt même je pus distinguer qui la montait : c'était une femme.

« Quinze minutes plus tard, une jeune fille européenne, après avoir prestement amené sa gigantesque voile et adroitement logé son frêle esquif dans une anfractuosité, s'élançait sur la pointe d'une roche ; et, légère comme une chatte, prenait sa course vers la *Icha-ya.*

« Son costume était des plus piquants : chapeau de matelot à grand ruban doré, gentiment posé sur un tas de cheveux couleur *Vénus sortant de l'onde.*

— Décidément Sylvain s'émancipe, dit Harlès ; nous ferons bien d'y veiller.

— Justaucorps bleu foncé bordé de rouge, continua l'amateur de promenades en youyou ; ceinture pareille ; grand col marin ; pantalon court serré au genou ; bas écossais, brodequins en peau jaune montant haut et faisant ressortir une jambe de Diane.....

— Peste, quel observateur ! dit Barrot.

— Oui, et j'ai eu quelque mérite à croquer mon inconnue ; car, à peine à terre, elle se jeta sur les épaules un vaste waterproof et me déroba ainsi tous ses coquets atours.

« Mon étonnement était à son comble ; une femme s'aventurant de la sorte sur une yole de cette taille n'était pas la première venue ; il y avait dans cet acte quelque chose d'héroïquement original ; je devinai l'Américaine dans la canotière hardie.

« La jeune fille appela une des servantes, la pria, en japonais, de lui apporter du thé et des gâteaux, tira du petit sac qu'elle portait en bandoulière, un album et se mit en devoir de dessiner une vue de la côte.

« Tout à coup un grand cri partit du bord de la mer, et parvint jusqu'à nous.....

— Attention, dit Harlès, voici le drame qui commence.

— A ce cri, tout le monde se précipite. Grâce à la longueur de mes jambes, j'arrive le premier près d'une *mous'mé* qui se tord les bras de désespoir.

— Qu'y a-t-il ?

— Mon petit frère vient de tomber à l'eau.

— *Doko*, « où »? lui-dis-je, tout en commençant à me débarrasser de mes vêtements.

— *Atchira*, « ici », me répond la pauvre fille, en me montrant le pied de la falaise, élevée d'environ trois mètres en cet endroit.

« Les jeunes gens, empêtrés dans leurs *kimono*, serrés aux jambes, accouraient en trébuchant dans les pierres, sur le lieu de l'accident. Interroger la fille, jeter mon couvre-chef, retirer mon paletot et mes bottines, n'avait pas pris vingt secondes, j'allais piquer une tête à la recherche de l'imprudent gamin, dont on n'apercevait pas vestige, quand je vis passer une ombre à mes côtés, puis une masse noire; j'entendis un grand plongeon, immédiatement suivi d'un autre; l'eau bouillonna; puis, plus rien. L'instant de la pensée, je restai indécis; une tête émergea à quelques mètres du mur de roche, une tête de femme dorée par un rayon de soleil; ce fut comme une apparition; fasciné, électrisé, je fermai les yeux et me précipitai dans le vide.

— Ce n'était pas trop tôt, insinua quelqu'un.

Sylvain ne parut pas comprendre la satire et continua.

— Que se passa-t-il alors ?

— Oui, que se passa-t-il? appuya le docteur, avec une intention équivoque.

— Pas de mauvaise plaisanterie; ce qui se passa, je ne le saurai sans doute jamais, je suis obligé de me borner à des conjectures. Il faisait nuit.....

— Comment! déjà? dit Barrot.

— Tu ne comprends pas que la nuit est venue pour les besoins de la cause, répondit Harlès.

Sylvain s'était sans doute armé de patience et promis à l'avance de mépriser les interruptions; car sans sourciller, il reprit : « Les lanternes en papier huilé de la *tcha-ya* étaient allumées; étendu sur un tas de *f'ton*, je me vis entouré d'une demi-douzaine de Japonais et de Japonaises; un instant je crus rêver; une vive douleur au front me rappela à la réalité. Mes idées, d'abord très confuses, se débrouillaient petit à petit; tout à coup, le jour se fit dans mon intelligence abasourdie : le souvenir me revint.

— Le *mous'ko* est-il sauvé, où est la demoiselle? m'écriai-je.

— L'*obasan*, accroupie à la tête de mon lit improvisé, me répondit :

« — Vous l'avez échappé belle ! Une minute de plus et vous serviez ce soir de souper aux poissons de la baie ; mais la dame, qui est peut-être bien *Benten* (1) en personne, ne l'a pas permis ; allez, croyez-moi. vous devez un gros remerciement aux *Dairhi* (2) et à la bonne déesse. »

— Ah! mon pauvre Sylvain, dis-je en riant, si ce malheur était arrivé, de ma vie je n'eusse mangé de poisson ici; ne voulant pas me repaitre, par contre-coup, de la chair d'un ami. C'eût été une fatalité ; car à Saïgon déjà, après la chute et la mort dans la rivière de notre second-maitre de timonerie, j'ai été condamné à ne plus manger de chevrettes, craignant toujours de tomber sur l'un des carnivores, qui avaient déchiqueté la figure du malheureux (3).

— Bien obligé de tes bons sentiments, sois assuré. très cher, que j'eusse été désolé de te causer cette privation. Je reviens à ma libératrice. Ma première pensée fut de la chercher; elle avait disparu; personne ne l'avait vue partir; elle s'était évanouie comme une

(1) Déesse de la mer.
(2) Empereurs morts et divinisés.
(3) Allusion à la mort d'un second-maitre, le nommé G.... tombé le long du bord en rivière de Saïgon et retrouvé seulement le lendemain matin la figure dévorée par les chevrettes.

ombre. Pourtant un vieux sceptique de pêcheur, qui ne croyait pas plus aux *Dairhi* qu'à *Benten,* m'apprit qu'une voiture était venue prendre l'étrangère.

« — Comme de coutume, me dit le bonhomme, elle m'a recommandé son *fouué* et elle est rentrée à Yoko-hama, emmenant le *mous'ko* repêché et sa sœur.

« Tandis que je revenais complètement à moi en me réchauffant avec du *saké* bouillant, le roulement d'une voiture se fit entendre, et bientôt un panier s'arrêta devant la *tcha-ya.*

« — Je viens, dit le *bétto,* chercher un officier de marine français qui a fait demander une voiture.

« Je sortis et je reconnus un des *bétto* de Pe-quignot.

« — Qui t'envoie, dis-je à l'homme trottant ?

« — Wakaranai (1).

« Cette réponse laconique me démontra qu'il était inutile d'insister, je ne devais rien savoir.

« Après avoir remercié mes hôtes et leur avoir payé mes dépenses, je partis sans pouvoir obtenir d'eux le moindre renseignement sensé.

« En arrivant à la route du Mississipi, j'aperçus mon vieux pêcheur, il m'attendait.

« — Vous désirez savoir, me dit-il, quelle est la personne qui s'est jetée à l'eau ; je vais vous raconter ce que j'en sais : depuis le commencement des beaux jours, elle vient souvent ici, et me charge, quand elle laisse son petit bateau, de veiller sur lui. Tous ces

_____

(1) *Je ne sais pas.* Un homme bien élevé eût répondu *Waka-rimasen.*

imbéciles la connaissent comme moi et savent très bien que ce n'est pas *Benten*. Deux ou trois fois par semaine, elle arrive avec son *founé*, comme aujourd'hui, toute seule ; reste une heure à écrire ou à dessiner ; puis, elle repart. Certains jours elle rentre en voiture ; dans ce cas, elle revient le lendemain, généralement à cheval, accompagnée d'un betto chargé de ramener sa monture, et elle retourne à Yokohama, par voie de mer.

« — Mais son nom ?

« — Son nom, je ne le connais pas ; il m'est indifférent de le savoir ; elle est bonne et généreuse ; je ne puis pas en demander d'avantage.

« Le *betto* de Péquignot n'en savait pas si long ; son maître avait reçu un mot, le priant d'envoyer une voiture, il était venu au lieu indiqué ; et voilà tout ce que je pus tirer de lui.

— J'ignorais son nom, sa naissance..... chantonna le docteur, c'est l'histoire de *Si j'étais roi*, avec les rôles intervertis. Voyons la suite.

— La suite ? Il n'y en a pas ; aujourd'hui je ne suis pas plus avancé que le jour de l'accident, je ne sais pas quel est mon sauveur. Ne serait-ce point, par hasard, Mlle Simpson ? Ce trait de courage me paraît bien digne de l'originale créature, dont on nous a, l'autre jour, raconté les hauts faits. Du reste, je le saurai ou j'y perdrai mon nom ; je n'ai vu qu'une fois cette sirène ; je l'ai aperçue bien peu de temps, cinq minutes peut-être, mais c'est assez pour ne jamais oublier cette physionomie charmante, cet œil bleu de mer et ce sourire enchanteur.

— Une chose m'étonne, objecta Gastinet : Harlès

nous a parlé, il me semble, d'un chien fidèle, inséparable ami de votre héroïne ; vous ne nous avez pas dit l'avoir aperçu ; c'est presque invraisemblable.

Sylvain se frappa le front : — Je n'avais pas songé à Ralph, dit-il, mais je m'en souviens maintenant ; il était là, l'excellent *loulou ;* il a suivi sa maîtresse quand elle s'est jetée à l'eau ; qui sait, peut-être est-ce à lui que je dois la vie ? Mon Dieu, ce serait plus prosaïque, mais j'aimerais presque mieux cela ; la reconnaissance me serait moins lourde.

Le récit de Saint-Cyr fut couvert d'applaudissements ; on félicita vivement l'orateur et, le canot-major étant armé, on se sépara, les uns pour descendre à terre, les autres pour vaquer à leurs occupations particulières ou au service du bord.

CHAPITRE XI

Le *Monroë*, ayant accompli sa mission, était enfin revenu sur rade. C'est pourquoi, un beau jour, vers midi et demie, on put voir un canot pousser de l'*Aile* avec un plein chargement d'officiers et se diriger sur le bâtiment américain.

Chacun avait, pour la circonstance, endossé sa plus belle redingote, arboré ses galons les plus luisants et enfilé ses gants les plus frais. C'est qu'il y allait de l'honneur du pavillon ; c'est qu'il s'agissait de soutenir la réputation de brillants cavaliers qu'à tort ou à raison les Français se sont acquise à l'étranger.

Le *Monroë*, pavoisé comme en un jour de fête, se balançait coquettement, au gré de la houle du large : déjà de nombreuses embarcations de plaisance amarrées au tangon, attestaient que les invités ne s'étaient pas fait attendre. Au moment où le canot français accosta la frégate, la musique du bord entama l'hymne de Rouget de l'Isle ; et ce fut au milieu des hourrahs et des cris de vive la France ! que nous tombâmes au milieu d'une réunion charmante et pleine d'entrain. La

fête fut ravissante; et dès lors les après-midi dan-
santes du *Monroë* reprirent de plus belle.

La plupart des officiers de l'*Ailée*, ayant été pré-
sentés à la société américaine, connaissaient maintenant la divine miss Tillia. L'espiègle jeune fille avait
été prise d'un fou rire terrible, en se trouvant nez à nez
avec Saint-Cyr; quant à celui-ci, sa timidité naturelle
s'était changée en la plus désopilante gaucherie, à la
vue de son sauveur. Kerpenic, par suite d'un hasard
malicieux, empêché trois lundis de suite, n'avait
pas encore profité de l'invitation des Américains; il en
rageait; car plus qu'aucun autre, à bord, il aimait le
monde et la société féminine.

Depuis quelque temps, le noble vicomte semblait
triste et absorbé.

— On le croirait amoureux, me dit un jour Barrot.

— Bon, répondis-je, amoureux d'un des poneys de
l'équignot.

— Non, un idéal lui trotte en tête; il m'a plusieurs
fois questionné sur nos danseuses du *Monroë*; il a vu
miss Tillia au temple dernièrement, — j'en suis sûr au
portrait qu'il m'en a fait, — je crois qu'elle lui tient au
cœur.

— Bah! Mais elle est protestante! Et ses convictions?

— L'amour fait bon marché des opinions religieuses.

— Présentons-le alors; nous connaissons ces dames,
nous sommes invités à aller chez elles....

— Oui, par les deux filles; mais les parents, nous ne
les avons jamais vus.

— Les coutumes américaines ne s'opposent pas à
cette manière de procéder.

— Je dois justement aller aujourd'hui pour la première fois, chez les Simpson, en compagnie d'Harlès, afin d'assister à une partie de crocket, ce serait une bonne occasion pour présenter Kerpenic ; mais il est parti aussitôt après déjeuner, dans l'intention, m'a-t-il dit, d'aller faire une promenade à cheval, dans les environs de Yokohama.

Vers deux heures de l'après-midi, Harlès et Barrot partaient à la découverte du *yasiki* Simpson.

— Te souviens-tu au moins de l'adresse que nous a donnée Mlle Tillia ? dit Harlès à son compagnon.

— Attends un peu : *Kou-Djou-ni-ban*, je crois.

— Oui, en effet, n° 92 ; c'est parfait ; mais avec le système adopté dans ce diable de pays, où tout se fait à rebours, où les rues n'ont pas chacune une série particulière de numéros, autant vaudrait chercher un couteau de deux sous dans un champ de navets ; le plus court est de s'adresser au premier *Djin-ri'ki* venu.

— C'est parbleu vrai, je n'y pensais pas.

— Oh ! hé ! L'homme cheval ! Où se trouve le n° 92 de la ville de Yokohama ?

— *Ouakarimas.*

— Tu le sais, tant mieux ; parle donc et tâche d'être clair.

— Si les honorables *danna-san* veulent se donner la peine de monter dans ma petite voiture, répond sournoisement le beau garçon interpellé, je vais les conduire là où ils désirent aller.

— Bien dit ; ce *kourouma-hiki* est avisé ; son conseil est sage. Et si, au lieu de nous fier à nos connaissances topographiques, nous avions pris une *djin-riki-cha* au débarcadère, nous eussions économisé nos jambes et gagné du temps.

Aussitôt dit, aussitôt fait ; et voilà le bon Galilée et son ami Harlès, roulant côte à côte, à travers les chemins accidentés de la *Colline*.

Soixante-cinq secondes de cahots, et la voiture s'arrête en face du 92.

— Mon camarade, dit Harlès au facétieux traîneur, dont la mine épanouie manifestait la plus parfaite béatitude, mon camarade, tu me la paieras une autre fois ; je te reconnaîtrai, va, et si jamais je te trouve dans les environs du champ de tir, je te promets un tour à ma façon ; en attendant je te voue au mauvais *Renard* et te donne un quart de *bou*, pour ta légère peine.

Durant ce colloque, au coup de sonnette de Barrot, une soubrette japonaise est accourue, en trottinant sur ses planchettes.

— Mistress Simpson *arimaska ?*

— *Arimas.*

— Puisque ta maîtresse y est, veuille nous introduire, ô fille semblable à une fleur, *Anataka mous'mé ;* et annonce Jules *Harlès-san,* accompagné de son ami *Barrot-san,* tous deux également enseignes dans la marine de sa majesté (R. F.). Mais avant, dis-moi ton nom, mignonne ; je fais une étude sur les noms de femme japonais.

— *Kinou-gassa-san.*

— O délicieux ! Alors mademoiselle *parapluie de soie,* je vais t'embrasser sur ton joli petit cou, un peu peinturluré, mais gentil tout de même.

— Voyons, Barrot, de la tenue; nous sommes dans le monde; on nous regarde peut-être.

Les deux officiers, après avoir traversé un jardin sacrifié en partie au jeu de crocket, venaient d'entrer dans un petit salon du rez-de-chaussée. Cette pièce, meublée avec une simplicité biblique, ne manquait pourtant pas d'une élégance sobre et de bon goût. Les meubles étaient en simple bambou; quelques fauteuils et des chaises pareilles; sur le plancher, des nattes indigènes; au milieu, une grande table de marbre noir sans tapis, quelques livres de religion, une grosse bible reliée en maroquin rouge. Dans les coins, deux guéridons en laque, deux étagères; de rares bibelots japonais anciens, œuvres de bons faiseurs; à l'un des panneaux, un grand christ en bois noir, un prie-Dieu en chêne sculpté; et voilà tout.

Harlès et Barrot avaient eu le temps de faire trois fois l'inventaire du salon, quand la porte s'ouvrit.

Une femme de quarante à quarante-cinq ans, à l'air austère et maladif, apparut. En voyant des visiteurs inconnus, elle ne put réprimer un mouvement de surprise.

— Madame, dit Harlès, dans son meilleur anglais, nous avons eu l'honneur de voir mesdemoiselles vos filles, à bord du *Monroë* et nous avons jugé qu'il était convenable....

— Ah! mes filles, répondit l'Américaine, en excellent français; je vais les prévenir; mais je ne sais pas si Tillia est rentrée.... et elle disparut.

Bientôt, l'on entendit un gai frou-frou de jupes, un petit bruit de talons mutins; et miss Tillia fit

irruption au milieu d'un tourbillon de soie et de mousseline. La pimpante quakeresse tendant ses deux
mains aux jeunes officiers, leur dit, dans le plus pur
parisien : — Vous arrivez bien ; car je rentre à peine
d'une excursion où je me suis bien amusée, je vous
conterai cela plus tard. C'est gentil à vous de ne pas
avoir oublié votre promesse ; seulement vous vous
êtes fait un peu désirer ; depuis plusieurs jours je
vous attends. A propos, pendant que j'y pense, pourquoi avez-vous demandé ma mère, puisque vous ne la
connaissez pas ?

— Nous avions cru.....

— Oh ! si vous le désirez, je vous présenterai....

— Mon Dieu, mademoiselle.....

— Nous serions très honorés.....

— Très flattés.....

— Allons, avouez-le ; vous n'y tenez pas du tout.

Les Français ouvraient de grands yeux et ne savaient
au juste quelle contenance garder.

— Je comprends, continua miss Simpson ; j'oubliais
que vous êtes Français, et qu'en France on ne fait pas
de visite aux jeunes filles ; ici, messieurs, nous sommes
en Amérique.

— Pardon, au Japon, hasarda Barrot.

— Au Japon soit ; mais partout où flotte le drapeau
de l'Union, les citoyens de la libre Amérique peuvent
jouir des libertés sociales du grand peuple, affranchi
par Lafayette.

— Dieu! La belle phrase ! miss Tillia, s'écria
Harlès.

— C'est vrai ; ce n'est pas dans mes habitudes ;

aussi vous prierai-je de me pardonner. Avez-vous été en Amérique?

— Non, mademoiselle, dit Barrot, et je le regrette; car c'est un pays qui m'attire irrésistiblement.

— Mais nous irons probablement un jour dans cet incomparable pays, ajouta Harlès.

— En attendant, si vous ne nous connaissez que par ouï dire, vous devez avoir une triste idée de la femme américaine.

— Mais pas le moins du monde, au contraire....

— Voilà un *au contraire* qui, dans la bouche d'un Français, est presque une impertinence.

— Vous avouerez, répliqua Barrot, que c'est un peu vite préjuger de nos intentions; eh bien! puisque vous nous avez attaqués la première, permettez-moi de vous le dire, c'est à tort que vous vous défiez autant des Français; je connais les deux clichés adoptés, l'un sur votre continent, l'autre sur le nôtre : En France, on dit: les Américaines sont très légères ; la flirtation frise souvent l'inconvenance, mais ne l'atteint presque jamais. En Amérique, on affirme qu'avec les Français il est impossible de flirter, parce qu'ils n'ont aucune idée des convenances et que, dès qu'une jeune fille leur accorde certaines faveurs sans conséquence, ils se croient tout permis. Ces deux clichés sont aussi absurdes et aussi faux l'un que l'autre; je sais fort bien que la flirtation n'a rien d'inconvenant chez les gens bien élevés ; et je sais aussi que, malgré notre éducation toute différente de la vôtre, un jeune homme comme il faut ne se prévaudra jamais de rien, pour se croire permis de dépasser certaines limites que... qui...

Barrot s'embrouillait, ne sachant comment terminer. Tillia eut pitié de son embarras ; et, en véritable enfant terrible, lui coupa la parole :

— Bon, bon ; nous n'avons pas le temps de discuter ; une partie de crocket est projetée pour trois heures ; j'entends tinter la sonnette ; ce sont nos partenaires ; venez, je vais vous présenter.

Au moment où Tillia, entraînant ses nouveaux amis, arrivait sur la porte du jardin, une nuée de jupes, aux couleurs de l'arc-en-ciel, s'abattait sur les pelouses.

— Good morning, Tillia.

— Good morning, misses.

— How is your health ?

— Very well, very well.

Lorsque la jeune maîtresse de maison eut subi toutes les poignées de mains et passé par toutes les accolades de ses turbulentes petites camarades, elle se retourna vers les officiers français et, les indiquant du geste, elle dit, en s'adressant aux jeunes filles, avec un ton solennel et enjoué en même temps :

— Misses, je vous présente M. Aristide Barrot et M. Jules Harlès, officiers de marine français, deux de vos danseurs du *Monroë*.

« Messieurs, mes amies : Mary, Jane et Medjy Kearney ; Betzy et Sylvia Mac-Lear ; enfin Edwidge Bakins', que vous avez déjà eu le plaisir de voir, la semaine dernière, à bord de la frégate.

« Maintenant que la présentation officielle est faite, il s'agit de ne point perdre de temps ; tout est prêt pour le jeu. Mais où donc est Kettly ? »

Nous n'avions, en effet, pas encore vu la fille aînée

de Mᶜ Simpson; mais à peine sa sœur avait-elle prononcé son nom, qu'elle parut, tenant Ralph en laisse avec son mouchoir.

— Tiens, Tillia, dit-elle, maman te l'envoie; il est crotté comme un barbet; et elle ne peut s'en débarrasser.

Maitre Ralph était, effectivement, dans un état impossible à décrire; sa belle robe d'ébène disparaissait presque entièrement sous une couche de boue; il en avait jusqu'aux yeux.

Tillia partit d'un éclat de rire : — Comme te voilà fait, mon vieil ami, mon fidèle compagnon !

Ralph regardait sa maîtresse d'un air piteux.

— Tu rougis de ton accoutrement, continua miss Tillia; mais ce n'est point ta faute; et du reste, la poussière, dont tu es couvert, est une noble poussière: tu t'es si vaillamment comporté ! Quoi! On t'a mis à la porte! On t'a fait cet affront! Eh bien ! moi, je te récompenserai ce soir. Kettly, rends-lui sa liberté.

Ralph, débarrassé du mouchoir de Kettly, se secoua, en faisant sauter, à droite et à gauche, des morceaux de boue sèche attachés à sa robe soyeuse, s'élança vers sa maîtresse, qui s'esquiva prestement; puis, après avoir fait deux ou trois fois le tour de la pelouse, au triple galop, en aboyant joyeusement, reprit, toujours courant, le chemin du logis, où, avec cet entêtement propre aux chiens crottés, il retourna se coucher en rond sur les tapis de la chambre de Mᵐᵉ Simpson.

Cette scène avait beaucoup amusé la galerie; Tillia riait aux larmes. Kettly, plus sérieuse, regardait sa sœur d'un air de mère inquiète.—Enfin, nous diras-tu ce que tu as fait aujourd'hui? Sylphide est à peu près dans le même état que Ralph ; le *Fello*, en regardant sa chère jument, pousse des soupirs à renverser des peupliers ; depuis une heure, il frotte, il lave, il essuie, il étrille sa pensionnaire, sans pouvoir la rendre présentable. Au surplus, là n'est pas le vrai mal ; Sylphide et Ralph ne m'inquiètent que d'une façon secondaire ; mais toi, ma petite sœur chérie, à quelle fantaisie hippique t'es-tu livrée?

— Ma bonne Kettly, ceci est mon affaire ; je suis intacte, cela doit te suffire ; au lieu de me sermonner, prends plutôt une boule et un marteau et ne nous empê^he pas plus longtemps de commencer la partie.

« En place, mesdemoiselles ; en place, messieurs! »

La journée fut charmante, parait-il, car le soir, après dîner, Harlès et Barrot nous racontèrent, avec enthousiasme, qu'ils s'étaient *énormément* amusés.

Pendant que mes bons amis prenaient leurs ébats sur les verts gazons du Yasiki Simpson, en compagnie des misses les plus..... ravissantes de la colonie américaine, j'ayais fait quelques visites ; et, pour attendre l'heure de la rentrée du canot-major, j'étais allé dans une maison, dont la maîtresse, surnommée, non sans quelque raison, la Gazette de Yokohama, ne manquait jamais de me mettre au courant des petits cancans de la ville ; et, souvent même, me contait par le menu tout ce qui se passait à bord.

— Ah ! vous voilà ; j'en ai de *belles* à vous raconter, me dit-elle, sans préambule, dès qu'elle m'aperçut.

— Je suis tout oreilles.

Alors, la fine lame de me narrer un tas de jolies

petites horreurs, sur Mme X..., sur Mlle Y..., et sur M. Z...; l'amiral *un tel* était encore bien moins délicat; le commandant *tel autre*, en faisait bien plus...

Je ne riais pas; cela l'agaçait. Après avoir lâché une grosse calomnie sur une des personnes les plus respectables de Yokohama, elle rejeta la tête en arrière, se renversa sur le dossier de son fauteuil, en cambrant son torse empâté, et laissa échapper de son gosier enroué un rire en cascade, assez semblable au gloussement de la poule ou au *glouglouttement* du dindon. Elle semblait se pâmer d'aise. Quand son accès de grosse hilarité fut calmé, elle se redressa et me regarda étonnée.

J'étais impassible. Ce que voyant, elle secoua son échafaudage de chignons en cheveux chinois; et, pinçant ses lèvres charnues et crevassées, pour masquer une dentition en décadence, elle sembla attendre mon appréciation.

— A qui le tour, madame? lui dis-je froidement, en la fixant dans le blanc des yeux.

— Qu'entendez-vous par là?

— J'entends que vous avez une si agréable façon de déchirer votre prochain que c'est plaisir de vous écouter.

—Ah! vous ne me croyez pas! Eh bien! je vais vous apprendre quelque chose de bien plus fort, que vous serez forcé de croire, quelque chose qui se passe chez vous, que tout le monde sait, et que vous ne voyez pas; car vous autres hommes, quand vous avez des poutres qui vous crèvent les yeux, vous ne les voyez jamais.

— Quoi donc?

— Un de vos amis intimes est en train de faire une grosse sottise.

— Qui cela ?

— Vous commencez à vous intéresser à mes divagations.

— Vous êtes dure pour vous-même.

— Malgré votre impertinence à mon égard, je veux vous éclairer, car je m'intéresse à ce jeune homme.

— De qui s'agit-il !

— De M. de Kerpenic.

— Ah ! C'est Kerpenic qui est en jeu. Quel crime a-t-il commis, ce pauvre vicomte ?

— Le crime n'est peut-être pas encore perpétré ; mais il n'est que temps de le prévenir ; voici le fait : votre ami est amoureux.....

— De Mlle Tillia Simpson...

— Qui vous l'a dit ?

— Puisque tout le monde le sait.

— Je croyais être seule.....

— Ce n'est pas ce que vous m'affirmiez, tout à l'heure.

— Bon ; mais ce que vous ignorez, c'est qu'ils ont des rendez-vous dans la campagne, et que la péronnelle médite de se faire enlever, pour forcer ensuite le petit sot à l'épouser.

Je parus étonné. — Vous ne persiflez plus maintenant ; et si je vous disais qu'aujourd'hui même ils ont été vus, vos deux tourtereaux, chevauchant de compagnie sur la route du Mississipi ; qu'ils ont passé plus d'une heure en tête à tête dans l'une des *Icha-ya* de ce quartier : et qu'en rentrant en ville, la donzelle avait le teint allumé plus qu'il ne convient, et son amazone singulièrement chiffonnée ; me croiriez-vous ?

— Si vous me disiez cela, je vous demanderais la permission de vous répondre : madame, c'est une infamie et je ne vous crois pas.

— Très bien ; alors, brisons là ; qui vivra verra ; et pour vous apprendre à vous moquer de moi, je souhaite qu'on voie le plus de mal possible.

Sur ce mot, je me retirai et je rentrai à bord, exaspéré contre la vipère, dont le venin, pendant plus d'une heure, n'avait cessé de se déverser, devant moi, sur n'importe qui. Je pensais qu'à l'occasion je n'étais certainement pas plus épargné que les autres ; j'avais été, du reste, déjà mis en pièces plus d'une fois ; on avait débité sur mon compte plus d'une infamie, je le savais ; et je vouais intérieurement, à tous les diables, ces langues de serpent, qui passent leur existence à baver sur le genre humain.

Quelle plaie que la bavarde ! Quelle lèpre que ces misérables, dont le seul souci au monde est de paraître bien renseignées et qui, pour arriver à ce résultat, ne craignent pas de déshonorer une honnête femme ou de jeter une insinuation perfide sur la probité et la moralité d'un homme ! Quel est leur but ? La religion ? Ah ! baste la religion ! En ont-elles de la religion ? Pas l'ombre. L'envie de signaler le vice au mépris public ? Pas davantage. Elles sont d'ailleurs plus vicieuses que ceux ou celles dont elles salissent la réputation. On ne les croit pas, dira-t-on ; d'accord ; mais avec cette idée enracinée qu'il n'y a pas de fumée sans feu, on reste dans le doute : c'est assez, c'est trop ; d'ailleurs, la boue laisse toujours sa marque ; Basile le savait bien : Calomniez, calomniez, disait-il, il en reste toujours quelque chose.

Honte à ces vampires en jupon, indignes du nom de femme et surtout du nom de mère ! Honte à ces harpies, qu'on rencontre malheureusement dans tous les rangs de la société ! Puissent-elles payer par des larmes de sang le mal qu'elles ont fait aux autres ! Puissent-elles trouver un jour dans leur famille toutes les ignominies, dont elles ont accusé des innocents, à tort et à travers ! Œil pour œil, vertu pour vertu, honneur pour honneur ! Dieu est juste, il leur infligera la peine du talion.

CHAPITRE XII

Confidences. — Conséquences d'une course au clocher.

Je pensai d'abord à questionner Kerpenic et à lui raconter ce qui m'avait été rapporté sur son compte, pour le mettre en garde contre des entrainements peut-être dangereux et, dans tous les cas, afin de le prévenir des cancans qui pouvaient être de nature à compromettre inutilement une jeune fille ; puis, réflexion faite, je résolus de me taire, préférant attendre des confidences spontanées ; en matière d'amourettes, d'ailleurs, on le sait, les conseils sont absolument superflus.

L'hiver s'écoula joyeusement pour tout le monde, chacun se livrant à ses goûts particuliers, dans ce pays favorisé du ciel. Je ne redirai pas toutes nos promenades, toutes nos aventures, déjà racontées ailleurs. Kerpenic n'étant pas chasseur, ne possédant, au surplus, qu'une passion modérée pour les excursions, séjourna plus que les autres à la ville et, après avoir été enfin présenté à la famille Simpson, fut des plus assidus aux parties de crocket et à toutes les fêtes mondaines de la société *Yokohammane*. Il eut l'occasion de rencontrer souvent miss Tillia, et devint un des familiers de la maison de ses parents. Tillia, d'abord dédaigneuse et réservée, s'était laissée deviner par le jeune roué qui avait su découvrir, sous le masque d'indifférence enjouée dont se couvrait l'Américaine, une inclination dont elle avait grand'peine à se cacher et sur laquelle, malgré le laisser-aller des mœurs du nouveau monde, il était difficile de donner le change.

De ces rapports fréquents, presque journaliers, de cette flirtation qui rend les relations si agréables entre jeunes gens, naquit une affection plus profonde, plus sérieuse qu'ils ne l'avaient cru, tout d'abord, possible; leur amour n'était maintenant un mystère pour personne ; après avoir chuchoté, comme on le fait toujours en pareille occasion, on avait fini par se taire, en considérant, comme des fiancés, le brillant officier français et la ravissante quakeresse. Personne, à Yokohama, ne doutait que cela ne finit par un mariage, inévitable dénoûment d'une cour si assidue. Mais l'époque du départ approchait ; et il était facile de remarquer le brusque changement survenu dans le caractère de notre amoureux. La métamorphose morale s'opérait chez lui, de jour en jour, à vue d'œil.

Kerpenic, naguère encore si gai, si bruyant même parfois, devenait triste et mélancolique.

Un soir que nous étions restés tous deux seuls à bord, je vis qu'il cherchait à s'ouvrir de ses peines secrètes ; je me prêtai à sa fantaisie.

— Je ne pensais pas, me dit-il, en arriver où j'en suis, c'est-à-dire à considérer comme si redoutable le moment du départ.

— C'est donc bien sérieux, lui répondis-je, lui indiquant ainsi que je l'avais compris à demi-mot ; je n'avais jamais cru qu'à une innocente flirtation.....

— Je l'avais ainsi pensé moi-même dans le principe, mais on n'est pas maître de s'arrêter où l'on veut, une fois lancé sur cette pente.

— Alors que comptes-tu faire ?

— L'épouser.

— Mais elle est protestante ; ta mère n'y consentira jamais.

— C'est ce dont j'ai peur ; pourtant il le faudra bien. Quelle chose mystérieuse que la vie ! A celui qui m'eût dit : tu viendras chercher femme au Japon ; cette femme sera une Américaine, une protestante.....

— Qu'aurais-tu répondu ?

— Vous divaguez... Et cependant !! Enfin, c'était écrit. Il est des instants où l'on croirait presqu'au *fatum* des anciens, au fatalisme des musulmans. La femme, prétend-on, ne pardonne jamais le ridicule ; Dieu sait pourtant si j'ai fait la connaissance de Tillia dans des circonstances absurdes pour moi ; je devais être coulé. Mais elle ressemble si peu aux autres femmes ! Tu ne peux t'imaginer ce que recèle de trésors d'esprit, ce que cache de tendresse et de bonté, cette adorable créature.

— Où as-tu vu ta Marguerite, pour la première fois ?

— Au temple ; ce jour-là elle ne me remarqua pas.

— Que diable allais-tu faire au temple ?

— La chercher ; pure curiosité de ma part, on m'en

avait fait un tel portrait ! La seconde fois... mais c'est tout une histoire ; inutile de te fatiguer de mes anas.

— Au contraire, tu m'intéresses vivement.

— Eh bien ! tu connais ma passion pour le cheval, et, tu le sais, je suis un des plus fidèles clients de Péquignot qui, m'accordant quelques mérites dans l'art équestre, me confie volontiers ses meilleures montures. Une après-midi, pour faire le tour du Mississipi, j'avais enfourché Zéphire, le joli poney noir aux pieds blancs, que tu as monté une fois, m'a-t-on dit, et qui t'a même, paraît-il, assez mal traité.

— Bon ! C'est bien la peine de renouveler mes douleurs.

Kerpenic continua :

— J'allais au trot allongé de la charmante bête, faisant un tas de jolis rêves et aspirant à longs traits...

Ayant encore sur le cœur la remarque légèrement moqueuse de mon ami, je l'interrompis :

— Qu'est-ce que tu aspirais à longs traits ? lui dis-je.

— Les âpres senteurs des bois de pins : si tu ne m'avais pas malicieusement interrompu, tu l'aurais su plus tôt. Tout à coup, au sommet de la montée du champ de courses, à environ cent mètres en avant, une séduisante amazone, aussi poétiquement belle que l'Herminie immortalisée par le Tasse, m'apparut ; sa jupe entièrement noire, sur un cheval tout blanc, produisait l'effet le plus original. Le heurt violent de ces couleurs si tranchées formant une saisissante antithèse m'occasionna comme l'éblouissement d'une vision.

— C'est l'éternelle beauté de la loi des contrastes.

— Cette apparition, d'un pittoresque achevé, correspondait du reste à mes rêveries.

— Je ne te savais pas si rêveur, de ton naturel.

— La dame allait au pas de sa haquenée; elle semblait absorbée par la contemplation d'un objet invisible et sans doute imaginaire. Une idée bizarre s'empara de moi; poussé peut-être par le besoin ridicule de parader devant une femme, je pressai l'allure de Zéphire. Par une sorte de divination, apanage du sexe faible, l'inconnue, sans se retourner, s'était sentie suivie et avait compris ma pensée; son cheval, en même temps que le mien, avait pris le grand trot. Je lançai Zéphire au galop; une décharge électrique n'eût pas mis d'une façon plus mathématiquement simultanée les deux bêtes à l'unisson. Les distances ne se rapprochant pas, je lâchai la main; Zéphire partit bride abattue; en même temps le cheval blanc allongea le cou, baissa les oreilles et brûla la carrière.

« Nous allions renouveler, l'un et l'autre, la course fantastique du beau Pécopin.

« Nous dépassâmes ainsi les deux premières *tcha-ya* où l'on s'arrête d'habitude, pour laisser souffler ses bêtes et absorber le nombre réglementaire de petites tasses de thé.

« Les *mous' mé* et les promeneurs ébahis, sortis sur le pas des portes, regardaient passer ces deux tourbillons, en se demandant s'il s'agissait d'un *match*.

« Nous approchions de l'endroit où la route forme un coude et revient brusquement dans la direction de Yokohama. Je pensais bien rattraper, en cet endroit, ma fugitive inconnue, car il était impossible de tourner presque à angle droit, avec notre allure de course au clocher.

« Le cheval blanc filait toujours ; était-il emporté ? L'imprudente amazone était-elle encore maitresse de sa monture ? Ce doute me harcela bientôt comme un remords ; et, quand je les vis disparaitre, je ne pus réprimer un violent battement de cœur.

« A partir de la dernière *tcha-ya*, tu le sais, le chemin est encaissé entre deux murailles de terre taillées à pic. L'idée que j'allais trouver la malheureuse petite folle brisée au pied du remblai me serra la tête comme dans un étau et me fit perdre le sentiment de la réalité. Sans penser au danger, j'excitais Zéphire de la voix et de l'éperon. La muraille de terre grandissait à vue d'œil ; encore dix secondes, et j'allais, moi aussi, me broyer à mon tour contre cet obstacle.

« L'instinct de la conservation avertit sans doute Zéphire ; car, malgré mes protestations, il modéra de lui-même son élan et franchit, au petit trot, le point dangereux. L'amazone avait aussi passé sans encombre et m'avait bien gagné d'environ trente mètres.

« Le cheval blanc filait toujours ventre à terre, surexcité par les aboiements d'un gros chien noir, dont je n'avais pas encore remarqué la présence.

— C'était Ralph ?

— Oui. Allons, Zéphire, dis-je à mon intrépide coursier, un bon coup de collier, et ce soir, double picotin. L'intelligent animal, semblant comprendre mes paroles, volait plutôt qu'il ne courait ; je me sentais emporté dans l'espace comme sur l'aile d'un oiseau voyageur.

« Mais voilà qu'à un tournant, un peu en avant de l'amazone, apparaît une bande nombreuse : est-ce une procession à l'un des temples de la route ; une noce, un enterrement, ou simplement des écoliers et écolières en rupture de ban ? Il était difficile de déterminer la nature de la foule ; toujours est-il que la route semblait entièrement obstruée. Le cheval blanc, pensai-je, sera bien obligé de s'arrêter ou au moins d'enrayer un peu ; c'est le moment de le rattraper... et je pressai encore les flancs couverts d'écume de mon excellent poney.

« La bande était presque exclusivement composée de rieuses fillettes sortant d'une école voisine. Effrayées par le bruit de notre cavalcade, elles s'étaient précipitamment rangées sur leur droite, le long d'une haie de bambou. L'une d'elles, une *kimous' mé* de huit à dix ans, attardée et voulant rejoindre ses compagnes, ou simplement, peut-être, poussée par ce vertige qui attire les poules et les canards affolés sous les roues des voitures, s'élança, butta contre un caillou, s'empétra dans ses *guêta* et vint s'abattre, à plat ventre, à deux mètres des pieds du cheval de mon héroïne.

« La noble bête s'arrêta, frémissante, à quelques lignes de la maladroite enfant. Quant à moi, lancé comme une avalanche, je passai, semblable à une trombe, sur le côté de la route resté libre ; mais, malgré ma rapidité vertiginieuse, je n'en vis pas moins, du coin de l'œil, une ravissante statue.

« Butor ! me dis-je aussitôt, pourquoi n'avoir pas

salué? Il n'était plus temps. Tout en faisant, à part moi, cette réflexion peu flatteuse mais juste, je stimulais toujours Zéphire; un nouvel obstacle allait obstruer le passage; il fallait arriver avant lui; cet obstacle était une voiture à bras. Tu connais le sentier que l'on prend pour aller, de la route du Mississipi, à la mer, en traversant les rizières et les plantations de légumes; la voiture, poussée par deux vigoureux travailleurs, gagnait rapidement la voie battue; déjà elle avait quitté les champs et, entrant perpendiculairement sur le grand chemin, elle obstruait une bonne moitié du passage; j'arrivais précisément à la même seconde, il me restait juste la place nécessaire pour me faufiler en longeant la haie; j'en profitai. A cet instant, une masse noire et blanche bondit par-dessus la voiture et tomba, comme la foudre, à côté de moi, au beau milieu d'une flaque de boue, délayée par la pluie de la veille. Je fus éclaboussé, crotté jusqu'au nez. Zéphire terrifié s'arrêta net; et, tandis que j'essayais de démêler quelque chose au milieu de mon désastre, un éclat de rire moqueur, un de ces rires perlés, attribués aux fées ou aux farfadets, vint frapper mon oreille de sa mélodieuse ironie; il passa devant moi une ombre, et je restai, pendant quelques secondes, plongé dans une sorte de stupeur.

« Je venais de recevoir une leçon de politesse; et mon professeur, je l'avais reconnue, était miss Tillia Simpson.

« Quand j'arrivai, vingt minutes après mon aventure, dans la cour de l'équignot, celui-ci me regarda d'un air hébété : « Que diable vous est-il arrivé, M. le vicomte, me dit-il, auriez-vous rencontré le *Renard crotteur ?* »

« Vexé, je ne répondis rien. Je me fis brosser tant bien que mal, j'achetai le silence du garçon d'écurie en lui donnant un *rio* de pourboire et je m'attardai, sous mille prétextes, pour laisser à la nuit le temps de venir, afin qu'on s'aperçût le moins possible de mon singulier accoutrement à mon arrivée à bord, où je rentrai honteux et penaud, rappelant, par mon costume, le fameux Colletet de classique mémoire, qui s'en allait crotté jusqu'à l'échine.

« Lorsque je revis Tillia, après cette aventure, c'était à bord du *Monroë.* J'étais furieux contre moi-même, et confus d'avoir joué un rôle de jocrisse devant une femme ; j'hésitais à me faire présenter, quand Mr Davis, me prenant tout à coup par le bras, m'entraina et remplit cette formalité sans me laisser le temps de respirer.

« La jeune fille, voyant mon air embarrassé et devinant ma souffrance, eut, sans doute, pitié de moi, car me tendant sa main mignonne : « Pardonnez-moi, « monsieur, me dit-elle, mon espièglerie de l'autre « jour ; je suis une petite fille très gâtée, très capri- « cieuse, très mal élevée ; mais au moins j'ai le mérite « de savoir le reconnaitre et je ne crains pas de m'en « excuser. »

« Je ne sais quelle banalité je balbutiai pour réponse ; dans une pareille situation il est difficile de ne pas être un peu gauche et bête ; on fut indulgent et depuis ce jour... que te dirai-je ? Je suis féru. »

CHAPITRE XIII

Je dis à Kerpenic tout ce qu'on peut dire en semblable circonstance; je lui parlai du temps, qui dénoue toutes les difficultés; mais, manquant moi-même de conviction, je ne pus lui rendre la tranquillité.

Les choses en étaient là; le moment de la séparation avançait rapidement, quand un beau matin, c'était au commencement du printemps, alors que tout le monde, à bord de l'*Ailée*, faisait ses préparatifs de départ, une dépêche officielle arriva :

« Restez à Yokohama jusque vers la mi-août, disait « l'amiral au commandant; à cette époque vous rallie-« rez *Tche-foo*, où tous les navires de la division se « trouveront réunis, pour l'inspection générale. »

La nouvelle fut accueillie avec joie; la perspective d'aller en Chine, durant les fortes chaleurs et les pluies torrentielles du printemps et de l'été, ne souriait que médiocrement à la majorité. Du reste, les gens curieux de voir du pays pouvaient se consoler en se disant : partie remise n'est point perdue.

Le plus satisfait de tous fut naturellement M. le vicomte de Kerpenic; l'idylle ébauchée avec miss Tillia souriait, plus que de raison, à cet esprit chevaleresque. Qu'en résulterait-il? A vingt-cinq ans, pour peu que le cœur s'en mêle, on n'y songe guère. Et pourtant, un abime séparait les deux amants.

Bientôt, de la *Colline* au *Benten*, chacun sut que l'*Ailée*, contre toutes prévisions, avait encore de longs mois à rester à Yokohama; on s'en réjouit, car l'état-major du croiseur français avait noué les relations les plus cordiales dans la société européenne. Les marchands japonais, eux aussi, prirent part à la satisfaction générale, plusieurs japonisants du bord s'étant fait de bons amis dans ce petit monde si plein d'attrait.

Dès le soir même, on féta dans plusieurs maisons l'heureuse nouvelle, et partout l'on fit les plus beaux projets. Nous convinmes, Harlès et moi, avec nos amis de la *Montagne*, d'aller le plus loin possible, à *Nikko*, à *Hakoné*, au *Fouzi-Yama* peut-être. Au *Benten*, Barrot et Sylvain prenaient de nouveaux engagements, vis-à-vis de leurs professeurs de langue. Chez les Simpson, on arrangeait à l'avance, en les échelonnant, des parties de crocket, des promenades sur mer, des baignades, des excursions aux différents sites renommés des environs.

L'une des plus intéressantes parties de ce genre, tant par son propre charme que pour l'épisode qu'elle motiva, fut une visite à la *tcha-ya* de la *Belle Espagnole*. Cette tcha-ya est située à une lieue environ de Yokohama, sur la route du Tokaïdo; les Européens, liés par une sorte de reconnaissance internationale à sa propriétaire, la fréquentent beaucoup. Kerpenic avait fait cette course déjà bien des fois, soit seul à cheval, soit avec des camarades; mais, chose extraordinaire, jamais en compagnie des Simpson. Souvent on avait dit : « Il faudra aller voir la *Belle Espagnole* », et toujours une circonstance quelconque était venue se mettre inopinément en travers. Tillia y tenait pourtant, car elle avait son idée. Ce fut elle qui, certain soir, remit la proposition sur le tapis; et il fut décidé que, le lendemain, Kerpenic viendrait, avec un de ses amis, prendre ces dames à une heure de l'après-midi.

Est-il nécessaire de le dire ? La *Belle Espagnole* n'est pas du tout Espagnole; c'est tout simplement une Japonaise, ainsi surnommée à cause de la beauté de ses grands yeux noirs et langoureux. Tous les voyageurs en ont parlé; M. le comte de Beauvoir, en particulier, a fait un récit émouvant du drame dans lequel cette femme, alors très jeune et fort belle, s'est acquis à tout jamais la sympathie des Européens, en recueillant chez elle, au péril de ses jours, un Anglais, M. Richardson, blessé à mort par les hommes d'armes du farouche prince de Satzouma.

C'était en 1862 (1), à l'époque où les Européens étaient le plus en butte à la fureur des hommes à sabres, dont on a tant parlé. L'acte de cette femme eût été, par tout pays, très honorable; au Japon, il a été héroïque; car la Japonaise, par sa nature, par son

(1) Le 14 juillet, à 11 heures du matin.

éd cation est, plus que sa sœur d'Occident, vouée à l'obscurité du foyer et, la plupart du temps, entièrement effacée dans une pénombre d'indifférence et de nullité.

La femme, cet hiéroglyphe vivant tant étudié, tant et si mal traduit par d'innombrables commentateurs qui n'ont pu le déchiffrer encore, la femme offre au Japon un attrait tout particulier à l'analyse des observateurs. Ce n'est plus, depuis longtemps, la femme nature, la femme biblique sortie des mains de Jéhovah, pour allaiter le genre humain et servir le roi de la création; ce n'est déjà plus la jolie bête de luxe de l'Orient; mais ce n'est point encore la femme du monde chrétien, cette compagne respectée de l'homme, sa mère, sa sœur, son épouse, son amante; cette créature bénie ou maudite, adorée ou vilipendée qui est devenue le mobile de tous nos actes, bons ou mauvais; l'aimant qui nous attire, l'astre vivifiant ou malfaisant autour duquel gravite d'une façon plus ou moins inconsciente l'homme des pays occidentaux.

La civilisation japonaise, mélange d'exquises délicatesses et de brutalités inouïes, a fait à la femme une situation mal définie, ne ressemblant à rien de ce que l'on peut voir, soit en Europe, soit dans les vastes contrées soumises aux religions de Mahomet, de Brahma et de Bouddha.

La féodalité des *Taikoun*, en apportant dans les mœurs un raffinement *sui generis* qu'il serait, je crois, difficile de dépasser, a certainement modifié d'une façon heureuse l'état de la femme; mais il manquait à cette société guerrière, pétrie d'orgueil, le souffle de l'évangile, l'influence divine de cette loi toute d'amour et de charité qui, seule, dans les premiers siècles du christianisme, a pu placer la femme sur un pied d'égalité avec l'homme, en lui permettant d'épanouir ses qualités innées, ses vertus précieuses, en la laissant épancher au dehors les trésors de tendresse et de dévouement que la nature prévoyante avait placés dans son cœur de mère.

La femme, chez les fils du *Soleil levant*, est donc restée, vis-à-vis de l'homme, dans une position d'infériorité plus appréciable qu'en Europe où elle occupe la première place au foyer dont elle est, à la fois, la parure et l'honneur. On peut la prendre au berceau, et la suivre pas à pas dans ses diverses transformations : on la trouvera partout, à tous les degrés de l'échelle sociale, la même mignonne petite personne, point bruyante, point gênante ; généralement bien traitée, quelquefois même un peu gâtée ; toujours douce, rieuse, plutôt indifférente que résignée ; mère tendre à l'excès et épouse soumise ; mais elle ne sera pas susceptible, à de rares exceptions près, de ces grands mouvements du cœur qui ont fait les Jeanne d'Arc, les Jeanne Hachette et les Charlotte Corday.

La *Belle Espagnole* est une de ces exceptions, et c'est pour cela qu'elle est devenue célèbre et restera certainement légendaire.

Kerpenic m'avait prié de l'accompagner. A l'heure convenue, nous arrivions au *Yasiki* Simpson.

Un élégant panier à quatre places stationnait à la porte ; son fringant attelage piaffait d'impatience, en mains d'un *betto*. Ces dames attendaient sous la vérandah. Seules, les deux sœurs étaient en costume de ville; M⁰⁰ Simpson comme toujours, ne semblait pas disposée à sortir. Tillia battait, du bout de son ombrelle, la pointe de son pied chaussé de charmantes bottines en peau mordorée; nerveuse et agitée, elle coupa court aux politesses d'usage : — Allons, messieurs, présentez vos hommages à ma mère et partons; nous n'avons pas de temps à perdre, si nous voulons rentrer avant la nuit; voyons, Kettly, vite, vite, tu me feras mourir avec ta lenteur, tu n'es jamais prête.

La bonne Kettly se pressa sans mot dire, les deux femmes se placèrent dans le fond de la voiture et les officiers s'assirent vis-à-vis. Tillia s'empara des guides, passées dans un support au-dessus de la tête des jeunes gens, prit son fouet de l'autre main, fit un signe au *tello* qui se jeta prestement de côté; et les impatients poneys, maintenus par un poignet d'acier, partirent de cette allure insoumise qui fait le fond de leur caractère.

Une sorte de contrainte régnait dans notre quatuor si enjoué d'ordinaire. Que se passait-il d'insolite ? La bonne Kettly faisait, en vain, d'énormes frais de conversation; un nuage couvrait le front, toujours si rayonnant, de sa sœur. Kerpenic, par contre-coup, était morose. Quant à moi, je songeais et, levant de temps en temps les yeux sur l'excellente personne qui nous servait de chaperon, je cherchais à démêler quelque mystérieux secret sur sa douce physionomie.

Kettly Simpson, toujours belle, frisait pourtant la quarantaine; c'était déjà une vieille fille, mais une

vieille fille bienveillante et pleine de tolérance. On
pouvait parfois, dans l'intimité, lui dire des choses
un peu... *vertes*, sans l'offusquer; elle aimait la jeunesse et ne craignait pas de rire. On sentait en elle la
femme bien élevée dans toute la bonne acception du
mot; jamais une calomnie, rarement une légère malice,
une plaisanterie inoffensive tempérée toujours par un
correctif partant du cœur; pas de fiel, pas d'envie rétrospective. Riche, spirituelle, adulée pendant une
éblouissante jeunesse, elle eût pu trouver un beau
parti. Elle avait préféré coiffer sainte Catherine, bien
franchement, sans tricher; à la voir, cela se devinait;
on en eût mis sa main au feu. Mais pourquoi ce renon-
cement volontaire aux joies de l'hymen et de la mater-
nité? Mon Dieu, son histoire était bien simple, histoire de beaucoup de vieilles filles; le mot de l'énigme
était *dévouement*. Kettly n'avait jamais connu sa mère,
morte en lui donnant le jour. Son père, demeuré veuf
à vingt-deux ans, l'avait élevée avec une tendresse
infinie, une affection toute maternelle. Pour se mieux
consacrer à sa fille, M' Simpson avait juré sur son
berceau de ne pas se remarier. Pendant dix-huit ans,
ce père modèle tint parole; mais un jour, faisant
irruption dans le salon où se trouvait Kettly, il lui
avoua, le rouge au front, tout d'une haleine, que depuis deux ans, il s'était épris d'une jeune fille; que
vingt fois il avait voulu lui dévoiler ce secret et qu'enfin, il venait lui demander, à elle, sa fille bien-aimée,
de le relever de son serment.

Kettly se jeta dans les bras de son père; et quelques semaines plus tard, le mariage eut lieu. Moins

d'une année après, la jeune Mme Simpson donnait le jour à Mlle Tillia qui, comme sa sœur Kettly, faillit tuer sa mère; on crut la pauvre femme perdue. Mr Simpson, fou de douleur, mettant l'enfant entre les bras de sa fille, lui dit, avec un sanglot dans la voix : « Kettly, sois sa mère. »

Mme Simpson ne mourut pas; mais sa santé débile ne lui permettant guère de s'occuper du baby, Kettly la remplaça ; la grande sœur devint petite mère. Jamais on ne vit tendresse pareille d'un côté et semblable exigence de l'autre; plus le bébé était volontaire, plus la grande fille redoublait de complaisance. En grandissant, Tillia sut bien reconnaître tout ce qu'elle devait à sa sœur; un de ces amours immenses, plus tendre peut-être que l'amour filial, en résulta; Tillia aima cette sœur mère de toute la force de son ardente nature; mais, inconsciemment, elle resta jeune fille ce qu'elle avait été enfant : exigeante et volontaire avec la bonne Kettly; et Kettly trouvait cela parfaitement naturel.

Depuis l'invention de Ralph, l'excellent *loulou* servait bien un peu de dérivatif aux vivacités de sa jolie maîtresse; mais la plus grosse, la meilleure part fut toujours réservée à celle qui, depuis près de vingt ans, avait essuyé avec une sorte de joie, toutes les boutades du tyranneau rose et blanc.

Voilà pourquoi Kettly Simpson, au milieu de sa trente-neuvième année, était encore fille et ne songeait pas à cesser de l'être.

Le panier, emporté par l'élan fantasque des poneys de miss Tillia, filait en soulevant un nuage de poussière; il avait traversé, comme une flèche, la concession européenne et le *Benten ;* franchi le pont de la gare ; tourné court en longeant les palissades qui entourent les dépendances du chemin de fer ; sauté pardessus un second pont en dos d'âne, véritable cassecou pour les voitures, et courait sur le *Tokaïdo,* dans la direction de la *Icha-ya* de la *Belle Espagnole.*

Les efforts de Kettly pour dérider sa sœur étaient restés infructueux ; la conversation languissait de plus en plus ; depuis près d'une minute, — et dans ces occasions, les minutes sont des siècles — personne n'avait soufflé mot ; chacun semblait plongé dans une méditation hors de saison.

Le *Tokaïdo* étant, sur presque tout son parcours, plutôt une rue de village qu'une route, les poulets et les canards fuyaient devant l'équipage en battant des ailes et en poussant des cris d'effroi ; les enfants couraient effarés, les piétons nombreux en ces parages se rangeaient brusquement le long des maisons, en regardant passer ce tourbillon, d'un air ahuri ; le *betto* distancé apparaissait au loin faisant de vains efforts pour rattraper ses bêtes. Trois chevaux chaussés de paille, chargés d'énormes balles de soie, étaient arrêtés devant une *Icha-ya ;* la route semblait complètement obstruée ; Tillia, sans s'inquiéter de l'obstacle, excitait toujours ses poneys. — Tu vas nous verser, lui dit tout à coup Kettly, en posant une main sur les guides.

— Quel mal y aurait-il à cela? répondit laconiquement la jeune fille en repoussant la main de sa sœur.

— Il pourrait en résulter beaucoup de mal, insinuai-je.

— Ce n'est pas raisonnable, miss, appuya Kerpenic.

— Vous avez tous peur, avouez-le, dit en riant aux éclats l'écervelée, ô les braves marins! Allons, j'ai pitié de vous; et, avec une vigueur, dont on n'eût jamais cru capables ses poignets mignons, elle mit au pas son attelage.

Les chevaux chargés de soie ne se dérangeant pas, il fallut, pour passer, frôler les maisons et circuler à travers des étalages de légumes, de fruits et de mille autres objets hétéroclites, posés sans ordre devant les portes des marchands. Tillia réussit dans ces diverses opérations avec une adresse, une précision inouïes.

— Maintenant que le danger est passé, dit-elle, d'un ton légèrement ironique, à ses compagnons, me permettez-vous de courir un peu ? Nous sommes encore loin du but.

— Mais il me semble, au contraire, lui répondit sa sœur, que nous allons bientôt arriver au terme de notre promenade ; nous avons en effet dépassé le village de *Kanagawa;* et avant cinq minutes, nous serons chez la *Belle Espagnole.*

— Oui, reprit Tillia; mais nous irons d'abord à *Kawa-Saki;* nous ne nous arrêterons qu'au retour chez la *Belle Espagnole.*

— Soit, dit Kettly, comme tu voudras.

— À vos ordres, répondit Kerpenic en même temps que moi.

Tillia rendit la main à ses poneys qui repartirent d'une allure vive, mais plus raisonnable. Le *Fello,* ayant profité des quelques minutes de ralentissement, nous avait rejoints et trottait à dix mètres en avant, juste au milieu de la route; son vêtement noir, à larges manches flottantes, avec *mon* (1) dans le dos; son maillot collant également noir, lui donnaient l'aspect d'un énorme papillon voltigeant au ras de la terre.

Le *Tokaïdo*, dégagé de maisons pour un instant, avait sur la droite une échappée vers la mer; le golfe de Yeddo, aux eaux bleues moirées par la brise, venait s'échouer avec un gai clapotis, jusque près des roues de la voiture; à deux pas, trois grands hérons, une patte en l'air, semblaient plongés dans une profonde méditation sur les vicissitudes de la vie d'oiseau pêcheur, tandis qu'un peu plus loin, une bande d'oies sauvages, de canards et de sarcelles, hôtes habituels des fossés du *Shiro*, faisaient l'école buissonnière, en prenant joyeusement leurs ébats.

Le bruit de la voiture ne fit pas même tourner la tête aux philosophes emplumés; quant à la gent plongeuse, elle profita de l'occasion pour quitter bruyamment son domaine aquatique et venir s'abattre à côté des hérons qui, fort mécontents d'être ainsi troublés au milieu de leurs rêveries, cédèrent la place à leurs bavards collègues.

Un quart d'heure après, nous mettions pied à terre à *Kawa-saki*; et, laissant notre équipage à la garde du *bello*, nous prenions à droite, sous la direction de miss Tillia, un sentier à travers champs.

Au Japon, où il existe un grand nombre d'arbres et

---

(1) Le *mon* est un dessin qui représente les armes ou les initiales du propriétaire du *bello*.

d'arbustes à feuillage persistant, la campagne a toujours un air de fête. Mais à cette époque de l'année, en plein mois de mai, elle était plus verdoyante, plus parée que jamais. Nous circulions entre deux haies de camélias, de proportions gigantesques, couverts de fleurs, en nous enivrant des mille parfums qui s'exhalent des champs et des bois dans les journées printanières. Le chemin était étroit ; Kerpenic et Tillia marchaient devant, miss Kettly venait ensuite et je fermais la marche.

— Où votre sœur nous conduit-elle ? dis-je à Mlle Simpson.

— Nous allons au temple de *Daï-shi-Gnawara-Hei-zen-dji* ; voilà tout ce que je puis vous dire ; mais Tillia nourrit évidemment un projet dont je ne puis deviner le mystère.

Nous arrivions en ce moment dans les dépendances du temple ; de rares pèlerins marmottaient des patenôtres devant l'autel ; de temps en temps, la cloche, destinée à appeler l'attention de la divinité du lieu, faisait entendre un tintement mélancolique ; deux ou trois bonzes, au regard faux, rôdaient d'un air désœuvré autour du sanctuaire.

Tillia, après avoir jeté quelques pièces de monnaie dans le tronc béant où les fidèles déposent leurs offrandes, nous fit signe de la suivre. Non loin de là, à l'ombre d'arbres majestueux, d'un âge respectable, apparaît une toute petite chapelle, adossée à un rocher garni de mousse et enveloppé de plantes grimpantes ; ce petit coin, véritable chartreuse en miniature, respire le mystère de la poésie la plus champêtre ; le silence n'y est troublé que par le bruissement des branches secouées par la brise, et les jeux des écureuils, pensionnaires attitrés des grands pins.

Comme nous nous extasions : — Eh bien ! nous dit Tillia, regrettez-vous maintenant d'être venus ici ? N'êtes-vous pas bien payés de vos peines et de vos.... frayeurs ?

— Assurément, miss, lui répondis-je ; et d'ailleurs, le plaisir de nous trouver dans votre société.....

— Bon, bon, dit-elle, en m'interrompant, n'allez pas plus loin, je connais le reste....

Durant ce badinage, Kerpenic, ayant fait le tour du temple et du rocher, revenait, les mains pleines de petits papiers blancs et rouges.

— Qu'est-ce que c'est que cela ? dit-il, en s'adressant à moi.

— Dépêchez-vous de remettre ces papiers où vous les avez pris, se hâta de répondre miss Tillia ; vous venez de commettre, sans vous en douter, une profanation ; ce sont des *yen-moussoubi.*

Entendant prononcer ce mot pour la première fois, je demandai une explication.

— Comment, vous, monsieur le japonisant, vous ignorez ce que signifie *yen-moussoubi* ? Décomposons : *yen* (mariage), *moussoubai* (attacher), vous ne comprenez peut-être pas mieux ?

— Si, si, j'y suis : Attacher... le mariage... Eh bien, non, cela ne me dit rien du tout ; je sais que le mariage est une chaine... légère et charmante, quand elle lie à une femme aussi ravissante que vous, miss Tillia ;

mais je l'avoue, je n'ai pas aujourd'hui, parait-il, la compréhension facile, car je n'ai pas saisi.

Tillia montra ses dents de perle, laissa échapper un petit rire argentin en entendant mon compliment et. sachant que. de ma part, autant en emportait le vent. elle ne s'en émut pas davantage.

— Alors, écoutez-moi, dit, en lançant une œillade à Kerpenie, la folle enfant : ici, comme tous les gens malheureux de tous les pays du monde, les amants. contrariés dans leurs espérances d'union, ont la pieuse habitude de s'adresser au ciel afin d'obtenir la grâce de voir se réaliser leurs vœux. C'est d'ailleurs une des coutumes les plus poétiques du Japon: les jeunes gens se donnent rendez-vous à un sanctuaire quelconque et font en sorte de tromper, pour quelques heures, la surveillance de leurs parents. Certaines divinités, réputées au cœur tendre, sont plus particulièrement implorées dans ces sortes de cas; chacun sa spécialité, n'est-ce pas ? Les amoureux viennent. en secret trouver la Déesse, et la supplient de surmonter les difficultés qui s'opposent à l'accomplissement de leurs chers désirs. Sans nul doute, ils seront exaucés, — leur naïve et sainte confiance le mérite. — Mais la bonne Déesse est bien tourmentée, elle est en butte à tant de supplications du même genre ; qui sait si, au milieu de ses mille et une préoccupations, elle n'oubliera pas quelques-unes des requêtes ? Cette crainte est des plus logiques ; je me suis même demandé, parfois, comment font nos saints, à nous, pour retenir toutes nos prières, les classer suivant leur mérite, et venir ensuite les déposer toutes aux pieds de l'Éternel ; car Dieu sait s'ils reçoivent, chaque jour, une collection de placets, sans compter ceux qui leur sont adressés par les noctambules. Or, les amoureux japonais, gens essentiellement pratiques, ont eu comme moi et avant moi, sans doute, cette idée ; et, ne se fiant que médiocrement à la mémoire de leurs bienheureux, ils ont inventé un moyen pour ne pas être oubliés. Après avoir exposé le motif de leur visite et promis un cadeau proportionné à leurs moyens, ils inscrivent leurs noms côte à côte sur une bande de papier qu'ils attachent, bien en vue, dans un endroit où le saint a l'habitude de venir se promener; c'est une manière de se rappeler à son souvenir et, pour ainsi dire, de lui forcer la main. Ces papiers sont des *yen-moussouki*. C'est pourquoi j'ai engagé M. de Kerpenic à remettre en place ceux qu'il m'avait apportés. Toute pratique religieuse est respectable et nous aurions mauvaise grâce à nous moquer de celle-ci.

À la fin du récit de miss Tillia, Kerpenic ayant déchiré une page de son calepin, la présenta à la jeune fille, après y avoir griffonné quelque chose.

— Qu'avez-vous écrit là ? lui dit-elle.

— Mon nom en caractères japonais ; m'autorisez-vous, miss, à inscrire le vôtre à côté du mien, et à placer le petit papier sur le chemin de la bonne Déesse, dont l'ombre indulgente aime à venir errer dans ces parages ?

Tillia rougit imperceptiblement; puis, levant sur son interlocuteur ses yeux calmes, elle resta un instant sans répondre, comme pour chercher à bien comprendre le sens des paroles de son ami.

Kerpenic, sans doute étonné lui-même de ce qu'il avait osé dire, regardait à terre avec une sorte de confusion.

Kettly, un peu pâle, dissimulait mal son embarras : s'étant toujours considérée, non sans quelque raison, comme la mère de Tillia, elle sentait toute l'irrégularité de la démarche du jeune officier. Kerpenic venait, en somme, de faire une demande de mariage, sous une forme originale et plaisante, il est vrai ; mais en cette matière il n'est guère possible de plaisanter ; et sa situation vis-à-vis de Mlle Simpson le lui interdisait plus qu'à tout autre. Cette demande, je le compris immédiatement, était de sa part un engagement sérieux : avait-il agi de propos délibéré, ou sous l'empire d'un entraînement momentané et irréfléchi ? Ses précédentes confidences ne me laissaient guère de doute à cet égard ; je connaissais ses sentiments et le savais, en outre, en vrai Breton, entêté et inflexible dans sa détermination.

Un silence, un peu trop prolongé pour ne pas être gênant, avait suivi la question de Kerpenic. Tillia, toujours muette, regardait maintenant sa sœur d'un air suppliant ; je crus de mon devoir d'intervenir.

— Mademoiselle, dis-je à Kettly, c'est à vous de répondre.

Kerpenic me tendit la main et je sentis une larme tomber sur la mienne. Tillia se jeta dans les bras de sa sœur en sanglotant, et je vis le moment où l'attendrissement allait aussi me gagner. Mais Kettly ayant pressé sa sœur chérie sur son cœur, s'avança vers Kerpenic et lui prenant des mains la petite feuille de papier quadrillé de raies bleues : — Donnez-moi cela, dit-elle, c'est moi qui inscrirai son nom. Elle écrivit deux ou trois signes de *katakana*, puis fixant le *hen-moussoubi* au toit du petit temple avec une épingle à cheveux :—Que Dieu vous protège, mes enfants, ajouta-t-elle, avec onction, et nous pardonne notre enfantillage!

De cet instant, les rapports entre les amoureux ne furent plus les mêmes ; il y eut plus de retenue de part et d'autre ; au marivaudage et à la flirtation succéda un sentiment certainement plus tendre, mais aussi plus contenu, plus mystérieux, plus caché ; et bien des gens, ignorant ce qui s'était passé, purent croire à une rupture.

Avant de rentrer à Yokohama, ainsi que nous l'avions projeté, nous descendîmes chez la *Belle Espagnole.*

Au Japon, la femme vieillit vite ; aussi la jeune fille de 1862 est-elle, aujourd'hui, une matrone un peu mûre, aux cheveux grisonnants, à la taille replète, à la gorge luxuriante, n'ayant plus guère d'appréciable que les yeux; mais elle n'en reste pas moins pour tous, et cela pour jusqu'à la fin de ses jours, la *Belle Espagnole.*

Pendant que les *né-san* de la *tcha-ya* nous servaient un ambigu composé de thé, d'œufs durs, de *kaki*, de mandarines et de divers gâteaux en farine de riz, suivant mon habitude, je me livrai, à travers la maison, à la recherche de bibelots inédits, sachant, par expérience, que l'on pouvait, parfois, se procurer ainsi les choses les plus rares et les plus curieuses. A peine mon inspection commencée, j'avisai dans un coin, par terre, une pendule indigène en cuivre ouvragé, renfermée dans une boîte vitrée. Je n'avais jamais vu jusqu'alors que des pendules à cadran vertical, instruments des plus primitifs, produits de l'industrie portugaise au pays du *Soleil levant*. Pour la première fois, je rencontrais une pendule, de fabrication japonaise, à cadran rond. Je me baissai pour regarder cet objet, et obtins, non sans peine, de la maîtresse de céans, l'autorisation de le porter au jour, afin de le pouvoir mieux considérer.

Kettly était très au fait des usages japonais: je lui montrai la pendule et la priai de m'en expliquer la marche, en me donnant la signification des nombreux caractères gravés sur le cadran.

— Aujourd'hui, me dit l'aimable fille, les Japonais des villes ouvertes ont presque tous des pendules européennes; ils ont adopté la division du jour en vingt-quatre heures et se servent des mêmes termes que nous pour désigner les heures : ainsi, ils disent: *itchi-dji* « une heure », *itchi-dji-han* « une heure et demie »; *ni dji* « deux heures », etc. Mais autrefois, ils avaient une façon toute particulière de diviser le temps qui s'écoule entre deux levers du soleil : ils comptaient six heures de jour et six heures de nuit, chacune de leurs heures en valant deux des nôtres ; leurs demies correspondaient à nos heures impaires ; quant aux autres périodes de temps, nos minutes et nos secondes, ils n'avaient pas de mot pour les exprimer. Cette pendule-ci, d'origine portugaise, comme celles à cadran

1° La circonférence numérotée (1) formée par un trait plein entre deux traits pointillés, indique les heures et les demi-heures japonaises (ancien système).

2° La circonférence numérotée (3) indique la traduction, en chiffres arabes, des termes employés pour désigner les heures et demi-heures japonaises (ancien système).

3° La circonférence numérotée (5) formée par un simple trait pointillé, indique la concordance de nos heures avec les heures et les demi-heures japonaises (ancien système).

4° La circonférence numérotée (6) indique la concordance des heures japonaises (nouveau système) avec les heures et demi-heures japonaises (ancien système).

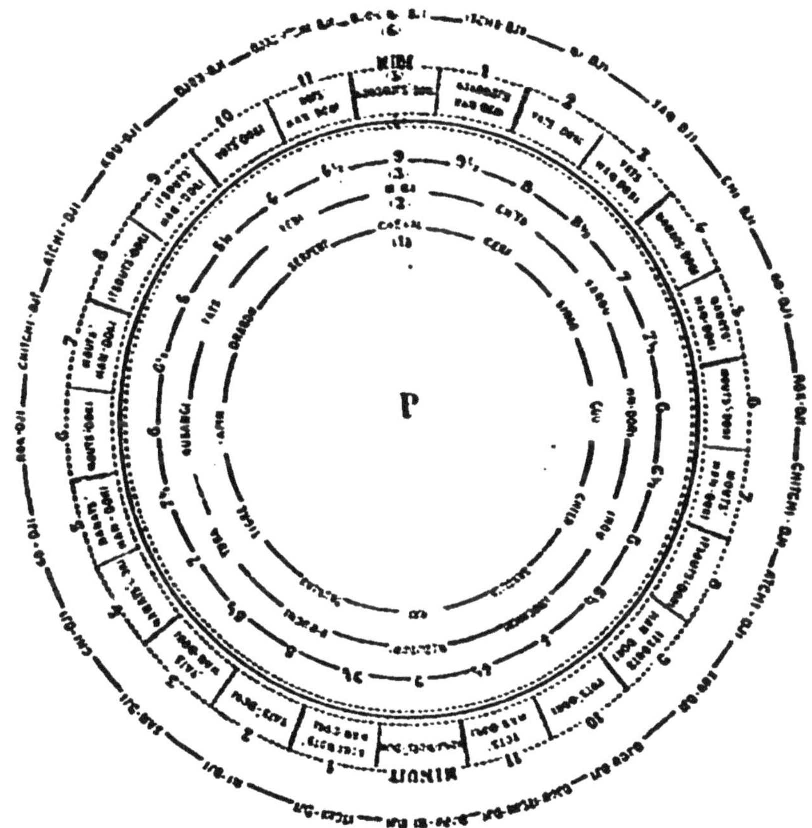

5° Chaque heure japonaise (ancien système) était appelée du nom d'un animal; la circonférence numérotée (2) indique les noms de ces animaux.

6° La circonférence numérotée (4) donne la traduction de ces noms d'animaux.

Nota Bene.

Il ne faut pas oublier que l'heure japonaise (ancien système) vaut deux de nos heures et deux des heures japonaises (nouveau système).

vertical, indique l'ancienne division du jour japonais (1).

« La sonnerie de ces pendules est toute différente de la sonnerie des nôtres : à la première heure du jour, qui correspond à notre midi, la pendule sonne neuf coups ; à la deuxième heure, qui représente deux heures de l'après-midi, la pendule sonne huit coups, et ainsi de suite jusqu'à la cinquième heure qui représente dix heures du soir, et pour laquelle la pendule sonne quatre coups. Les heures de nuit commencent à minuit et sont indiquées par les mêmes sonneries. Les demies sont indiquées alternativement par un ou deux coups : un coup, après une heure japonaise paire ; deux coups, après une heure japonaise impaire : ainsi, je vous ai dit qu'à la première heure du jour, — midi, — la pendule sonne neuf coups, c'est une heure impaire ; pour la première demie qui correspond à une heure de l'après-midi, la pendule sonne deux coups. A la deuxième heure du jour, — deux heures de l'après-midi, — la pendule sonne huit coups, c'est une heure paire ; pour la demie suivante qui correspond à trois heures de l'après-midi, la pendule sonne un coup.

« Est-ce clair, avez-vous bien compris ? »

— J'avoue, miss, répondis-je à mon aimable professeur, que votre explication est un peu aride ; mais elle est fort intéressante. Assurément je l'ai comprise ; quant à la retenir, c'est une autre affaire ; il est probable que j'aurai encore recours à votre obligeance ; en attendant je vais essayer de décider la propriétaire

(1) Voir et étudier la figure P pour comprendre la concordance des anciennes heures japonaises avec nos heures.

de ce bibelot à me le vendre. La *Belle Espagnole*, fort
acariâtre ce jour-là, je ne sais pour quel motif, ne
semblait pas disposée à céder à ma fantaisie; pour
vaincre sa répugnance à se séparer de sa pendule, je
lui fis les offres les plus avantageuses; elle tint bon.
Mais Kettly, voyant mon désappointement, vint à mon
aide et obtint, assez facilement et à ma grande joie,
pour cinq *rio*, l'objet dont j'avais, en vain, offert le
double, un instant avant.

CHAPITRE XIV

Les derniers mois de notre séjour au Japon s'écoulèrent avec une rapidité incroyable. Le 15 août arriva; c'était l'époque à laquelle nous devions rallier Tché-foo. Il fallut partir. Ce moment fut pénible pour tous. Les adieux de Kerpenic et de Tillia parurent pourtant très calmes : au revoir, se dirent-ils simplement. Le plus scrupuleux observateur n'eût pas pu saisir le moindre trouble, la plus petite marque de faiblesse, dans l'attitude des amants. C'est qu'ils avaient, tous deux, cette foi dans l'avenir qui rend légères les épreuves les plus cruelles; c'est qu'ils étaient doués de cette volonté de fer qui, sûre de vaincre et d'arriver quand même au but, allume et entretient dans ces âmes bien trempées le flambeau consolant de l'espérance.

La traversée de Yokohama à Tché-foo, agrémentée par les récits de l'ami Barrot, nous parut courte. Notre spirituel compagnon reprit ses conférences, en mettant à notre disposition, toujours avec la même bonhomie, ses connaissances sur le pays où nous étions destinés à passer encore de longs jours. Après avoir épuisé le chapitre des faits et gestes de la société occidentale dans l'Empire du Milieu ; après nous avoir maintes fois amusés par ses boutades pleines d'humour et ses fines observations de critique, un soir, il nous prouva que, s'il avait su prendre sur le vif la vie terre à terre des settlements, avec une sûreté de coup d'œil extraordinaire chez un homme aussi jeune, il avait poussé plus loin ses investigations et s'était appliqué à connaître aussi la vraie Chine et les vrais Chinois.

— Il serait banal, nous dit-il, de vous répéter que le Céleste-Empire est un pays en décadence ; vous l'avez lu cent fois, vous l'avez entendu raconter plus de fois encore. Mais cette décadence a un caractère particulier et saisissant pour quiconque veut y regarder de près.

« La plupart des sociétés occidentales qui, après avoir atteint une apogée de civilisation, de gloire et de prospérité, se sont amoindries peu à peu et ont fini, soit par disparaître, soit par n'être plus que l'ombre d'elles-mêmes, sont arrivées à ce dénouement en suivant une pente fatale et à la suite d'événements divers ; résultat nécessaire de l'instabilité des choses humaines. La Chine, par contre, se meurt, si je puis m'exprimer ainsi, de son immutabilité. Si certains peuples se sont usés par le mouvement, par une marche inconsidérée en avant amenant des révolutions successives, dont la conséquence a été de ne point laisser aux institutions nouvelles le temps de s'affermir en fonctionnant, le Chinois, lui, a usé ses institutions jusqu'à la corde. Il en est, en Chine, des choses morales comme des choses matérielles; tout, chez les Fils du Ciel, tombe en poussière, faute de réparation et d'amélioration. Si l'arrivée des Européens dans leur pays a ouvert des horizons nouveaux aux disciples de Confucius, si quelques-uns, profitant de nos connaissances, ont daigné s'instruire de notre science et s'enrichir, parfois, à nos dépens, ils forment une minorité infime et ne peuvent pas compter.

« Le Chinois veut se croire encore aux temps glorieux de son apogée; il vit, comme dans un rêve, au milieu d'une société frappée d'immobilité et comme pétrifiée depuis des siècles. C'est, permettez-moi l'expression un peu risquée, une momie vivante. On a eu beau lui construire des cuirassés, il conserve ses jonques; on lui fournit des fusils à percussion centrale, des canons se chargeant par la culasse, on lui démontre à chaque instant et avec une persévérance, un soin que je ne m'explique d'ailleurs pas, la supériorité de nos engins de guerre, de notre armement, de notre administration, de notre costume, de nos modes; il retourne à ses fusils à mèche, laisse rouiller la culasse de nos canons, courbe toujours le dos sous le bâton de ses mandarins pillards, conserve son habillement incommode et se ferait trancher la tête plutôt que de se laisser arracher un seul cheveu de sa queue nationale. En revanche, il coupe nos fils télégraphiques et démolit nos voies ferrées, sous prétexte d'*harmonies rompues* et d'ombres portées sur les tombeaux de ses ancêtres. En un mot, c'est un être *indécrottable*. Désire-t-il nous donner le change? Ou se trompe-t-il lui-même? On peut , je crois, répondre oui à ces deux questions : fermant les yeux au progrès , il veut lui paraître supérieur et joue consciencieusement au Chinois du temps jadis. Mais il n'est pas nécessaire de vivre longtemps en Chine pour démasquer ce peuple tombé en enfance et pour se rendre compte de son état sénile. Entre le *céleste* de nos jours et celui des siècles de Lao-tseu et de Confucius, il n'y a pas d'analogie réelle , la ressemblance n'est qu'à la surface.

« Si vous le désiriez, ajouta Barrot, je pourrais vous exposer brièvement la doctrine et les principes des deux grands philosophes dont je viens de prononcer les noms, mais ne voulant pas vous prendre en traître, je dois vous avertir , dès le début, que ce sujet ne sera peut-être guère amusant et je crains qu'il ne contienne une dose d'opium suffisante pour vous endormir profondément.

— Essaie toujours , dis-je à notre bon camarade, si la dose d'ennui est trop forte, nous saurons bien te le dire , en refusant d'avaler ta potion philosophique.

— Soit, puisque personne ne proteste, je commence; seulement, permettez- moi de prendre mes notes , car il est impossible de retenir des théories aussi abstraites que celles de ces honnêtes rêveurs; et puisque je vais vous faire un cours de philosophie chinoise, avant de vous parler de Lao-tseu et de Confucius, il me paraît nécessaire de vous dire un mot de leurs illustres devanciers, dont ils ont certainement étudié les écrits et médité les maximes, avant de formuler les leurs.

« Le plus ancien des philosophes chinois connus est

Fou-hi; il remonte à l'an 3000 avant Jésus-Christ. C'est l'inventeur des caractères, et on l'a toujours considéré comme le premier législateur de l'Empire. Il reste de lui le *Y-king*, ou livre des transformations. La conception philosophique du *Y-king* repose sur un principe binaire primordial, composé du ciel et de la terre.

« Le ciel y est considéré comme une puissance supérieure, intelligente et providentielle, dont dépend l'humanité, et d'où émane la récompense des bonnes actions, ainsi que la punition des mauvaises. C'est le ciel qui a donné l'origine à tous les êtres; et, par suite, il est le lien qui les embrasse tous.

« La terre est le second élément; elle contient les êtres et, par sa vertu, les réunit à un nombre illimité.

« Le ciel est le principe mâle ou actif; de lui découle tout ce qui revêt un caractère de supériorité, d'activité et de perfection, tel que le soleil, la lumière, la chaleur, le mouvement, la force.

« La terre est le principe *femelle* ou passif; elle engendre ce qui est inférieur, imparfait: la lune, les ténèbres, le froid, le repos, la faiblesse.

« L'idée d'un principe immatériel, distinct du corps, celle d'une vie au delà du tombeau, n'apparaissent pas encore dans le *Y-king*.

« Après Fou-hi, il faut citer Ki-tseu. Près de dix-huit cents ans séparent ces deux philosophes. Ki-tseu apparait douze siècles avant Jésus-Christ; son système est des plus vagues; il semble avoir également pour point de départ l'idée de deux principes: le ciel et l'homme;

puis, il pose neuf règles, neuf ensembles desquels dépend la félicité des peuples.

« Voici ces neuf règles; tachez d'y comprendre quelque chose; j'avoue humblement, pour mon compte, ne pas voir bien clairement ce qu'a voulu enseigner ce profond penseur :

« 1° Le premier de ces ensembles est composé de cinq éléments : le feu, l'eau, la terre, le bois et les métaux qui dépendent du ciel.

« 2° Le second comprend cinq facultés, agissant sur les cinq éléments précédents; ce sont l'attitude, le langage, la vue, l'ouïe et la pensée, lesquelles engendrent le respect, la science et la perfection. C'est par ces facultés que le ciel et l'homme s'unissent.

« 3° Nous passons au troisième ensemble; celui-là plus important, mais, en revanche encore plus ténébreux que les deux premiers, comprend sept règles de gouvernement que les hommes tiennent du ciel. Écoutez-moi ce pathos : la nourriture de tous; la richesse publique; les sacrifices; les cérémonies; l'établissement de quatre grands ministères : travaux publics, justice, instruction publique et guerre; enfin l'accueil des étrangers.

« 4° Le quatrième ensemble se compose de cinq choses périodiques, révélées à l'homme par le ciel : l'année, le soleil, les étoiles et les planètes, la lune et le calendrier.

« 5° La règle fondamentale de la conduite du souverain, qui est le pivot de neuf grandes catégories, dont je ne vous donnerai pas l'énumération, si vous le permettez.

« 6° Trois vertus : la vérité et la droiture, suffisant en temps de paix ; la sévérité pour les temps de troubles ; et l'indulgence envers ceux qui ont l'esprit élevé et le caractère généreux.

« 7° L'examen des cas douteux, ou consultation que l'homme fait de la volonté du ciel, par la formation et la dissipation de la vapeur ; par la couleur des écailles de tortue brûlées ; par les fissures isolées et les fissures croisées qui s'y manifestent ; enfin, par les pronostics de la mutabilité et de l'immutabilité.

« 8° L'observation des phénomènes célestes, en vue de trouver dans le ciel la cause des phénomènes qui se manifestent pour l'homme : la pluie, le vent, le chaud, le froid et les saisons. Les phénomènes heureux sont le signe d'une bonne conduite, de la justice et de la sagesse ; le vice produit, au contraire, des phénomènes fâcheux : la pluie, le vent, le froid, la chaleur d'une manière continue, et la sécheresse.

« 9° Enfin, le dernier ensemble comprend cinq félicités, et six calamités, dont le ciel fait suivre les œuvres de l'homme : d'un côté : longue vie, richesse, tranquillité, amour de la vertu, une fin heureuse ; et comme antithèse : vie courte, maladies, chagrins, pauvreté, méchanceté et oppression. »

« Depuis un instant, Sylvain regardait dans le vide, Gastinet dodelinait de la tête, en faisant de grands efforts pour se tenir éveillé ; Harlès jouait du tambour sur la table et, certainement, pensait à tout autre chose qu'aux rêveries du sieur Ki-tseu. Les autres se laissaient tous aller, plus ou moins, à une douce somnolence. Le récit commençait à produire les ravages prévus.

Barrot s'en aperçut. — J'avais annoncé d'avance, dit-il, l'effet de ma leçon de philosophie; mais, ma foi, pendant que je suis en train, tant que vous ne me direz pas: assez; je continuerai, sans m'émouvoir et sans broncher. Du reste, le plus ennuyeux est fait: les racontars de M. Lao-tseu sont de la poésie, à côté des élucubrations de son devancier. Passons donc à Lao-tseu.

— C'est cela, dit Sylvain, avec un ton de résignation comique: passons à Lao-tseu.

Chacun secoua la torpeur qui l'envahissait; et Barrot reprit:

—Donc, messieurs, le savant Lao-tseu est tout jeune à côté des précédents; il est né seulement 604 ans avant Jésus-Christ; son système a au moins le mérite d'être curieux: il définit trois abstractions, prévient lui-même que ces abstractions sont inabordables à la compréhension complète, et explique que, dans leur incompréhensibilité distincte, elles ne doivent former qu'un seul tout: c'est la figure de ce qui n'a pas de figure, l'image de ce qui n'a pas d'image; l'indéterminé, l'indistinct, l'illimité, l'immobile, l'impérissable, l'éternel, la cause première ou la raison suprême de tout, en un mot l'unité.

« Cela ressemble bien à Dieu.

« Le terme *Tao* qui désigne cette cause première (coïncidence extraordinaire), a de l'analogie avec le θεός des Grecs. Le mot *Tao* est un signe figuratif, composé de deux caractères, dont l'un indique la marche, l'autre le *commencement*; de telle sorte que ce terme *Tao* possède à la fois un sens propre et un sens figuré : le premier, représentant la grande voie de l'univers, dans laquelle circulent les êtres ; le second, la raison première de tout. Cette absence de terme spécial tient à ce que, tout nom étant la représentation d'un objet sensible ou d'une idée née d'un objet sensible, aucun nom ne pouvait être donné, par le philosophe chinois, à l'être primordial qu'il est impossible de représenter d'une façon absolue par rien de sensible et de tangible.

« Une autre particularité du système de Lao-tseu, dont vous tirerez telle conséquence qu'il vous plaira : *L'unité*, dit ce philosophe, par laquelle se définit la cause première, n'est point *une* par elle-même ; car elle comporte trois abstractions, la triade, sans laquelle elle ne constituerait pas la grande unité ; de même, la triade ne peut pas se concevoir, indépendamment de l'unité qui la résume ; aussi l'unité et la triade ne sont elles-mêmes que l'unité – triade, et la triade – unité ou *trinité*.

« L'école de Lao-tseu s'appelle la secte des *Tao-sse*, ou les sectateurs de *Tao*; elle admet jusqu'à dix-huit enfers. D'après cette école, l'homme émane de la raison suprême et en est une manifestation ; il ne doit donc vivre que dans la pensée de son retour à cette raison suprême, de son identification avec elle et de son absorption en elle (1).

____

(1) Certains commentateurs de Lao-tseu disent que l'individualité ne peut s'absorber dans le *Tao* puisque cette individualité ne périt pas en entier.

« Si l'homme s'écarte de cette pensée, si sa vie n'est pas conforme à ce but, il retarde son retour à cette raison suprême et, par là, s'expose à toutes sortes de calamités (1); il doit donc régler sa vie sur le principe de l'éternité et de l'immutabilité auxquelles il aspire; et, comme cette éternité, cette *unité* embrassent tous les êtres, il doit être juste pour eux et les comprendre dans une même affection (2). Cette justice est en effet l'attribut de la souveraineté et le fait participer à la nature divine, c'est-à-dire, l'identifie avec le *Tao*. Le corps peut alors se dissoudre; l'anéantissement n'est plus à craindre. Cela implique l'idée de la séparation de l'âme et du corps. Et, de même que Lao-tseu reconnaît deux natures à sa raison suprême : l'*être* et le *non-être;* c'est-à-dire la nature corporelle ou apparente, et la nature incorporelle ou divine; de même, il admet en l'homme deux principes : le principe matériel et le principe lumineux de l'intelligence, auquel le premier sert de véhicule.

« La doctrine de la direction de toutes les pensées, dans le but de l'absorption en la raison suprême, conduit logiquement Lao-tseu à s'identifier, le plus possible, avec les attributs de cette raison suprême, en

(1) Selon Lao-tseu, tous les êtres entrent dans la vie avec un mouvement continu, paraissant et disparaissant tour à tour, en revêtant successivement diverses formes extérieures, pour retourner enfin à leur principe, c'est-à-dire, pour rentrer dans le *Tao*. C'est le principe de la métempsycose qui, du reste, comme l'idée de trinité, était connu depuis longtemps dans l'Inde.

(2) Aimez votre prochain comme vous-même..... égalité, fraternité.

particulier avec l'incorporéité, puis l'immobilité; il en
vient ainsi à mettre sa félicité dans l'indifférence et
l'affranchissement absolu des passions; il est libre de
tout plaisir, de toute peine, de tout désir, et de
toute crainte. De là résultent, d'abord, les absurdes
excès de la vie monacale et des pratiques ascéti-
ques chez ses sectateurs; et, en second lieu, le dogme
de *non agir*.

« Des deux principes de l'homme, dit, en effet, Lao-
tseu, l'un porte au bien, par sa conformité avec l'incorporéité du *Tao;* l'autre, au mal, par son antago-
nisme avec la raison suprême; on doit donc combattre
ce dernier principe et, pour cela, fuir la vie active du
monde, prêcher d'exemple, pour convertir les autres
hommes, et faire le bien pour le bien.

« Ailleurs, le grand philosophe dit aussi : l'homme
saint fait son occupation de la non occupation; trouve
de la saveur dans ce qui n'a pas de saveur; considère
les petites choses comme les grandes, la pénurie
comme l'abondance; enfin, il récompense les injures
par des bienfaits (1).

« La politique de Lao-tseu est conforme à sa morale :
elle recommande le mépris des honneurs et des richesses, surtout aux princes qui doivent donner le bon
exemple au commun des mortels; elle prescrit l'éloignement du luxe qui démoralise et conseille de laisser
dans les ténèbres du non savoir, la majorité des hommes. Le désir ne naissant que de la science, les efforts
des savants ne doivent point tendre à éclairer le peu-

______

(1) Rendez le bien pour le mal.....

ple, mais à le maintenir dans l'ignorance, car les masses ne sont difficiles à gouverner que parce qu'elles savent trop.

« Comme vous le voyez, cette opinion qui, de nos jours, compte plus d'un partisan, n'est point une nouveauté.

« Dans le système de Lao-tseu, la vie est la condensation de l'esprit vital ; la mort en est la dispersion. L'un de ses disciples a émis cette pensée profonde :

« La vie est la suite de la mort ; la mort est le com-
« mencement de la vie. C'est une chaine non interrom-
« pue qui commence à *Tao*, et y retourne, après
« avoir subi les diverses incarnations corporelles. »

« En résumé, le système de Lao-tseu peut se présenter de la façon suivante :

I

Tao : raison primordiale, cause première, unité-trinité, de laquelle est sorti l'ensemble de l'*être* et du *non-être* indistincts qui a produit :

II

| 1° Le *non-être* ou incorporéité. | 2° L'*être* ou corporéité. |

Lesquels se sont traduits par :

III

| 1° La nature insaisissable et subtile (l'intelligence). | 2° La nature corporelle soumise au souffle vital. |

IV

Enfin pour dernier résultat, l'unité à laquelle tout retourne.

« Votre silence inaccoutumé, continua Barrot, en s'adressant à son auditoire, me prouvant d'une façon définitive que ce sujet n'a pas pour vous tout l'attrait désirable, je remettrai Confucius à une autre fois, à un moment où vous serez mieux disposés. Comme on semblait protester..... — Oh! soyez tranquilles, vous ne perdrez rien pour attendre, ajouta-t-il, je ne vous en ferai pas grâce; car je tiens à vous exposer le système du grand homme, dont le souvenir est si vivace chez ses compatriotes, et dont les doctrines forment, encore de nos jours, la base fondamentale de la religion officielle et de l'administration de l'Empire du Milieu. »

Plus d'un bâillement significatif, mal dissimulé, était venu prouver la justesse de l'observation de Barrot; mais, un peu par envie de s'instruire, beaucoup, peut-être, par esprit de contradiction, on voulut, sans plus tarder, connaître la suite; et l'orateur, vivement sollicité, reprit en ces termes:

— Puisque vous le voulez, je continue, mais je vais essayer d'être bref:

« Confucius (en chinois *Con-fou-tseu-teu*), administrateur et philosophe, est né 551 avant Jésus-Christ; sa doctrine est un matérialisme, basé sur l'existence de trois grandes puissances: le ciel, la terre et l'homme. Cette triade n'a rien de commun avec celle

de Lao-tseu; car ces trois puissances ne sont pas insé-
parables; elles ne se trouvent réunies que par l'appellation de leur ensemble: la nature. D'après Confucius,
le ciel n'est pas une conception abstraite, existant en
dehors du monde et tirant l'univers du néant; il n'est
donc pas l'équivalent du Dieu de la Genèse et du Dieu
du christianisme; c'est une des parties de la nature,
partie souveraine, dominatrice, d'où vient tout ce qu'il
y a de bon, de juste, de parfait dans l'organisme uni-
versel. Il en résulte que la nature n'est pas seulement,
comme nous l'entendons, l'ensemble de ce qui existe
matériellement; elle renferme, de plus, un principe
spirituel, d'où découlent la volonté et la justice.

« Le ciel est formé de deux principes subtils; l'un
mâle et l'autre femelle; le *yan* et le *yin*. Ces deux principes réunis, en s'alliant avec la terre, donnent naissance, d'une façon spirituelle, par mode de génération et
de transformation, à tous les êtres dont la forme corporelle se développe.... je ne sais au juste comment; je
vous avoue que je ne l'ai pas bien compris moi-même,
et, par suite, il me serait difficile de vous l'expliquer.

« Quoi qu'il en soit, le ciel, en accordant aux êtres
une essence spirituelle, leur confère un mandat et leur
assigne une voie à suivre, voie conforme aux cinq
vertus cardinales : *l'humanité, l'urbanité, la sincérité,
la justice et la prudence.* Cette essence spirituelle des
êtres est formée de la réunion de deux éléments subtils :
le *Houen* et le *Pé* (1) et constitue la nature rationnelle
de l'homme.

(1) Le *Houen* (esprit), principe mâle actif, et le *Pé* (cœur),

« Cette nature émanant du ciel, c'est-à-dire de la source de toutes les perfections, ne peut que le guider dans la voie du bien. De même que l'eau tend naturellement à couler de haut en bas et ne fait l'inverse, c'est-à-dire ne reflue vers sa source que si on lui oppose un obstacle ; de même la nature rationnelle est naturellement bonne ; et ce n'est que par la contrainte des passions qu'elle peut conduire l'homme au mal. Il faut donc combattre les passions, en les combattant, on en change le cours, on en modifie les effets. Il existe, par conséquent, une force distincte de la nature des passions, puisque cette force peut les modifier, c'est la volonté, le libre arbitre. La nature rationnelle se trouve ainsi composée de deux parties distinctes : la volition et la raison. C'est, par suite, sur la volonté que doit se concentrer toute l'attention, pour l'empêcher de jeter la perturbation dans la nature et dans les effets de la raison.

« De là découle toute une morale ou doctrine des devoirs, tendant au perfectionnement de soi-même et se résumant en ce principe : « *Agir envers les autres comme on voudrait qu'ils fissent envers vous-même.* »

« Confucius s'est particulièrement attaché à expliquer les textes des philosophes qui l'ont précédé ; il interprète ce proverbe de l'antiquité : « *on meurt ; mais on ne périt pas tout entier* », de la façon suivante : « *Le*

principe femelle passif. Le *Houen* pense, conçoit, imagine, juge, agit : le *Pé* éprouve des sensations de peine ou de plaisir. La séparation du *Houen* et du *Pé* n'entraîne pas nécessairement la mort. Le *Houen* peut se dégager, redevenir un esprit libre, tandis que le *Pé* reste avec le corps.

corps meurt, dit-il, *mais les écrits, les maximes, les sages instructions, le souvenir*, en un mot, *lui survivent.* » « Par la mort, ajoute-t-il, on monte et on descend; le principe spirituel, en retournant au ciel, *monte;* et le principe matériel, en revenant à la terre, *descend.* »

« De prime abord, on croit trouver de l'analogie entre le principe spirituel, dont parle Confucius, et ce que nous appelons l'âme, mais l'âme, d'après nos croyances, conserve éternellement son individualité, tandis que le principe spirituel de Confucius, une fois remonté au ciel, n'a pas d'existence distincte. La mort n'est pas le néant; mais avec la vie disparait l'individualité.

« Conséquence immédiate : tous les châtiments sont terrestres.

« Quant au dogme de l'immortalité de l'âme, il est remplacé par ce qu'on pourrait appeler : l'immortalité du principe dont émanent les âmes dans leur alliance terrestre avec les corps (1). »

Barrot s'arrêta et eut un moment d'hilarité, en voyant l'attitude endormie de ses camarades.

— J'en ai fini, leur dit-il, avec la religion et la phi-

---

(1) Le grand philosophe semble pourtant se contredire, car il admet une sorte de spiritisme. Or, le spiritisme entraine forcément à admettre l'individualité du principe spirituel et conduit nécessairement au dogme de l'immortalité de l'âme. On trouve en effet quelque part dans ses écrits, les idées suivantes : « Il faut que les hommes purifient leur cœur et « revêtent leurs habits de fête pour offrir des sacrifices à « leurs ancêtres qui sont partout au-dessus d'eux et les envi- « ronnent de toute part, sans se manifester sous une forme « corporelle. »

losophie de Confucius; et j'ai pitié de vous; je vous épargne sa politique. Je pense, ajouta-t-il, en soulignant d'un sourire son observation, que vous m'en saurez gré.

Cette conférence fut la dernière. Nous arrivâmes le surlendemain à Tché-foo; et, après l'inspection générale, qui dura un peu plus d'un mois, nous partîmes pour Shanghaï, où nous mouillâmes dans les premiers jours d'octobre.

CHAPITRE XV

Shanghaï. — Les courses.

Shanghaï est bien la ville du monde où l'on trouve l'hospitalité la plus franche et la plus cordiale. Loin d'attendre, comme en France, la visite des nouveaux débarqués, les gens du pays font toutes les avances; ce qui me paraît, du reste, beaucoup plus logique.

L'*Ailée* était signalée; aussi, à peine avions-nous pris notre poste dans la rivière, en face du consulat général de France et à côté du *Monroë*, arrivé de la veille, que déjà plusieurs de nos compatriotes se présentaient à bord, pour nous souhaiter la bienvenue et nous apporter des invitations.

Avec le mois d'octobre, commence l'interminable série des plaisirs : aux dîners succèdent les bals et des fêtes sans nombre : courses, chasses, représentations théâtrales; en un mot, tout ce qui constitue la vraie vie mondaine.

Nous ne pouvions choisir un moment plus opportun.

— Vous viendrez aux courses, nous dit-on; elles auront lieu dans huit jours; n'y manquez pas, vous y verrez la société shanghaïenne au grand complet, dans ses plus beaux atours.

On est surpris, dès l'abord, en entendant parler de
courses sous une latitude où les chevaux employés
d'ordinaire à ce genre d'exercice, s'acclimatent difici-
lement; mais ceux qui s'étonnent comptent sans l'in-
géniosité des Anglais, toujours extraordinaire, même
lorsqu'il s'agit de leurs plaisirs; amateurs forcenés de
tout ce qui tient au sport, ils ne voudraient, pour rien
au monde, renoncer à leur passion favorite; ne pouvant chasser le renard, ils ont inventé le *paper hunt*;
Barrot nous les a montrés lancés à fond de train sur
une piste de papier, s'escrimant à la poursuite d'un
animal supposé. N'ayant guère la possibilité d'entrainer
des pur-sangs, ils dressent des poneys chinois et
obtiennent, avec ces petites bêtes récalcitrantes, des
résultats surprenants.

Les courses sont de fondation dans tous les settlements de l'extrème Orient; deux fois par an, au printemps et à l'automne, à une date annoncée longtemps
à l'avance et impatiemment attendue, le *high-life* se
donne rendez-vous sur le turf. Les choses se passent
partout, aux Indes, en Chine, au Japon, à peu près de
la même manière; mais c'est à Shanghaï que la fête est
la plus brillante.

Le champ de courses est merveilleusement situé, dans
une plaine considérable, aux portes de la ville, à deux
pas du quartier des marchands. Le terrain, où se déroule actuellement la piste, autrefois vaste marécage,
est devenu, grâce aux travaux intelligents qui ont été
exécutés, un hippodrome remarquable. Au centre d'un
bâtiment spacieux, en forme de fer à cheval, affecté à
divers services, s'élève, faisant face à la ville, un coquet

pavillon surmonté de deux plates-formes superposées, du haut desquelles le spectateur peut juger des moindres incidents du *sleeple-chase*. L'étage inférieur de ce pavillon, largement ouvert sur la piste, est réservé aux dames. C'est là qu'on peut voir le plus charmant étalage de coquettes toilettes parisiennes apportées par la dernière malle; c'est là qu'il est donné de contempler tout ce que Shanghaï possède de jeunes et jolies femmes; — il ne manque généralement pas une fleur au bouquet; — et c'est là, aussi, qu'on assiste à cette comédie humaine, dont les scènes se jouent, parait-il, sur tous les points du globe, dès que deux femmes se trouvent en présence, vis-à-vis d'un homme.

Donc, le 15 octobre, il y avait des courses à Shanghaï. Un temps déjà froid, mais splendide, favorisait cette réjouissance. La foule était immense; le beau monde arrivait en voiture, les gens moins huppés en *djin-riki-cha*. Une nuée de Chinois en liesse assiégeaient les barrières, attendant, anxieux et impatients, le signal du premier départ.

La plupart des officiers de l'*Ailée* s'étaient empressés de répondre à l'aimable appel des membres de *recreation fund*; et tandis que les uns, attentifs auprès des dames dont ils ont déjà fait la connaissance, jouent avec entrain le rôle de cavalier servant; tandis que d'autres cherchent à prendre part à des poules et parient, à tout hasard, pour des chevaux qu'ils ne connaissent pas; quelques-uns, gens plus pratiques, ont découvert les buffets, où les invités commencent à venir se donner du ton.

Il n'est pas une heure; la première course n'a point

encore eu lieu, mais déjà plus d'un membre du Jockey shanghaïen, après avoir accordé de trop nombreuses marques d'affection à quelques fioles de moët, promène sa figure joviale et enluminée, en poussant des hurrahs prématurés. L'un de ces amants de la dive bouteille, lancé plus que de raison, parcourt les groupes et cause même quelque scandale. Enlevez-le! crie quelqu'un en français. Le mot a de l'écho; et bientôt, l'on voit passer l'honorable gentleman, porté par les pieds, par la tête, vers sa voiture, où de complaisants amis le déposent délicatement et où il s'endort du sommeil du juste.

Mais un mouvement se fait dans l'enceinte du pesage; le *starter*, vêtu de la casaque rouge traditionnelle, coiffé d'un tromblon gris, s'avance au milieu des membres du jury. Six chevaux sont en ligne; on a quelque peine à les faire placer: enfin, le *starter* donne le signal, en élevant un petit pavillon aux couleurs de la Reine; les six cavaliers partent comme des traits; une immense clameur retentit; la fête est commencée. À chaque arrivée, des hourrahs prolongés se font entendre; le gagnant est porté en triomphe par ses partisans; et, pendant que l'on règle les poules, pendant que les jockeys se préparent pour la course suivante, la musique du *Monroë* remplit l'intermède des plus beaux morceaux de son répertoire.

Harlès, favorisé par le sort aveugle, a gagné une poule dont le total s'élève à environ cent dollars: il a peine à en recueillir vingt-cinq, pour le moment: mais tout sera réglé, dit-on, dans la quinzaine; il suffit d'avoir un peu de patience.

A un deuxième signal, quatre nouveaux chevaux sont
entrés en lutte; au milieu du premier tour, un jockey
est désarçonné; on parle d'un accident; une jeune
femme est en proie à une attaque de nerfs; quelques
hommes se rendent, en courant, sur le lieu de la
chute; et au bout d'un quart d'heure, on voit arriver
le cavalier démonté, sain et sauf, et, malgré sa culbute,
tout prêt à recommencer. La jeune femme profite de ce
moment pour tomber définitivement en pâmoison; mais
ce n'est point grave; quelques gouttes d'eau fraiche
sur le visage et le trop heureux époux peut rassurer sa
trop sensible moitié, sur l'issue du saut périlleux qu'il
vient d'exécuter.

Un deuxième vainqueur est proclamé; pourtant, il
s'élève une contestation : *Pied de chacal* est arrivé premier d'une demi-longueur de tête sur *Saïda*; le fait est
patent et reconnu; mais il y aurait eu un faux départ;
c'est du moins l'opinion de ceux qui tiennent par *Saïda*.
Barrot, on ne sait au juste pourquoi, se prononce pour
cette dernière; on croirait qu'il a parié; point; pas
assez imprudent, l'ami Galilée, pour exposer ainsi, de
gaité de cœur, ses *monacos*; il discute bruyamment,
mais absolument sans intérêt, par pure habitude, pour
le simple plaisir de discuter; il invoque à haute voix
l'opinion de Kerpenic; mais celui-ci est bien trop
occupé pour lui répondre. Depuis son arrivée, le noble
vicomte s'est faufilé dans l'enceinte du pesage, où il a
retrouvé quelques connaissances; et, là, au milieu de
son élément, il cause posément, en connaisseur, et
serait presque honteux de se commettre avec son écervelé camarade.

Le jury, consulté sur la grave question, décide en faveur de *Pied de chacal*, à la grande fureur de Barrot.

— Combien perds-tu ? demandai-je, avec un ton d'intérêt assez bien joué, au brave Galilée.

— Moi ? Mais absolument rien.

— Alors pourquoi te démènes-tu ainsi ?

— Parce que,.... parce que.... tiens, au fait, pourquoi ? Ma foi, après tout, cela m'est bien égal.

Et le joyeux compère de rire largement, de ce rire qui fend la bouche d'une oreille à l'autre, de ce rire communicatif qui, chez certaines bonnes natures, fait tant de plaisir à voir et à entendre.

Les courses se succèdent ; Harlès reperd une bonne partie de ce qu'il a gagné. Des paris monstres se font chez les Anglais ; les bouchons de champagne sautent; la musique joue avec frénésie; et la foule glapissante, la foule turbulente des Chinois couvre cet ensemble d'un grandiose bourdonnement.

Enfin l'on arrive à l'entr'acte ; il est trois heures ; c'est le moment du *tiffin*. Chacun offre son bras à une dame et la conduit à table. Les commissaires de la fête s'empressent, font les honneurs d'une façon charmante ; et la gaieté la plus franche et du meilleur ton ne tarde pas à éclater dans cette curieuse société où toutes les nationalités se frôlent, s'entremêlent, s'entre-choquent, avec une urbanité surprenante.

Après le *tiffin*, les courses reprennent de plus belle; puis, vers cinq heures, commence un *steeple-chase*

plein de péripéties imprévues et, à la nuit tombante,
le nom du dernier vainqueur, proclamé au milieu d'applaudissements vingt fois répétés, est couvert par le
hourrah formidable d'une tourbe en délire.

CHAPITRE XVI

Shanghaï (*suite*). — Une partie de chasse dans le canal
impérial.

Les courses furent le signal de plaisirs de toutes
sortes, dont les officiers de l'*Ailée* avaient pris
leur bonne part; mais au grand regret de quelques-
uns, l'occasion ne s'était point encore présentée pour
eux d'essayer leur adresse sur ces beaux faisans tant
vantés, ces bécasses, ces lièvres; sur ces chevreuils
sans nombre qui font de la Chine une vaste basse-
cour, où le chasseur le plus insatiable peut arriver à
satisfaire sa passion.

A partir du mois de septembre et surtout durant les
froids secs de l'hiver, la chasse, en Chine, est une
des distractions les plus recherchées des Européens,
mais aussi l'une des plus dispendieuses.

Dans l'empire des Fils du Ciel, tout aussi bien qu'au
beau pays de France, ne chasse pas qui veut; si le
permis n'est point encore nécessaire comme partout,
comme au Japon même, où il est devenu de rigueur
depuis 1876 et où il se paie un prix exorbitant, les
accessoires indispensables sont tellement coûteux que,
seuls, les négociants riches et installés pour longtemps dans le pays peuvent s'en donner le luxe.

Les environs des villes habitées par les *chiens*

d'Occident, par les *Barbares*, autrefois très giboyeux, sont aujourd'hui aussi dénués de faisans ou autres volatiles, que la plaine Saint-Denis est veuve de lapins. Pour trouver *plume et poil*, il faut aller loin dans l'intérieur. Or comme les routes sont rares et généralement impraticables, il est impossible de voyager autrement que par voie d'eau. Le seul mode de transport usité en pareille circonstance est donc le bateau dit *de chasse*. Ce véhicule inventé par les Anglais, les maitres du monde en matière de confortable, mérite une description détaillée.

Le bateau de chasse est une longue barque plate surmontée, dans sa partie centrale, d'une sorte de château divisé en trois compartiments ; l'un, destiné au logement de l'équipage et à la cuisine, est pris sur l'arrière ; la section du milieu sert de chambre à coucher au propriétaire et contient ordinairement deux couchettes. La salle à manger est sur l'avant, de façon à permettre aux passagers de jouir du paysage et des incidents de la navigation, tout en se livrant aux plaisirs de la table.

On trouve quelques bateaux de louage ; ceux-là sont assez rudimentaires et l'on y est, la plupart du temps, aussi mal que possible ; mais ceux qui appartiennent à des particuliers sont aménagés avec un grand luxe : fourrures épaisses et chaudes, tapis moelleux, riches tentures, rien n'y manque. La vaisselle est en rapport avec l'ameublement et les caissons regorgent des crus les plus recherchés.

L'équipage se compose d'un nombreux personnel à longues queues : nageurs, traineurs, porteurs, cuisiniers, domestiques divers. Tout ce monde ne tient pas de place à bord; le jour, ceux qui ne sont pas nécessaires à la surveillance des fourneaux de la cuisine, accompagnent les chasseurs et portent le gibier. Le soir venu, tandis que deux bateliers seulement, traînent, à tour de rôle, la barque à la cordelle ou la poussent du fond au moyen de longues perches, le reste s'empile dans la chambre de l'arrière et trouve moyen de se tasser commodément, autour d'un poêle chauffé au rouge, exactement comme des sardines dans une boîte de fer-blanc.

Une chasse s'organise ordinairement en nombreuse société. Contrairement à ce qui se passe en France, où une foule d'*impedimenta*, tous plus ou moins de convention, nous privent trop souvent de la présence du beau sexe, l'élément féminin, aux trois quarts affranchi des préjugés européens, loin d'être exclu de la fête, en est le plus bel ornement et le principal attrait. On fixe un rendez-vous, à une distance quelconque de la ville, à un point bien déterminé; puis, le soir, on part séparément. Chacun s'en va dans son bateau, seul ou accompagné, le plus souvent, d'un invité, d'un ami; et au petit jour, l'escadrille se trouve réunie dans les mêmes eaux. On stoppe, on mouille; l'une des barques hisse au haut de son mât une vergue en pantenne surmontée d'un énorme pavillon; c'est le signal de ralliement qui, grâce à la platitude du pays, pourra être aperçu des chasseurs, durant toutes leurs pérégrinations et les empêchera de s'égarer au milieu des méandres sournoisement enchevêtrés des cours d'eau et des canaux.

' Déjà les impatients, guêtrés jusqu'au ventre, le fusil sur l'épaule, sortent de leurs cabines et observent le terrain; la narine dilatée, l'œil humide de plaisir, le cœur bondissant, ils veulent vainement conserver un air calme. Moins dissimulés, les chiens, ces braves animaux, les deux pattes sur le plat-bord, attendent en jappant le moment favorable pour s'élancer à terre; les plus pressés manquent leur coup et font, à la grande joie de leurs confrères, un superbe plongeon.

A peine les barques sont-elles accostées, on saute sur le chemin de halage: on se reconnaît, on se questionne sur les incidents de la nuit; les présentations sont faites, s'il y a lieu, entre les invités des divers bateaux; mais l'ardeur chasseresse l'emporte sur le formalisme ordinaire et, bientôt, l'armée dispersée dans la plaine, disparaît au milieu des hautes herbes et derrière les haies de bambou.

Vers midi, après avoir exterminé le plus possible d'innocentes créatures, les élégants gentlemen, rompus et affamés, rallient leur *house-boat*, déposent leurs victimes entre les mains des cuisiniers et font une toilette minutieuse (1) en attendant le *tiffin*.

Ce genre de partie de plaisir est toujours prétexte à repas nombreux et délicats. D'habitude, un des hommes mariés de la bande se constitue volontairement ou est nommé d'office *Amiral*. Son bateau est

(1) On raconte à Shanghaï que, dans certaines parties de chasse, les gentlemen en quittant la veste de velours à côtes et à boutons de métal, endossent l'habit noir pour se mettre à table.

alors transformé en restaurant ; et sa femme, promue à la haute dignité de maitre d'hôtel en chef, préside, avec la meilleure grâce du monde, aux agapes pantagruéliques des joyeux compagnons.

Tout à coup, une cloche mise en branle à bord de l'*Amiral*, vient, de sa voix argentine, faire les plus douces confidences aux estomacs creusés par la marche et par le grand air ; c'est l'appel au déjeuner. Les bateaux prêts à appareiller s'accostent mutuellement ; l'hôtel flottant est pris à l'abordage ; et bientôt, tandis que le champagne envoie bruyamment au plafond ses inoffensifs projectiles, tandis que le bourgogne émoustille les cerveaux les plus calmes, la petite flotte fait voile vers de nouveaux rivages. Lorsque les toasts ne se sont pas succédé trop nombreux, vers deux heures et demie on repart et on chasse encore jusqu'à la nuit ; on se remet ensuite à table à sept heures et demie ; puis, le lendemain, on recommence ; et ainsi de suite pendant huit, dix et quelquefois quinze jours.

Depuis longtemps, Harlès et moi, nous méditions de faire une excursion cynégétique dans le canal Impérial, dont les bords sont encore très giboyeux. La difficulté n'était pas d'obtenir une permission de quelques jours et de se procurer un bateau de louage, mais bien de monter une partie complète, et de s'assurer le concours d'un des Nemrods du pays.

L'automne s'avançait ; aux beaux jours de novembre allaient succéder les neiges avec les grands froids de décembre ; et l'occasion favorable ne s'était pas encore présentée.

S'aventurer seuls, munis de renseignements incomplets, au milieu d'un pays inconnu, eût été sinon une folie, du moins une imprudence. Nous avions donc presque renoncé à nos chers projets, quand, un soir, tout s'arrangea comme par enchantement.

Le Comptoir d'escompte était, à cette époque, deux fois par semaine, le rendez-vous du *high-life* shanghaïen. Le jeune directeur de la puissante banque française, grâce à son tact exquis et à sa parfaite éducation, avait résolu le problème insoluble pour d'autres occupant des positions plus officielles, de réunir chez lui et de maintenir dans les termes de la plus parfaite courtoisie, les membres des trois concessions européennes. A l'exception de l'Allemagne, patriotiquement tenue à l'écart, toutes les nationalités fraternisaient souvent à sa table quasi princière. On aimait à se réunir dans cette maison neutre, où l'on était sûr de recevoir l'hospitalité la plus charmante et la plus large. Là chacun était heureux de retrouver les jouissances de la vie mondaine et de se donner, pour quelques heures, l'illusion d'une soirée d'Europe.

Les femmes mêmes, par une exception toute spéciale faite en faveur de l'aimable amphitryon, mettant de côté le *qu'en dira-t-on*, ne craignaient pas de se compromettre en paraissant chez un célibataire. Aussi était-on bien certain de rencontrer, les jours de réception au Comptoir d'escompte, tout un essaim tourbillonnant et babillard de blondes ladies, de brunes quakeresses et de Françaises piquantes.

Ce soir-là, société brillante et choisie s'ébattait dans les vastes salons du splendide hôtel; le clan des femmes, renforcé de quelques nouvelles débarquées, n'avait jamais été si imposant.

L'état-major de l'*Ailée*, toujours très assidu aux lundis et vendredis du Comptoir, n'eût pas manqué, pour plusieurs coups de canon, cette soirée à laquelle, contrairement à la coutume, on avait été convié par une carte d'invitation en règle. Harlès, fort empressé auprès des femmes, disparaissait déjà au milieu d'un nuage bariolé de jupes aux couleurs de l'arc-en-ciel; H..., un des Français les mieux posés de la colonie, l'arrêta par le bras, au moment où il se précipitait à la suite d'une traîne de mousseline blanche, agrémentée de petits nœuds roses fort agaçants.

— Faites attention, lui dit-il, vous allez vous casser le cou. Puis, l'entraînant en dehors du flux des robes à queues; — Venez, ajouta-t-il, j'ai à vous faire une communication; mais auparavant, trouvez-moi vos camarades, le commissaire et le docteur.

J'étais à côté d'Harlès. — Présent! répondis-je; si vous désirez voir Verdier, je sais où il est, venez avec moi.

Le docteur, en compagnie de deux ou trois de ses collègues, fumait son cigare au balcon. Nous l'eûmes bientôt rejoint.

— De quoi s'agit-il? dit Harlès à H...

— D'une partie de chasse; êtes-vous disposés?

— Si nous sommes disposés!

— Eh bien, préparez-vous; c'est aujourd'hui jeudi; nous partons dimanche dans la journée, de façon à arriver, dès lundi matin, sur le terrain de chasse. Comptez sur dix jours d'absence. J'emmène un camarade dans mon bateau. V... sera des nôtres; en sa qualité d'homme marié, il se charge des fonctions d'*Amiral*, c'est-à-dire de chef de gamelle. La charmante Mme V... veut bien accompagner son mari. Quant à vous, messieurs de l'*Ailée*, arrangez-vous pour louer un *house-boat*, car ni V... ni moi ne pouvons vous donner d'autre hospitalité que celle de la table.

Nous acceptâmes avec enthousiasme l'invitation de notre aimable compatriote, et nous nous donnâmes rendez-vous pour le lendemain, dans l'après-midi, chez M. V..., où nous devions arrêter définitivement nos faits et gestes.

Au moment où nous nous séparions, le docteur jeta une douche glacée sur notre joie. — Vous avez une permission? nous dit-il.

Comme deux étourneaux, nous avions oublié l'essentiel.

— Non, répondit Harlès.

— Alors, il n'y a rien de fait. Le commandant voudra-t-il laisser partir ensemble trois officiers de son bord?

— Nous avons chacun des fonctions distinctes; vous, docteur, votre aide-médecin peut vous remplacer; la présence du commissaire n'est pas indispensable pendant une semaine; quant à moi, l'un de mes collègues fera volontiers mon service, j'en suis certain; c'est à charge de revanche.

— Si vous êtes aussi sûr de la réussite, reprit

Verdier, je vous engage à ne pas attendre à demain pour faire votre demande.

— Mais, mon cher Verdier, vous êtes notre ancien ; comme tel, c'est à vous de porter la parole ; le commandant est à une table de whist ; profitez du moment où il se lèvera pour lui présenter notre requête ; soyez éloquent ; nous serons derrière vous, pour venir, s'il le faut, à la rescousse.

Verdier s'exécuta de bonne grâce ; et le commandant, venant de gagner un rob, circonstance des plus heureuses pour nous, ne fit aucune difficulté pour accéder à nos désirs, à la condition, toutefois, que nos services respectifs fussent assurés et ne souffrissent point de notre absence.

Le lendemain, avant l'aube, Harlès entrait dans ma chambre.

— Comme tu es matinal !

— Tu en parles à ton aise, j'ai fait le quart de minuit à quatre ; je vais me coucher : mais je voulais te recommander de te mettre en quête d'un bateau de chasse avant le déjeuner.

Vers sept heures et demie, en effet, je pris le chemin de la concession américaine où se trouvent la plupart des *house-boats* de louage : et, après en avoir visité cinq ou six, après avoir discuté longuement avec les Chinois détenteurs de ces bateaux, j'arrêtai l'un des plus grands et des mieux installés, au prix de trois dollars par jour.

Dans l'après-midi, le départ fut définitivement fixé au dimanche soir, et l'on convint de s'attendre à environ un mille de Shanghaï pour naviguer de con-

serve pendant la nuit et se trouver réunis, le lendemain, au point du jour.

Le samedi, un peu après le coucher du soleil, le bateau
que j'avais frété la veille vint accoster l'*Ailée*, avec le
fracas sans lequel les Chinois ne savent rien faire.

— Si nous voulons être prêts à l'heure, demain, dit
Harlès, nous agirons sagement en nous installant sans
plus tarder et même en couchant ce soir à bord de
notre *house-boat*; car nous sommes obligés d'y faire
transporter nos fournitures de lit; et mieux vaut procéder à ce déménagement durant la nuit que pendant
le jour.

J'avais moins recherché l'élégance que la commo-
dité; notre bateau ne devant nous servir, en cette
occasion, que de dortoir, j'en avais choisi un divisé en
deux chambres seulement, dont une sur l'avant, assez
spacieuse, munie de trois couchettes et une toute
petite, sur l'arrière, destinée aux Chinois de l'équipage
et à notre domestique.

La motion d'Harlès ayant été adoptée, on transborda
immédiatement nos matelas, nos draps et nos couvertures; chacun se fit un petit paquet des bibelots pré-
sumés nécessaires pour une absence de dix à douze
jours: un peu de linge, des vêtements chauds, quelques livres, du tabac et des munitions, surtout beaucoup de munitions.

Les fusils nettoyés pour la circonstance et visités
avec soin par le maître armurier, furent placés au
râtelier, avec toutes les précautions nécessaires. Le
maître d'hôtel apporta un grand panier contenant des
provisions de bouche pour le cas où, séparés de

l'Amiral par un événement fortuit, il nous faudrait vivre de nos propres ressources. Enfin, le lieutenant nous fit délivrer, par le maître mécanicien, deux ou trois cents kilogrammes de charbon pour notre poêle.

Les préparatifs d'une partie de plaisir sont souvent plus agréables que la partie elle-même ; aussi que d'éclats de rire, que de gaité, durant cette première soirée !

Harlès trouvait bien sa poudre, mais ne pouvait mettre la main sur son plomb. Verdier, en revanche, n'avait absolument que du plomb ; et moi, je ne savais pas du tout ce qu'étaient devenues mes cartouches. Mais après d'actives recherches, nous découvrions que les domestiques avaient fait un méli-mélo, une vraie macédoine de nos munitions et en avaient déposé, à tout hasard, un tas sur chaque couchette.

Les paquets de cartouches s'étaient déficelés ; le cas était grave : Harlès avait un fusil calibre 12, le docteur un calibre 16 à percussion centrale, et moi un 16 ordinaire. Comment retrouver son bien au milieu de ce chaos ? Après une bonne heure, on parvint ; et chacun rentra approximativement en possession de ses boîtes, de ses petits sacs et de ses culots pleins ou vides.

Pourtant Harlès prétendait toujours être frustré d'une partie de ses engins de guerre.

— Il me semble, lui dis-je, que tu possèdes déjà un assez bel approvisionnement.

« Combien emportes-tu donc de cartouches ?

— Six cents chargées et quatre cents non chargées ;

en tout mille, et je crains d'en manquer ; H..., m'a dit que l'on pouvait facilement tirer cent coups par jour.

—Peste ! Quel arsenal ! Moi j'en emporte quatre cents et je suis bien certain de ne pas en brûler la moitié.

Je me trompais alors ; car sur mes quatre cents cartouches, je n'en rapportai qu'une dizaine dont trois ou quatre avaient raté.

A la fin, tout rentra dans l'ordre ; et vers minuit, après avoir allumé notre poêle, nous inaugurâmes, avec une joie d'enfant, les lits de notre nouvelle maison flottante.

Le lendemain, dès avant le déjeuner, la dernière main est mise à notre installation ; et bientôt, au sens-dessus-dessous de la veille succède l'ordre le plus parfait.

Les couchettes proprement arrangées sont munies d'un nombre de couvertures et de couvre-pieds suffisant pour braver des froids sibériens. A la tête de chaque lit, sur un petit rayon bien propre, s'alignent les divers ustensiles de toilette ou autres dont chacun suppose avoir besoin, Verdier, toujours très soigneux de sa personne, n'a oublié ni une fiole de philocôme, ni un cosmétique. Harlès termine la confection de ses cartouches, les classe par numéro de plomb et les ficelle par paquets de vingt-cinq, avec les précautions et les soins spéciaux qu'il prend pour tout faire dans cet ordre d'idées.

Dans la partie de la chambre qui n'est pas occupée par une couchette, on a placé une table, quatre chaises en paille et les valises contenant nos rechanges. Sur la table : une demi-douzaine d'assiettes, trois verres; bref, l'indispensable pour manger sur le pouce, à l'occasion. Dans un angle, sur une sorte de crédence, une cuvette et un pot à eau complètent le mobilier des chasseurs.

Une fois notre installation terminée, le temps nous parut long; cette journée de dimanche semblait ne devoir jamais finir. Enfin, vers quatre heures, pour profiter du *jusan* (1) et gagner l'embouchure du *suchow-creek*, nous primes congé de nos camarades, les Chinois larguèrent les amarres qui retenaient notre *house-boat* à l'échelle de l'*Ailée* et..... vogue la galère !

Les bateaux de nos compagnons, nous ayant précédés d'un quart d'heure au rendez-vous, repartent dès qu'ils nous aperçoivent, et de cette façon nous ne perdons pas une minute.

Nos Chinois, tout en poussant du fond avec une longue gaule, nous gratifient d'une musique infernale, sorte de chant cadencé dont ils ont l'habitude de s'accompagner dans leurs travaux de force.

A la nuit tombante, nous dinons chacun chez nous, et n'ayant rien de mieux à faire, nous nous couchons de bonne heure. Tout à coup, nous sommes réveillés en sursaut, par un choc assez violent et des vociférations dont nous ne saisissons pas le sens. En deux sauts, je suis sur le pont où je trouve déjà Verdier, sa culotte à la main. Les trois bateaux sont à côté les uns des autres, amarrés le long de la berge. De quoi

(1) Reflux de la marée.

s'agit-il ? Que s'est-il passé ? Pourquoi ne marchons-nous plus ? Impossible 'e rien tirer de nos Chinois qui, maintenant fort calmes, se disposent à descendre dans leur chambre à coucher. En vain appelons-nous H... et V..., personne ne bouge chez nos voisins. Il n'y a donc rien d'insolite dans la situation.

— Regagnons nos lits, docteur, dis-je à Verdier, il fait un froid de loup.

— C'est ce que nous avons de mieux à faire, d'autant plus que je crois avoir deviné la cause de cet arrêt ; il est quatre heures ; nous devons être rendus à notre première étape de chasse.

Le docteur avait raison ; au point du jour, nous étions à la même place. Vite on boucle ses guêtres, on avale une tasse de café préparé de la veille, et l'on grimpe sur le pont. Nos compagnens, eux aussi, sont prêts ; le soleil en ce moment parait à l'horizon ; la campagne est couverte de givre, un ciel sans nuages promet une journée magnifique, mais en attendant, les oreilles font mal et les nez deviennent rouges.

H... le premier saute à terre avec ses deux chiens et s'engage immédiatement dans les hautes herbes où nous l'avons bientôt rejoint. Alors commence une fusillade bien nourrie ; les faisans, surpris, nous partent dans les jambes comme des cailles et rien n'égale notre joie en voyant dégringoler ces splendides oiseaux sous notre plomb meurtrier. C'est à peine si l'on a le temps de recharger son fusil. Mais aussi quel désappointement lorsque au moment où l'on croit mettre la main sur sa victime, on trouve place nette !

Je me souviendrai toujours de mon désespoir à cette

occasion. Je n'étais pas à dix pas de la rivière qu'un coq se lève devant moi ; bien qu'un peu surpris par le bruit et le vol majestueux du roi des gallinacés, je l'ajuste avec assez de calme, je le laisse filer quelques secondes et, à mon coup, le magnifique oiseau arrêté dans sa course, tombe foudroyé.

Le terrain est couvert, mais la pièce est grosse ; je n'ai pas quitté de l'œil la place où elle s'est abattue ; il sera facile de la découvrir ; j'arrive au pas de course, un paquet de plumes marque l'endroit, mais de faisan, point. En vain j'inspecte les environs ; en vain je fouille à droite et à gauche ; en vain j'interroge, d'un coup de pied, chaque touffe un peu plus drue ; la maudite bête a disparu ; il faudrait un chien, ceux d'H... suivent leur maître et ne répondent pas à mes appels. Force est donc d'abandonner mon premier butin et je m'en arracherais volontiers les cheveux.

V... resté le dernier à bord pour donner des ordres à nos Chinois, arrivait en ce moment.

— Vous vous désolez bien gratuitement, me dit-il ; pendant que vous perdez votre temps à chercher une pièce de gibier que vous ne retrouverez certainement pas, vous en laissez échapper dix. Sachez, pour votre gouverne, qu'un faisan qui n'a pas une patte cassée ne reste jamais sur le coup, serait-il blessé très grièvement ; il profite toujours de ses dernières forces pour aller mourir le plus loin possible. Aussi, lorsqu'on chasse sans chien dans ces pays-ci, faut-il bien se garder de s'arrêter quand on ne trouve pas immédiatement sa victime à la place même où elle est tombée. J'ai vu, l'année dernière, un coq démonté faire encore au moins cinq cents mètres au milieu d'un immense terrain découvert, en courant avec une vélocité inouïe ; puis, s'arrêter tout à coup ; lorsque je parvins à l'atteindre, il était raide mort et je constatai que si ses pattes étaient intactes, il avait une aile cassée et six ou huit grains de plomb dans le corps. Consolez-vous, ajouta V..., d'ici à ce soir vous avez le temps de vous dédommager.

Effectivement, je me dédommageai. Il est difficile de raconter de pareils exploits sans se faire traiter de *Hâbleur* par les gens qui n'ont jamais chassé qu'en France, serait-ce dans les parages les plus giboyeux des provinces les plus favorisées de notre pays. Rien ne peut donner une idée de l'abondance du gibier dans cette partie de la Chine ; on y trouve de tout à profusion ; les forêts de Fontainebleau et de Rambouillet et autres réserves princières, sont laissées bien loin en arrière. Les faisans s'envolent à chaque pas, par bandes de trois ou quatre ou isolément ; les chevreuils bondissent de tous côtés et se font tirer comme des lapins domestiques ; parfois un lièvre détale et file comme un trait, mais c'est à peine si l'on y prend garde : fi donc, un lièvre ! Les bécasses sont plus rares et aussi plus recherchées.

Le revers de la médaille, car toute médaille, fut-elle du métal le plus précieux, a fatalement son revers ; le revers, dis-je, est la nature même du terrain qui rend la marche, parfois, très pénible.

Toute la Chine méridionale est coupée par des cours d'eau sans nombre dont les malicieux circuits vous forcent souvent à faire des lieues de zigzags pour arriver à trouver un gué. Mais là n'est point, à mon avis, le plus grand inconvénient. L'ennui, le véritable ennui, est de se trouver continuellement en présence de la dépouille d'un de ses semblables abandonnée à travers la campagne. Dans le Nord, paraît-il, et j'ai pu m'en convaincre à Tche-foo, il existe des lieux réservés pour les sépultures ; mais dans le Sud et dans tout le centre, il n'y a nulle part de cimetière proprement dit ; on n'enterre pas ; chacun dépose ses morts en plein champ, dans un cercueil plus ou moins bien confectionné ; les gens riches construisent, par-dessus, un monument en maçonnerie ; les pauvres se contentent d'un toit en paille ; d'autres ne font absolument rien. Au bout de quelque temps, les murs s'écroulent, les toits de chaume s'effondrent et les bières, exposées aux intempéries des saisons, tombent en poussière. Aussi, quand le paysan laboure son petit domaine, heurte-t-il à chaque instant des tibias et des crânes ; ce sont les os de ses aïeux. Parfois une main pieuse ramasse ces fragments sacrés et les dépose pêle-mêle dans un vase de terre ; à toute minute, on bouscule, on renverse, en passant, une de ces urnes funéraires rustiques.

Le culte des ancêtres existe en Chine, c'est certain ; je l'ai trop entendu répéter sur tous les tons, je l'ai lu trop souvent pour que ce ne soit pas la vérité. Pourtant, à voir la désinvolture avec laquelle les Chinois traitent les restes de leurs parents, on pourrait en douter et croire qu'il en est du culte des ancêtres comme de tant d'autres coutumes du pays de Confucius où tout passe, peu à peu, à l'état de légende.

Dans le principe, c'est une sensation fort désagréable, moralement parlant, de se trouver continuellement en présence de la mort ; mais on s'habitue à tout ; et l'œil, d'abord péniblement affecté, finit par regarder avec indifférence cette preuve palpable de cette vérité de l'Écriture : « Souviens-toi, ô homme, que tu n'es que poussière et que tu retourneras à cette poussière dont tu as été formé. » Mais, si l'imagination se fait à cette cohabitation incessante avec les ombres errantes de ces milliers de trépassés délaissés sur le bord des chemins et un peu partout à l'aventure, l'odorat plus difficile se refuse obstinément à se déclarer satisfait ; et l'estomac proteste souvent de la façon la plus énergique.

Quoi qu'il en soit, nous chassions à travers cette nécropole avec une ardeur entretenue par une superbe réussite. Chaque soir nos Chinois rentraient courbés sous le poids de notre gibier attaché à de grandes perches de bambou portées en travers sur l'épaule ; et lorsque nous en faisions le compte, à bord de l'*Amiral*, nous arrivions à des chiffres qu'il vaut mieux ne point citer, de peur d'être accusé d'exagération.

Le troisième jour, nous dépassâmes la grande ville de *Suchow*, construite sur les bords du *Iun-Léan-hô*, ou canal Impérial. Cette cité, à moitié brûlée, ruinée et démolie par les *Taï-pings*, n'est plus que l'ombre de ce qu'elle était autrefois, du temps où le canal, cette œuvre gigantesque des Fils du Ciel, artère de plus de six cents lieues, mettait en communication directe, le Nord avec le Sud et déversait sur Pékin, la grande capitale, les cent mille produits de l'agriculture et de l'industrie de l'Empire du Milieu.

Suchow laisse deviner, encore aujourd'hui, sa splendeur passée ; mais elle montre une fois de plus l'état de décomposition dont la Chine est atteinte et dont tôt au tard elle mourra.

Il n'est ni bien agréable, ni bien prudent de s'arrêter dans les villes ou bourgs chinois qui ne sont point onverts au commerce européen ; on ne sait jamais au juste de quelle façon l'on y sera reçu ; et l'on raconte, à ce sujet, plus d'une histoire où les *Barbares* ont eu fort à souffrir de la brutalité des indigènes. Aussi passons-nous toujours le plus rapidement possible dans les centres habités, en ayant soin — détail à noter — de nous calfeutrer les narines de nos mouchoirs parfumés. Analyser les parfums qui s'exhalent de ces agglomérations humaines que l'on appelle une ville chinoise, serait peut-être facile ; mais mieux vaut, je crois, se borner à constater le désagrément de l'ensemble, sans essayer de se rendre compte des détails. Ces divers inconvénients sont regrettables ; car il y aurait certainement des choses curieuses à voir de près, ou, au moins, à contempler durant quelques minutes. Nous passons sous des ponts d'un pittoresque ravissant ; nous laissons, tantôt à droite, tantôt à gauche, des arcs de triomphe, monuments élevés par l'admiration publique en l'honneur des veuves fidèles à la mémoire de leurs époux. Là c'est une forteresse délabrée, un pan de mur curieusement tapissé de plantes grimpantes ; plus loin, une tour à clochetons aux trois quarts renversée, une pagode à toit contourné, et mille curiosités qu'il faudrait pouvoir croquer au passage. Mais V..... est inflexible : — « En avant ! » dit-il aux Chinois de nos bateaux. Il a eu à lutter, un jour, presque seul, contre toute une population ameutée qui lui crachait au visage et lui lançait des pierres ; il a peut-être oublié les pierres ; mais il redoute horriblement les crachats ; aussi, quand nous passons sous un pont, ne manque-t-il jamais de se mettre à couvert dans la chambre ou d'ouvrir son parapluie.

Le but extrême de notre excursion était un lac dont les environs sont infestés de sangliers. Nous arrivâmes en ces lieux dans la matinée du quatrième jour, après avoir navigué, presque sans arrêt, une partie de la journée précédente et toute la nuit. Le froid avait redoublé d'intensité ; le thermomètre marquait le matin, à six heures, huit degrés au-dessous de zéro ; conditions excellentes pour chasser avec fruit.

— Jusqu'ici vous n'avez rien vu, nous dirent nos amphitryons ; c'est maintenant que nous allons commencer à chasser sérieusement.

Aussi quelle animation, quelle ardeur, dans la petite troupe ! Harlès ne savait plus comment faire pour loger tout son arsenal ; il avait trente cartouches à balles dans son carnier ; vingt dans sa cartouchière ; ses poches aussi étaient bourrées, et celui de nos Chinois qu'il avait attaché à sa personne, portait un sac bondé de munitions.

Nos observations amicales et nos plaisanteries ne décidèrent pas l'ambitieux Nemrod à laisser à bord une once de poudre.

Enfin nous partons ; Mme V..... ne nous accompagne pas dans cette expédition qui peut offrir plus d'un danger ; mais la charmante femme sort de sa chambre en coquet déshabillé et, debout sur l'avant de son bateau, nous envoie de la main, un amical bonjour.

— Amusez-vous, messieurs, nous crie-t-elle de loin, et revenez-moi le plus tôt possible.

Déjà les faisans s'envolent avec fracas, mais on est convenu de ne pas les tirer, de peur d'effrayer les grosses bêtes. H....., parti depuis une demi-heure, revient en courant nous annoncer qu'il sait où sont les sangliers ; un Chinois du pays en a vu, le matin même, une bande considérable et connaît l'endroit où elle s'est remisée ; il va nous y conduire. Harlès bondit d'impatience et charge déjà son fusil ; quant à moi, je n'avais jamais eu grande confiance dans la réussite de cette chasse ; le sanglier est rusé et méfiant, on le surprend difficilement dans sa bauge et il faut user de précautions infinies, en formant l'enceinte, pour ne pas lui donner l'éveil ; aussi les piqueurs les plus experts ne sont-ils jamais bien sûrs, avec ce gibier, de ne pas faire buisson creux. Mes prévisions se réalisèrent de point en point ; nous trouvâmes, en abondance, des traces fraîches ; mais de sangliers, pas l'ombre ; ils avaient déguerpi un quart d'heure avant notre arrivée.

Harlès désappointé, était à mourir de rire ; ses cartouches à balles lui pesaient terriblement sur le dos ; il ne savait comment s'en débarrasser.

— Renvoie tes munitions de guerre à bord, lui dis-je, maintenant qu'il n'est plus question de sangliers, nous allons nous amuser.

Il était huit heures à peine ; nous avions devant

nous une journée complète. Ce que nous tirâmes jusqu'au soir, ce que nous abattimes, ce jour-là, est impossible à dire. Nous nous trouvions dans un espace d'environ trois ou quatre kilomètres carrés, fermés d'un côté par le lac et des autres côtés par des cours d'eau larges et profonds. Il semblait que tous les hôtes du paradis terrestre se fussent donné rendez-vous dans ce quadrilatère ; plusieurs fois, pendant la journée, nos porteurs durent aller déposer dans des maisons chinoises, nos nombreuses victimes ; et lorsque la nuit vint, ce fût ployés sous le faix de guirlandes de faisans, de chevreuils et de lièvres, pendus par les pattes à de solides bambous, que nous rentrâmes à bord.

Le lendemain, après avoir dormi la grasse matinée, déjeuné longuement et fait une petite promenade sur les bords du lac, en société de notre aimable hôtesse, nous reprimes la route de Shanghaï, où nous arrivâmes, ayant fait une absence de huit jours, enchantés, ravis de notre curieuse expédition et fiers de nos exploits.

CHAPITRE XVII

Le Yang-tse-Kiang. — Les menus plaisirs d'un état-major français, en station à Shanghaï pendant l'été.

Le reste de l'hiver s'écoula pour nous aussi joyeusement qu'il avait commencé; un beau jour, au commencement du printemps, nous partîmes pour le *Yang-Ise-Kiang*, avec ordre de circuler pendant environ un mois, dans les eaux bourbeuses du fleuve-roi, afin de montrer notre pavillon aux désagréables populations de l'intérieur et de leur prouver notre existence.

Il nous fut donné, durant cette mission, de visiter un certain nombre de villes chinoises: *Tchin-Kiang, Nankin, Ngang-Kin, Kiou-Kiang, Hang-Kow* et *Wou-chang-foo.* Ce voyage loin de modifier mon opinion sur l'Empire du Milieu, augmenta mon antipathie pour cet horripilant pays.

Lorsque nous revînmes à Shanghaï, nous étions tous d'une humeur massacrante. Autant cette ville est animée et pleine d'imprévu pendant la saison froide, autant elle est monotone durant les pluies diluviennes du printemps et les chaleurs torrides de l'été. L'automne et l'hiver s'étaient envolés comme un rêve. Adieu chasses, adieu courses brillantes, repas plantureux et réceptions cordiales ! A toutes ces distractions avaient succédé les journées suffocantes des mois de mai et de juin, les interminables soirées de désœuvrement que l'on traine languissamment à la recherche d'un courant d'air introuvable et que l'on termine, dans un costume des plus légers, allongé à plat pont du navire, seul endroit où l'on puisse trouver le soulagement d'un peu de fraicheur.

Petit à petit, les femmes de la colonie, comme autant d'hirondelles fugitives, s'étaient envolées vers des climats plus hospitaliers ; chaque paquebot de la Cie P. and O., avait emporté une à une ou par bande, les charmantes danseuses de l'hiver, soit au Japon, soit aux rives quasi normandes de Tché-foo. Seuls, les commerçants âpres au gain et les fonctionnaires rivés à la chaîne administrative, restaient pour témoigner que la grande cité internationale n'était pas retombée sous la domination des Célestes.

Plus d'équipages, plus de fraiches toilettes parisiennes sur le *bund.* Quelques *shrofs* pansus, vêtus d'azur, allant à leur banque ou à leur comptoir, d'un air important et la face abritée d'un éventail ouvert. De maigres pauvres diables : porteurs, traineurs, manœuvres déguenillés, efflanqués, buvant à la tasse banale, le thé déposé sur la voie publique, à la porte de quelque Richard Wallace du cru, dans de vastes récipients en terre ; un ou deux parsis affublés de l'indispensable mitre de toile cirée noire ; de ci, de là, un Européen coiffé du casque en moelle d'aloès, se trainant sous son parasol, d'un bureau à un autre, en s'épongeant le front ruisselant. Voilà tout le personnel de ce quai, de cette promenade si gaie, si mouvementée, si originale l'hiver.

On s'ennuyait donc à mourir à bord de l'*Ailée* et l'on passait son temps à maugréer contre tout le monde N'était-ce pas le moment de remonter dans le Nord ? A quoi donc pensait l'Amiral de laisser d'honnêtes officiers se morfondre ainsi, au lieu de les appeler à Tché-foo, où il se trouvait lui-même depuis un mois ? Le commandant, *un homme sans entrailles*, faisait faire le quart en rivières de Shanghaï ! *Une exigence sans nom !*

Les vivres devenaient mauvais ; la glace rare et chère ; l'eau détestable, tout allait de mal en pis ; encore quelques semaines et ces jeunes officiers, naguère si intimement unis, allaient s'entre-dévorer, comme des cannibales. Il fallait à tout prix, une diversion à ce lamentable état de choses. Un beau matin des premiers jours de juillet, la diversion se présenta sous la forme d'une lettre d'invitation.

Quelle bonne aubaine ! Une invitation au mois de juillet, à Shanghaï ! C'était à n'y pas croire.

La nouvelle fit le tour du carré en moins de dix secondes ; et les paresseux qui, d'habitude, attendent les premières notes de *la casquette*, pour sauter à bas du lit, furent prêts en un clin d'œil.

De quoi s'agissait-il ? D'une fête, d'un concours de tir organisé par les *Riflemen* et les *Myolungs*.

— Malédiction ! dit Harlès, après avoir pris connaissance de la lettre et réfléchi un instant, je suis de quart le jour du tir ; personne ne voudra me remplacer. Quel contretemps ! Pas un de vous, soit dit sans vous offenser, n'est de taille à se mesurer avec de tels adversaires ; je les connais, je les ai vus à l'œuvre ;

moi seul, toute modestie à part... et encore ! Je me serais exercé jusqu'au concours... Mais baste, le service me retient.

— Console-toi, lui dit un de nos camarades, nommé Lasaulaie ; je te remplacerai, je suis capable de lutter, moi aussi.

— Toi ! Allons donc ! Tu ne mets pas en cible une balle sur dix, à trois cents mètres.

— Je les y mets toutes.

La forfanterie de Lasaulaie était devenue proverbiale à bord de l'*Ailée* ; chacun lui décocha un trait ; on le plaisanta ; on s'éleva même assez énergiquement contre son intention.

Il était absurde de se mettre en concurrence avec des étrangers, quand on avait d'avance la certitude d'être battu. Quel ridicule en rejaillirait sur l'état-major tout entier !

Les protestations ne servirent qu'à enflammer davantage l'ardeur belliqueuse du fanfaron.

— J'irai, insista-t-il, j'irai seul, si vous ne voulez pas m'accompagner ; et il accentua cette rodomontade avec la fierté castillane d'un hidalgo.

On était habitué aux hâbleries de Lasaulaie ; d'ici au jour du tir, mille autres folies devaient changer le cours excentrique de ses idées et lui faire oublier ses promesses. On n'en parla plus.

L'incident devait pourtant avoir une suite des plus drolatiques et retremper par quelques heures de gaieté, les joyeux compagnons de l'*Ailée* plongés dans le marasme et enveloppés comme d'une énervante atmosphère de spleen.

Après le dîner, comme de coutume, l'état-major au complet, sauf l'officier de quart, descendit à terre pour aspirer le peu de brise fraîche qui vient de la mer après le coucher du soleil.

C'était jour de musique au jardin; les débris de la société shanghaïenne s'étaient donné rendez-vous sur les pelouses du joli square entretenu à grands frais, le long des rives du Wang-pou, par la concession anglaise et pompeusement décoré du nom de jardin de la ville.

La soirée s'avançait; depuis plus d'une heure, les dernières notes du quadrille de la *Belle-Hélène* — une nouveauté ! — avaient fait retentir les échos du fleuve. La plupart des promeneurs avaient évacué la place; seuls, quelques amateurs du clair de lune, nonchalamment étendus sur deux chaises, transgressaient la consigne, en restant au delà des heures permises.

La majorité des officiers de l'*Ailée* avait rallié le bord; d'aucuns moins positifs, étaient allés conter fleurette à quelque pâle sujette du Céleste-Empire. Barrot et moi, nous rentrions en suivant le *bund;* indifférents aux bruyants appels des bateliers chinois qui réunis sur les pontons d'embarquement, interpellent les promeneurs français par d'assourdissants: *Dis donc, capitaine, dis donc,* nous cheminions tranquillement, nous arrêtant tous les deux ou trois pas pour gesticuler ou rire d'une saillie de mon spirituel ami. A cent mètres environ du Comptoir d'escompte, Lasaulaie se jeta dans nos jambes.

— Où allez-vous ainsi? lui dit Barrot; halte là ! vous êtes trop lancé; venez avec nous.

— Non; je vais à *Stor-house.*

— Vous êtes déjà bien gai; renoncez à votre projet. Vous avez le quart, demain, de huit heures à midi, vous l'oublierez suivant votre habitude; pour une fois, allons; soyez raisonnable, suivez-nous et rentrez.

— Je n'oublierai pas, cria-t-il en continuant sa route et sans souci de nos remontrances.

Je voulus joindre mes exhortations à celles de Barrot; mais déjà l'étourneau avait repris sa course et se trouvait hors de portée de la voix.

En arrivant à bord, Galilée prescrivit au timonier de service de le faire réveiller à sept heures et demie si M. de Lasaulaie ne rentrait pas dans la nuit. La précaution n'était pas superflue. A sept heures et demie, deux chambres du carré étaient vides; celle du brave lieutenant Gastinet qui, depuis quatre heures du matin se morfondait consciencieusement sur le pont, les pieds dans l'eau du lavage, et la chambre de Lasaulaie, cela va sans dire.

Barrot, en bon camarade, remplaça le coureur de ruelles.

Vers neuf heures, je sortis de ma chambre, pomponné, parfumé, le sourire aux lèvres, en homme heureux d'avoir pu consacrer tout son temps aux détails de sa toilette. — Où est M. Barrot, dis-je au maître d'hôtel alors occupé à mettre le couvert.

— Sur le pont; il est de quart et m'a fait demander tout à l'heure un verre de vermouth.

— Ah! le pauvre Galilée! J'avais oublié l'escapade de Lasaulaie.

Galilée, on le devine aisément, était fort mal dis

posé; il n'avait pas pris le temps, lui, de se débarbouiller et semblait à peine sorti de son lit. Lorsque je vins le rejoindre, ma poudre de riz le rappelant à la réalité, il déversa en imprécations son humeur massacrante.

— Te voilà bien frais, me dit-il, tu es bien heureux de n'avoir pas à supporter ta part dans les sottises de tes camarades, ni à subir le contre-coup de leurs fredaines.

— A qui en as-tu, Papin?

— J'en ai contre tout le monde en général, parce je n'ai pas dormi mon compte, et en particulier contre cet animal de Lasaulaie qui n'est pas rentré et que je n'ai pu sauver d'une semonce qui sera probablement très verte. Gastinet s'est aperçu de la substitution de quart; il trouve que c'est un abus et veut rendre compte au commandant des escapades réitérées de cet étourdi. Ma foi, tant pis pour lui, si une petite punition pouvait lui servir de leçon et le guérir de sa légèreté!.... En attendant, j'ai bien envie de lui jouer un tour.

— Comment?

Saint-Cyr, arrivé un moment avant moi, était au courant de la situation; il désirait, comme Barrot, se venger de certains petits ennuis que lui avait causés Lasaulaie

— C'est bien simple, dit-il; vous vous souvenez de ses fanfaronnades d'hier, à propos du concours de tir.

— Oui, eh bien?

— Eh bien, quand vous l'avez rencontré, hier soir, il était aux trois quarts gris, m'avez-vous dit, il allait à *Stor-house*; il n'est pas douteux qu'il n'ait fait là quelques simagrées ridicules; c'est son habitude, vous le savez; vous savez aussi que le lendemain de ses noces, comme un somnambule, il ne se souvient plus de ses aventures de la nuit. Exploitons la situation; écrivons-lui une lettre que nous signerons d'un nom anglais quelconque; le signataire supposé lui rappellera certain pari de vingt mille dollars et terminera en lui disant qu'il accepte son défi à la carabine et que, s'il est un gentleman, il viendra au rendez-vous.

— Parfait! Timonier! Une plume, de l'encre et du papier à lettre.

— A toi l'honneur, Barrot, tu écris l'anglais comme feu Lord Byron lui-même, et tu as un talent tout particulier pour contrefaire tes pattes de mouche.

Cinq minutes après, une épitre dans le style le plus britannique était confectionnée.

— De quel nom signer maintenant, demanda Barrot, avant de plier le papier? il ne faudrait pas un nom trop commun.

— Mackenzie, si tu veux, répondit Sylvain, c'est plein de couleur locale.

Mackenzie fut adopté et la lettre cachetée, portant l'adresse de Lasaulaie, fut remise au timonier. — Voici un pli pour M. de Lasaulaie, lui dit Barrot; portez-le dans sa chambre et prévenez-le, dès son arrivée, qu'un boy le lui a apporté ce matin.

Le timonier prit la lettre, tourna sur ses talons et exécuta la consigne militairement.

A midi moins un quart, le déserteur rentra, dégrisé, mais avec cette figure caractéristique, cette démarche mal assurée, cet œil injecté, qui dénotent une nuit de débauche. Il courut à sa chambre comme s'il eût voulu, saisi de remords tardifs, se dérober aux regards scrutateurs de ses camarades, tira le rideau et trouva la lettre de Galilée. On l'entendit murmurer, faire tout haut quelques réflexions sur un mot qu'il ne comprenait pas; à travers la fente du rideau, on le voyait feuilleter son dictionnaire anglais. Sylvain, enchanté de son idée, se promenait en riant sous cape et en se frottant les mains.

Lasaulaie sortit de sa chambre, s'étendit sur le coussin du carré et ne dit rien à personne; mais l'expression de sa figure manifestait une assez vive préoccupation.

La mystification prenait une tournure sérieuse.

A midi, Barrot remit le quart à Kerpenic et vint retrouver ses complices.

Sylvain achevait sa toilette pour descendre à terre, au moment où il sortait de sa chambre, Barrot l'arrêta.

— Tu vas te promener?

— Je vais faire des visites, à quatre heures je serai de retour.

— Alors convenons de nos agissements, pour mener à bien la plaisanterie commencée ce matin, aux dépens de Lasaulaie.

— Pour le moment, veiller sur lui, afin de l'empêcher de commettre quelque nouvelle sottise, est suffisant. Il serait capable de répondre insolemment à son partenaire supposé; si, par un hasard tout spécial, il existait dans Shanghaï un vrai Mackensie, le vaudeville pourrait tourner au drame; il faut éviter ce ridicule.

— Tu as mille fois raison; aussi vais-je prévenir Kerpenic de donner la consigne à la timonerie de ne rien envoyer à terre, sans en rendre compte à l'officier de quart.

— C'est convenu, c'est entendu, comme on chante dans les *Huguenots.*

Sur cette assurance, Sylvain embarqua dans le *sampang* de louage, toujours accosté à l'*Ailée*, et partit enchanté.

A ce moment, un mousse disait à Lasaulaie : « Capitaine, le commandant vous prie de descendre chez lui. »

Si l'on eût commis l'indiscrétion d'écouter aux portes, l'on eût pu entendre la plus belle réprimande qu'officier débraillé eût jamais reçue de son chef.

« — Non seulement vous vous dégradez morale-
« ment, monsieur, — disait le commandant avec sa
« figure en vent debout — non seulement vous ruinez
« votre santé, vous épuisez votre bourse et vous
« déshonorez votre uniforme; mais, ce qui est plus
« grave, vous nous déconsidérez. Sous l'œil des étran-
« gers, rappelez-vous-le, monsieur, nous sommes tous
« solidaires les uns des autres. Votre conduite est
« scandaleuse; vous méritez une punition exemplaire,
« allez attendre mes ordres; et, provisoirement, gar-
« dez les arrêts dans votre chambre. »

Ainsi congédié, le malheureux garçon revint au carré; il avait l'air si consterné, sa physionomie indiquait une peine si profonde que Barrot fut pris de pitié.

— Pauvre diable! se dit-il, être aux arrêts, ne pas connaître le sort qui l'attend et, en outre, perdre vingt mille piastres qu'il ne peut payer; c'est une situation à se faire sauter la cervelle; il faut tout lui révéler.

Kerpenic consulté fut de l'avis du compatissant officier; quant à moi, loin de m'opposer à la mise à exécution de cette pensée généreuse, j'offris de porter moi-même la bonne nouvelle, plus certain qu'un autre de n'être pas mal reçu.

— Eh bien, Lasaulaie, lui dis-je, que vous est-il arrivé? Vous semblez sidéré. Un coin du ciel se serait-il tout à coup effondré sur votre tête?

— Mon cher camarade, vous avez tort de me plaisanter, car j'ai des ennuis sérieux.

— Quinze jours d'arrêt, peut-être moins; n'est-ce que cela? Qui n'a pas eu quinze jours d'arrêt dans sa vie? Quelle bagatelle!

— Les arrêts ne sont point chose agréable; mais ce n'est pas ce qui me chagrine le plus.

— Quoi donc alors?

— Une lettre que j'ai trouvée tantôt en rentrant. Tenez, lisez… Et tirant de sa poche le factum de Barrot, il me le présenta.

— C'est grave en effet, lui dis-je, mais il y aurait peut-être moyen d'arranger les choses.

— Je ne crois pas.

— Où aviez-vous la tête, quand vous avez tenu le pari?

— Ce qu'il y a de plus fort, c'est que je n'ai aucune

souvenance d'avoir parlé hier soir de ce malencontreux concours.

— Vous n'en avez aucune souvenance?

— Non.

— Eh bien, je n'en suis que médiocrement étonné.

— Je n'étais pas gris.

— Ceci est à discuter; mais enfin j'ai des motifs sérieux pour penser que vous avez été mystifié; je crois même connaître les mystificateurs; pour peu que vous me poussiez, je vous avouerai que je les connais intimement et j'ajouterai que je suis leur ambassadeur auprès de vous; tenez, j'en vois un d'ici.

Barrot, assis à la table de sa chambre, suivait la scène du coin de l'œil en soulevant légèrement le rideau tiré devant sa porte; à mon dernier mot, il sortit.

— Excusez-nous, mon cher, dit-il à Lasaulaie; nous avons voulu nous venger innocemment des quarts que nous sommes obligés de faire un peu trop souvent pour vous. Mais vous êtes malheureux, nous ne voulons pas ajouter à vos préoccupations; Sylvain nous approuvera certainement en rentrant.

A peine Barrot avait-il cédé à ce bon mouvement, qu'une idée diabolique lui traversa tout à coup la cervelle. — Quel dommage, pensa-t-il, de n'avoir pu pousser plus loin la plaisanterie! Puis, se frappant le front à la façon d'Archimède, s'écriant εὕρηκα: Rien n'est perdu, dit-il, au contraire; oh! l'excellente idée!

Kerpenic, assis sur l'hiloire de la claire-voie ouverte, avait assisté, sans mot dire, à toute l'explication. Ne comprenant rien à l'exclamation de Barrot, il se pencha dans l'intérieur du carré et, saisissant la casquette du jeune mathématicien, il fit mine de chercher quelque chose dans la doublure.

— Crois-tu mon couvre-chef hanté par des parasites, vicomte ?

— Je cherche la mère de la couvée de cancrelas (1) qui se sont accommodé un logement dans les cases vides de ton vaste crâne.

— Le cancrelas est l'ami du marin, laisse-le tranquille ; écoute plutôt comme les autres ; tu dois être du complot. Du reste, tu es pris dans l'engrenage, tu es déjà compromis. Il faut bien s'amuser à quelque chose.

« Sylvain était le promoteur de la farce commencée aux dépens de Lasaulaie ; retournons-la contre lui. A trompeur, trompeur et demi. D'ailleurs Saint-Cyr a trop d'esprit pour s'en fâcher, il sera le premier à en rire et rira plus fort que nous. »

Les trois officiers acquiescèrent volontiers aux désirs de Galilée ; Lasaulaie, surtout, parut enchanté ; — Qu'allons-nous faire, lui dit-il, en riant.

— Fiez-vous à moi et suivez fidèlement mes instructions ; vous verrez. Pour commencer, n'oubliez pas ce soir, à dîner, de dire de façon à ce que Sylvain vous entende : j'ai reçu, ce matin, une lettre d'un insolent ; mais je lui ai répondu de bonne encre ; il ne la trouvera pas sympathique, celle-là ! Puis, n'insistez pas ; je ferai le reste.

L'heure du dîner arriva ; Saint-Cyr, en rentrant, questionna Barrot de l'œil : Rien, lui répondit ce der-

---

(1) *Avoir un cancrelas*, est une expression très usitée parmi les officiers de marine ; cela veut dire : être un peu toqué. Le cancrelas maritime est devenu légendaire.

nier; il n'a pas soufflé·mot. Il est aux trois quarts abruti par sa nuit de débauche et semble fort affligé d'avoir été mis aux arrêts jusqu'à nouvel ordre.

—Ce n'est pas volé! Au moins, pendant ce temps-là nous ne serons pas obligés de faire son service; mais n'a-t-il rien écrit?

— Non, je l'ai surveillé; et Kerpenic m'a affirmé que pendant la durée de son quart il n'a pas été expédié le moindre pli du bord; à toi de veiller maintenant. Redonne la consigne à la timonerie, surtout pour le moment du diner, où tu ne seras pas sur le pont.

Entre le rôti et la salade, au moment où personne n'y songeait, Lasaulaie vida d'un trait son verre, se passa la langue sur les lèvres et, d'un ton crâne, débita la phrase arrêtée d'avance par les conspirateurs.

Sylvain releva le nez et regarda Barrot à la dérobée; celui-ci haussa les épaules et sembla répondre : tu ne vois pas que c'est un fanfaron.

Aussitôt après le diner, Barrot monta sur le pont; Sylvain l'y suivit de près.

— Qu'en penses-tu, dit-il à son compère?

— C'est un hâbleur, il n'a pas écrit.

— En es-tu sûr?

— Certainement, tu connais le personnage aussi bien que moi; tu sais qu'il dit rarement la vérité; qu'au surplus, quand il est en fête, il ne manque jamais de raconter des prouesses plus ou moins fantaisistes et sanguinaires; mais au fond c'est un mouton.

— Tu as raison, conclut Saint-Cyr; et tout en riant de son rire si franc, si communicatif, il quitta Barrot pour aller s'enfermer dans sa chambre où, malgré toutes les observations de ses amis, il s'obstinait à travailler jusque bien avant dans la nuit, au grand préjudice de sa santé fortement éprouvée par le climat de la Cochinchine.

A neuf heures, Barrot prit le *sampang* et se fit conduire au club. Là il comptait trouver un aide indispensable. Suivant ses prévisions, il rencontra son homme au *bar*, entre un *shery-cobler* et un *glass of champagne*, au milieu d'un groupe animé d'Anglais et d'Américains.

Au club, contrairement à ce qui se passe en France, au cercle, on ne boit pas dans les salles de jeu et il n'y a pas de salle spéciale de consommation. Les buveurs, — et Dieu sait s'ils forment la majorité des abonnés, dans ces pays où l'on a toujours soif, — vont au *bar*.

Le *bar-room* est une sorte de long comptoir, derrière lequel circulent les *boys*, garçons préposés au service des clients. Ceux-ci, par groupes, ou souvent seuls, droits comme des I, raides comme des pieux, boivent sur le pouce et boivent sec.

Celui que Barrot cherchait était donc là; c'était un jeune *glob-troller*, Français de nationalité, faisant escale à Sanghaï et qui, sous prétexte d'étudier les mœurs et les ressources commerciales inédites du pays, passait ses journées à dormir sous sa moustiquaire et ses nuits à boire au club, ou ailleurs, en joyeuse société. Il avait été présenté, en qualité de compatriote, à plusieurs officiers de l'*Ailée* et devait incessamment venir faire sa visite à bord du croiseur français. C'était un gai convive, un homme de bonne compagnie, plein de cet esprit prime-sautier qui est le propre du voyageur français; il se nommait de Ganneville. Rieur, bon enfant, il devait, à n'en pas douter, prêter volontiers son concours aux désœuvrés de l'*Ailée.*

— Rendez-moi un service, lui dit Barrot, en l'abordant.

— Je suis entièrement à votre disposition; de quoi s'agit-il?

— D'une plaisanterie, d'un tour à jouer à l'un de nos camarades.

— Ne serait-ce pas un peu léger de ma part, de m'en mêler? Que dirait ce monsieur que je ne connais pas? Il serait en droit de me remettre vertement à ma place.

— N'ayez pas cette crainte; je réponds de Saint-Cyr comme de moi-même; d'ailleurs, j'endosse à l'avance la responsabilité de tout ce qui peut arriver.

— En ce cas, va pour la plaisanterie! J'acquiesce volontiers à votre désir.

Barrot raconta, en quelques mots, le commencement de l'aventure au jeune *glob trotter;* et, après l'avoir mis exactement au courant de la situation: — Voici ce que je réclame de vous, lui dit-il: écrivez à Saint-Cyr une lettre signée Mackenzie, dans laquelle vous lui direz...

— Dictez-la-moi, ce sera plus simple.

— Au fait! Boy! Ce qu'il faut pour écrire... All right! Maintenant, écrivez, en anglais, bien entendu:

« Sir, je reçois à l'instant une lettre fort inconve-
« nante d'un officier de l'*Ailée.* Ou ce gentleman a

« le cerveau détraqué, ou il est pris de vin, assuré-
« ment. Il me parle de *match* à la carabine, d'une lettre
« que je lui aurais écrite pour lui rappeler ses engage-
« ments; et il termine par un défi que je ne laisserais
« certainement pas tomber, si votre compatriote et
« ami, le docteur X... qui se trouve en ce moment,
« par hasard, chez moi, ne me laissait entrevoir que
« j'ai affaire à un homme inconscient de ses actes et
« ne me conseillait de m'adresser à vous, son cama-
« rade, comme à un gentleman distingué et de grand
« bon sens, pour avoir une explication sur cette mysti-
« fication.

                    « *Votre serviteur,*

                              « MACKENZIE. »

                         « Capitaine des Miolungs. »

— Écrivez maintenant l'adresse :

                L. S. Saint-Cyr Esq.

          Ailée, French mann of War.

Parfait! Remettez cette lettre à l'un des boys du club,
et recommandez-lui de la porter à bord, demain, entre
neuf et dix heures du matin.

Le lendemain, au milieu du déjeuner, un mousse descendit au carré et remit à Saint-Cyr une grande enveloppe jaune clair, à son adresse. Il regarda la suscrip-
tion d'un air un peu étonné, ouvrit le pli et lut la prose
de Ganneville.

Barrot, qui n'avait pas jugé à propos de prévenir
ses complices, de peur d'une indiscrétion, surveillait

son ami du coin de l'œil et suivait, en tapinois, sur sa figure, les diverses impressions produites par cette communication.

D'abord, profondément surpris, une ombre de mécontentement passa sur son front; mais le compliment de la fin vint rasséréner sa physionomie et relever gaiement les coins de sa bouche moqueuse. Il quitta la table, fit signe à Barrot, qui n'eut pas grand mérite à le comprendre à demi-mot, et sortit. Bientôt les deux officiers étaient réunis sur le pont.

— Que se passe-t-il, mon bon Sylvain? dit Galilée de son air le plus candide.

— Tiens, lis.

Barrot parcourut la lettre qu'il savait par cœur. — L'insensé, il avait donc écrit!

— Tu le vois bien. Quelle ennuyeuse aventure! Aussi c'est notre faute; en nous confiant à Kerpenic, nous étions sûrs d'être trahis; le cher garçon, toujours dans la lune, est trop amoureux pour exécuter scrupuleusement une consigne. Et quelle fatalité! Je choisis un nom extraordinaire, un nom de fantaisie; juste, il faut qu'il se trouve un Mackenzie à Shanghaï, un vrai, un Mackenzie pour tout de bon.

Pendant que ses collègues l'accusaient d'une négligence dont il était bien innocent, Kerpenic, serré dans son ceinturon, arpentait le pont de l'autre côté de la claire-voie, en pensant certainement à tout autre chose qu'à son quart.

— Il est indispensable de couper court à cette affaire, dit Barrot à Saint-Cyr; il ne faut pas que, pour une plaisanterie innocente commencée entre intimes, nous devenions la risée de la ville. Heureusement le docteur X... s'est trouvé là, bien à point, pour calmer le Mackenzie ; va le trouver, explique-lui l'affaire et ce sera fini.

— Tu en parles à ton aise ; je suis de quart à midi. Impossible de m'absenter.

Barrot le savait ; ce contretemps avait, du reste, été calculé et entrait dans ses plans.

— Qu'à cela ne tienne, dit-il à son ami ; j'irai à ta place ; donne-moi une lettre pour Mackenzie ; je la lui porterai et, s'il est nécessaire, lui donnerai de plus amples explications.

Ce qui fut dit fut fait. Il fallut au digne Barrot un sang-froid surhumain pour résister à la prodigieuse envie de rire dont il fut saisi, quand Saint-Cyr vint gravement lui montrer un brouillon de lettre, en le priant de le lui corriger. A une heure et demie, il prenait pour la deuxième fois la route du club. De Ganneville l'attendait, étendu sur un des fauteuils-lits de la vérandah.

— Tout marche à souhait, lui dit Barrot ; la mystification promet de réussir au delà de nos espérances.

— Que faut-il faire à présent ?

— Voici une lettre de Saint-Cyr, supposez que vous soyez Mackenzie lui-même ; lisez et répondez en vous mettant dans la peau du personnage. Au bout de cinq minutes, de Ganneville avait composé l'aimable réponse suivante :

« Libre à vous de faire à votre bord des plaisante-
« ries de mauvais goût ; mais vous n'avez pas le droit
« d'y mêler le nom d'un homme honorable que vous

« ne connaissez pas. Je croyais, d'après les renseigne-
« ments du docteur X... avoir à m'expliquer avec un
« gentleman ; mais je vois que j'avais été grossière-
« ment trompé.

« MACKENZIE. »

— Un peu raide, mais très réussi. Remettez encore
cette missive à l'un des boys du club, avec recomman-
dation de la porter demain matin, à la même heure, à
bord du navire de guerre français.

Ce devoir rempli, Barrot quitta le club, passa la
journée à faire des visites, rencontra dans une maison
le docteur X... qui lui donna une terrible envie de rire;
et à sept heures et demie il rentra à bord, enchanté
de lui-même.

Saint-Cyr l'attendait à la coupée.

— Eh bien? dit ce dernier, avant même que son ami
eût franchi toutes les marches de l'échelle, tant son
impatience d'avoir des nouvelles était fébrile.

— Rien de nouveau, répondit Galilée sans se dépar-
tir de son flegme; Mackenzie n'était pas chez lui; j'ai
laissé ta lettre; je suppose qu'il se contentera de tes
explications; demain tu iras le trouver; ce sera, peut-
être, une heureuse et excellente occasion de faire la
connaissance d'un homme fort aimable, m'a-t-on dit.

Le lendemain matin, à neuf heures un quart, Sylvain
avalait la première bouchée de l'omelette traditionnelle; un timonier vint lui remettre un pli semblable à
celui de la veille; il déchira l'enveloppe d'une main
légèrement tremblante, et parcourut rapidement les
quelques lignes qu'elle contenait.

En le voyant changer de figure, Barrot fut saisi d'une espèce de remords. Mais le sort en était jeté; il se tut. Saint-Cyr posa sa serviette sur la table, entra dans sa chambre, sous prétexte d'y prendre quelque chose, et monta sur le pont. Barrot l'y suivit.

— Que t'a-t-il écrit? questionna le bon apôtre, d'un ton d'intérêt bénin et d'une voix pateline.

— Lis plutôt.

Barrot joua la consternation. Saint-Cyr branlait la tête et restait sans voix.

— Que me conseilles-tu? dit-il enfin à son ami.

— Va chez Mackenzie; dis-lui qu'il est un grossier personnage. Kerpenic et moi, nous serons tes témoins.

— Jamais, car c'est absurde, ridicule; et je ne crains rien tant au monde que le ridicule.

— Alors, j'irai et tâcherai d'arranger les choses à ton honneur. Seulement, comme je suis de quart, il faudra que tu me remplaces.

L'idée de passer sa corvée à celui-là même, qu'il bernait avec tant d'aplomb, fit monter le rouge au visage de l'honnête Galilée. Mais cet instant de scrupule ne fut pas long: Baste, se dit-il, c'est à charge de revanche; la semaine prochaine je lui ferai un de ses quarts.

Sylvain accepta de grand cœur la proposition de Barrot; et quand celui-ci vint lui serrer la main avant de partir, il lui dit d'un ton profond et convaincu, qui fit encore rentrer en lui-même le mauvais plaisant: « Tu vois où peut conduire un simple enfantillage. »

Cet accent de vérité faillit, pour la deuxième fois,

arrêter Barrot; mais il n'eut pas le temps de prendre une détermination; le commandant lui ayant offert une place dans sa baleinière, il dut descendre à terre immédiatement.

De Ganneville, croyant la farce terminée et son ministère désormais inutile, était allé faire une promenade à l'établissement des jésuites de *Sikawai*. Barrot laissa pour lui, au club, un mot ainsi conçu :

« Tout va bien; supposez, pour terminer, qu'en
« allant porter des explications à Mackenzie, j'aie été
« injurié de telle sorte que je sois obligé de me battre
« avec lui; Saint-Cyr me servira de témoin; — il me
« devra bien cela — je choisirai mon second témoin
« parmi mes autres camarades; soyez le témoin de
« Mackenzie; prenez comme second témoin un de nos
« compatriotes; il faut s'amuser entre soi, comme on
« lave son linge en famille; et attendez ce soir, à neuf
« heures, mes témoins au *bar* du club. N'acceptez
« pas d'arrangement; demain matin, notez bien cela,
« nous viderons le différend à l'hôtel français, entre
« une bouteille de Chambertin et une fiole de Château-
« Margot. Fixez le rendez-vous pour demain matin, où
« vous voudrez, pas trop loin, de façon à ne pas être
« obligés de partir trop tôt et à pouvoir être de retour
« vers dix heures. La course matinale nous aura aiguisé
« l'appétit, nous serons bien aise de déjeuner de
« bonne heure. »

Après avoir composé ce grimoire, Barrot prit une autre feuille de papier; et, contre-faisant le plus possible son écriture, il y traça quelques lignes et écrivit sur l'adresse: Barrot Esq. *Ailée*, French man of var;

puis, appelant un boy : « Porte, lui dit-il, ce pli à bord de la frégate française ; va et reviens vite, je t'attends ici. »

Ces différents exploits terminés, Barrot, heureux comme un général d'armée qui vient d'arrêter définitivement le plan d'une bataille imperdable, se plongea dans la lecture d'un livre fort intéressant, paraît-il ; car, tiré tout à coup de son extase, par la sonnerie d'une horloge, il s'aperçut qu'il avait juste le temps, en se pressant beaucoup, d'aller commander le déjeuner du lendemain et de rentrer à bord, avant le dîner.

— Qu'y a-t-il de nouveau ? sembla dire l'œil interrogateur du mystifié.

— Voilà, lui répondit Barrot du ton le plus délibéré ; veux-tu me servir de témoin ?

« C'est moi qui me bats demain ; je vais demander à Kerpenic de m'accompagner aussi.

— C'est impossible, c'est moi qui dois...

— Non ; Mackenzie a été d'une telle insolence que je ne puis me dispenser de passer le premier ; après, tu verras si tu dois... tiens, voici une lettre des témoins, continua Barrot, en montrant à Saint-Cyr la lettre qu'il s'était adressée lui-même.

« Monsieur, — disait cette lettre écrite en français, — « les soussignés, témoins de M. Mackenzie, ont l'honneur de vous faire savoir qu'ils attendront, ce soir, « vos témoins au *bar* du club à neuf heures précises. »

« *Vos serviteurs :*

« DE GANNEVILLE. CLARTENEY. »

— Connais-tu ces messieurs?

— Non, répondit Barrot, pas particulièrement; mais je sais qui ils sont : l'un voyage pour son plaisir, et l'autre, est, je crois, un employé des douanes chinoises.

— Ils sont Français?

— Oui.

— Je ne comprends pas qu'ils se soient souciés d'être les témoins d'un étranger contre des compatriotes.

Barrot fut embarrassé, l'instant de la pensée: mais il se remit vite. — Je ne suis pas de ton avis, répondit-il; d'abord, c'est une marque de courtoisie dont je n'aurais jamais cru le Mackenzie capable; il faut lui être reconnaissant d'avoir choisi des Français. Quant à MM. de Ganneville et Clarteney, je ne doute pas qu'ils n'aient accepté cette corvée, dans une louable intention.

— Oh! la méchante histoire! soupira le petit Sylvain; et dire que nous la devons à cet écervelé de Lasaulaie!

— Avoue que nous avons notre bonne part de responsabilité.

— C'est nous qui avons commencé, je le sais; moi-même..... maudite velléité d'écolier! Mais il ne s'agit pas, en ce moment, de récriminer; il faut agir. Tu sembles trop décidé à te battre pour que j'essaie de t'en dissuader: mais tu ne m'empêcheras pas de te dire mon opinion; c'est une absurdité..... Non, ce n'est pas possible, c'est à moi.....

— Pardon: toi après, si tu y tiens, affirma l'intrépide Galilée, mais moi, d'abord. Si tu ne veux pas me servir de témoin, dis-le, je prierai un autre de me rendre ce service.

— Du tout, du tout, mon cher Barrot, je suis à tes ordres.

— Alors il faut vous presser, toi et Kerpenic ; car les témoins de Mackenzie vous attendent, à neuf heures, au *bar* du club ; vous demanderez au premier boy venu, M. de Ganneville, il vous l'indiquera ; fixez les conditions du duel, l'heure, le lieu, et surtout, pas une seule concession.

Sylvain était navré ; sa pauvre figure, si pâle d'habitude, avait tourné au vert. Barrot pouvait, d'un seul mot, rassurer ce pauvre garçon que tout le monde, à bord, aimait et dont la santé, ébranlée par un trop long séjour en Cochinchine, avait tant de fois donné des inquiétudes à ses amis. Son bel œil noir enfoncé sous son arcade sourcilière, errait tristement du bout de ses souliers à la lampe suspendue au-dessus de la table.

En voyant cette gaieté si expansive que rien n'avait pu abattre dans les plus mauvais jours, éteinte tout à coup, Barrot fut mordu au cœur, il craignit de porter une atteinte fatale à cette santé chancelante, en poussant plus loin la plaisanterie et il n'hésita plus. — J'ai à te parler, dit-il brusquement à son ami, en l'entraînant dans sa chambre ; pardonne-moi, mon bon camarade ; j'ai continué à tes dépens la farce commencée à ceux de Lasaulaie ; le Mackenzie est un être chimérique né de notre imagination ; ses lettres sont mes produits ; je les ai écrites moi-même ou je les ai dictées à un jeune Français, M. de Ganneville que je te présentera demain à l'hôtel français, où tous les acteurs de cette bouffonnerie doivent se trouver réunis pour déjeuner. Si je t'ai pris pour objet de cette mystification, c'est parce que je te sais assez mon ami pour me pardonner et assez spirituel pour en rire. Maintenant, fais comme si tu ne savais rien; habille-toi, Kerpenic t'attend : allez ensemble rejoindre les témoins du pseudo-Mackenzie ; ils te croient tous mystifié ; tu riras dans ta barbe; sois terrible ! Ils seront fièrement étonnés de te voir pousser à la roue, après tes démarches pacifiques : de cette façon, tu te vengeras un peu et bien innocemment.

Au moment où Barrot terminait ses instructions, un timonier venait avertir « M. Sylvain que M. de Kerpenic l'attendait sur le pont pour descendre à terre ».

Saint-Cyr s'habilla en un tour de main et partit en compagnie du vicomte.

Vers minuit, Galilée fut réveillé par une bougie qu'on lui promenait avec obstination devant la figure; en ouvrant les yeux il reconnut Kerpenic.

— Tout est arrêté, dit l'homme-cheval à l'homme-chiffre de très mauvaise humeur d'avoir été ainsi dérangé au milieu de ses rêves; demain à sept heures du matin, il y aura deux voitures devant le club; l'une pour toi, Saint-Cyr et moi; l'autre pour les deux témoins du Mackenzie. Quant à ce dernier, il sera censé parti seul; de Ganneville m'a averti; il prendra les devants, nous le suivrons; il embouchera la route nord de *Sikawaï*; nous ferons le grand tour, et nous ne nous arrêterons que devant l'hôtel.

— Parfait.

— A propos, sais-tu que le doux Sylvain a été
féroce, à tel point que je crains fort qu'il n'accepte
pas la plaisanterie et ne s'en prenne sérieusement aux
deux étrangers que tu as introduits dans nos affaires.
De Ganneville est très ennuyé de la façon dont Saint-
Cyr a semblé prendre les choses ; sans moi, au risque
de se faire dire, peut-être, des impertinences, il dévoi-
lait tout.

Barrot, complètement réveillé, ne pouvait s'empêcher de sourire : — Calme-toi, dit-il à son témoin ; les
ressentiments les plus tenaces ne résisteront pas aux
charmes irrésistibles du Chambertin. L'honnête industriel, propriétaire de l'établissement où nous devons
déjeuner, en a reçu ces jours-ci, je le sais, du vrai,
de l'authentique, venant directement des caves d'un
négociant de ma connaissance, M. Ch. qui se fournit
lui-même chez le propriétaire du meilleur cru.

— Ma foi, tant pis, le sort en est jeté ; que le projet
s'accomplisse !

— Oui, il n'y a plus à reculer ; à demain.

Là-dessus Kerpenic rentra dans ses *appartements ;*
et Barrot, se retournant sur l'autre oreille, s'empressa
de reprendre son somme où il l'avait laissé. Quel que
fût son empressement, Sylvain l'avait devancé ; un
ronflement sonore apprit à Galilée que sa confidence
avait produit un effet salutaire sur les nerfs de son
ami et qu'il réparait, sans plus tarder, les fatigues
causées par deux nuits d'insomnie.

Le lendemain, dès l'aube, Barrot se sentait tirer par
les pieds ; et un éclat de rire contenu le réveillait en
sursaut. C'était Sylvain qui, enchanté de son sort,

n'avait pu résister au désir de venir faire une niche à
son nouvel affilié.

— Un peu de dissimulation, dit Galilée ; si les
autres t'entendent rire, et te voient si joyeux, ils vont
se douter que j'ai vendu la mèche et j'aurai perdu le
fruit de mes laborieuses machinations. Sans avoir l'air
trop affecté, tâche d'adopter le maintien qui sied à un
témoin digne et convaincu de l'importance de ses
fonctions.

Kerpenic, pendant ce colloque, s'était levé et habillé.
Le maître d'hôtel, prévenu la veille au soir, servait le
café. Lasaulaie, voulant jouir un peu, lui aussi, de la
représentation, était venu, sous prétexte d'insomnie,
se joindre aux combattants.

Sylvain rappelé à son rôle de mystifié, après avoir
été un instant dans sa chambre, à l'effet de se composer
une figure devant sa glace, rentra dans le carré.
Barrot faillit éclater en voyant cette drôle de physionomie. Pour quelqu'un de prévenu, il y avait, sous ce
masque solennel, un fou rire homérique, toujours prêt
à s'échapper. Kerpenic et Lasaulaie n'y virent que du
feu.

On partit. Un quart d'heure après, les trois officiers
arrivaient au club, en même temps que les témoins de
leur adversaire. On se salua gravement, puis, on
monta en voiture ; et fouette cocher !

Un silence, parfaitement conforme aux circonstances, régnait dans le véhicule des marins.

— Au fait, dit Barrot à Kerpenic, où sont les
armes ?

Kerpenic n'avait songé à rien moins qu'à ce détail ;

il n'était pas malaisé de s'en apercevoir à son air embarrassé. Pourtant, avec un jeu de physionomie capable de dérider un bonze : — M. de Ganneville a pris des épées de combat, répondit-il.

Saint-Cyr faillit perdre définitivement son sérieux ; une grimace, heureusement dissimulée par un bâillement, sauva la situation.

Kerpenic avait assez à faire pour cacher son envie de rire ; il ne remarqua pas les contorsions de son camarade.

— Eh bien ? où sommes-nous, demanda Barrot à Saint-Cyr ? Il me semble que nous allons bien loin ; nous voici presque à Sikawaï. Où diable avez-vous fixé le rendez-vous ?

— Demande cela à Kerpenic ; j'étais tellement furieux et surexcité, hier soir, que je n'ai point pris part d'une façon effective à la discussion.

— Nous suivons de Ganneville, reprit Kerpenic ; il nous conduit là où nous devons retrouver Mackenzie.

— Suivons donc, conclut Barrot sur un ton de résignation assez bien joué.

La conversation tomba ; chacun semblait réfléchir aux choses les plus lugubres.

Sikawaï était dépassé ; sans aucun doute, on retournait dans la direction de Shanghaï, par la route du sud. Personne ne fit mine de s'en douter. Saint-Cyr, se laissant aller à son naturel, voyageait dans la lune. Kerpenic mâchait avec obstination un bout de cigare éteint. Quant à Barrot, le héros de l'aventure, il préparait son dénouement. Ce matin-là, il était, sans doute, contre son ordinaire, mal disposé pour la composition ; car, depuis quelques instants, son sourcil froncé, son œil obstinément fixé sur un point invisible, indiquaient un enfantement difficile de l'esprit ; l'inspiration semblait lui faire défaut.

Le but extrême du petit voyage circulaire, inventé par de Ganneville et Kerpenic, pour attendre l'heure du déjeuner, allait être atteint ; déjà l'on apercevait les premières maisons de la concession française ; encore quelques minutes, et il faudrait s'expliquer ; et Barrot n'avait rien trouvé d'original. L'avisé garçon n'aimait pas à se livrer à l'imprévu ; pourtant il fallait s'y résigner, car à l'instant même où il faisait un violent et dernier effort pour rassembler ses idées, de Ganneville et Clarteney sautaient à terre devant la porte de l'hôtel. Dix secondes plus tard, l'autre voiture s'arrêtait.

Seuls, les témoins de Mackenzie se présentèrent ; celui-ci était absent. Barrot crut avoir trouvé son épilogue, en crossant d'importance son adversaire assez mal éduqué pour se faire attendre dans une semblable occasion.

— Messieurs, dit Galilée, avec une désinvolture de fier-à-bras très réussie, où donc est M. Mackenzie ? Je ne le vois nulle part ; ce gentleman si parfait aurait-il manqué de parole ?

— 'Il en est bien capable, insinua sournoisement Sylvain.

— C'est un faquin, continua Galilée, en plein dans son rôle ; c'est un fanfaron, le Mackenzie ; je lui couperai les oreilles à la première.....

Une large main, se posant lourdement sur l'épaule

de l'orateur, l'arrêta au beau milieu de son discours.

— *Goddeim!* dit le propriétaire de la main.

Barrot, se retournant, se trouva nez à nez avec un Anglais d'un rouge superbe, un Anglais pur sang, dont l'œil sévère le toisait dédaigneusement.

— A qui en avez-vous? dit l'étranger. Mesurez-donc vos paroles, monsieur; sir Mackenzie n'est ni un faquin, ni un fanfaron; c'est un gentleman, et je vais vous le prouver, car je suis J. L. H. Mackenzie, de la maison Mac-Hirton and Co, bien connue, de London, dont la succursale est sise à Shanghaï, men street, n° ....

En disant ces mots, l'honorable gentleman, qui dépassait bien d'un pied le pauvre Galilée, avait mis bas son habit, relevé ses manches de chemise jusqu'à la saignée et ramené ses deux bras en arrière. Dans cette attitude, il était splendide à voir; c'était bien le type de la majesté britannique offensée.

Barrot, d'abord interdit, n'avait pas tardé à se mettre bravement sur la défensive. Mais qu'eût-il pu faire contre ce colosse?

De Ganneville, Clarteney et Kerpenic, non moins surpris que Barrot, au risque d'attraper des horions, se précipitèrent entre les deux.champions, pour soustraire leur compatriote aux puissants abattis du terrible fils d'Albion.

— *Goddeim!* vociféra ce dernier, pour la seconde fois.

Un bruyant éclat de rire répondit à ce juron.

Sylvain, renversé sur une chaise, se tordait dans les spasmes de la plus désopilante gaieté. — Arrêtez, criait-il, en se tapant des deux mains sur les flancs et

en rejetant la tête en arrière ; arrêtez, sir Mackenzie !
N'allez pas écraser mon ami Barrot, surnommé le nouveau Galilée, l'espoir de la science maritime ; attendez
donc, vous autres, les témoins ; diable ne vous prenez
pas aux cheveux. Là, là, mes petits agneaux, il semble
que ce soit pour de bon ; faites-moi donc le plaisir
de vous regarder un peu sans rire, seulement un
quart de minute. Ah ! enfin !

Et Sylvain de se livrer de nouveau à son immense
joie.

L'Anglais, calmé par les objurgations de Saint-Cyr,
sans désarmer complètement, s'était retiré à l'écart ;
et, rentré en son flegme, il semblait attendre les forma-
lités d'une présentation en règle.

Les quatre larrons se regardaient d'un air ahuri
et ne savaient s'ils devaient rire ou se mettre en colère.

— Tout doux, mes amis, reprit Sylvain ; il paraît
qu'ici je ne suis pas le seul mystifié ; chacun a sa petite
part ; vous excuserez, n'est-ce pas, ma plaisanterie,
comme je vous pardonne la vôtre ? Messieurs, je vous
présente sir Mackenzie, un des gentlemen les plus
distingués de Shanghaï, j'ai eu l'honneur de faire sa
connaissance hier chez le docteur X... où j'ai été
passer le reste de la soirée, après avoir réglé les conditions du duel formidable, auquel j'avais été convié
comme témoin. Depuis une heure, à peine, je connaissais vos machinations ; — permettez-moi de ne pas
vous révéler comment j'ai surpris vos petits secrets.
J'amusais donc M. X..., en lui racontant comment son
nom avait été mêlé, à son insu, à une farce d'écoliers

en vacances, quand un domestique vint annoncer une visite. Parbleu ! me dit le maitre de la maison, en voyant entrer le visiteur, quel nom aviez-vous donné à votre ogre ?

— Mackenzie.

— Quelle coïncidence ! Voici justement sir Mackenzie, un des gentlemen les plus accomplis de la colonie anglaise ; je vais vous présenter !

« Vous devinez le reste. Sir Mackenzie a bien voulu se prêter à ma fantaisie, en acceptant mon invitation au déjeuner, que je savais commandé ici, pour ce matin : il s'est donné la peine de venir au rendez-vous ; mais il ne s'attendait guère à s'entendre traiter d'aussi belle sorte par mon ami Galilée, deuxième du nom ; et il s'en est peu fallu que notre déjeuner ne soit remplacé par une rixe, une scène de pugilat et des horions.

« Maintenant, messieurs, l'écheveau tout entier est dévidé, les cartes sont débrouillées. Trêve de Dieu et, à table ! S'il ne manque personne !

— Tout le monde y est, dis-je en entrant ; car, sans avoir pris part à l'action comme acteur, j'avais été tenu au courant de ses moindres détails et je n'eusse pas voulu, pour un empire, manquer l'apothéose. A table !

Comment l'aventure finit-elle ? Il est superflu de le dire ; on déjeuna longuement ; on trinqua vingt fois ; le Chambertin de M. Ch... eut un véritable succès ; le temps se passa le plus joyeusement du monde, et l'état-major de l'*Ailée* compta, depuis ce jour, un ami de plus dans la colonie.

N'est-ce pas le cas de terminer ce chapitre, en disant avec Shakespeare :

« Tout est bien qui finit bien. »

CHAPITRE XVIII

Rentrée en France. — La vie à bord. — Une lettre sévère. — Laquelle des deux l'emportera ? — Mathurin n'est pas content.

Environ deux semaines après cette aventure, j'étais allé, en compagnie d'Harlès et de Barrot, faire une promenade extra-muros. Le soir, en rentrant à l'heure du diner, nous trouvâmes à bord une animation extraordinaire. L'officier de quart ne nous reçut pas à la coupée; la joie paraissait peinte sur les visages de nos braves matelots. Évidemment il se passait quelque chose d'insolite.

Gastinet se promenait sur l'arrière avec le commandant.

— Messieurs, nous dit celui-ci, en nous apercevant, puisque vous venez de terre, vous ne connaissez pas la bonne nouvelle.... Nous rentrons en France; j'ai reçu, il y a deux heures, une dépêche de l'Amiral, m'annonçant notre délivrance. Nous partirons dans quatre jours; prenez donc vos dispositions et faites vos adieux à vos amis.

Au jour fixé, nous partimes.

Depuis vingt-quatre heures, l'*Ailée*, fuyant, à toute vapeur, les rives vaseuses du Yang-tse-Kiang, naviguait en plein océan.

La vie de mer, si monotone, et en même temps si remplie, avait été reprise, par la plupart des officiers, non sans une sorte de satisfaction. Chacun retrouvait, avec un certain plaisir, ses habitudes de labeur et de ponctuelle exactitude, toujours un peu abandonnées pendant les longs séjours en rade.

En perspective d'une traversée ennuyeuse, on s'était muni de tous les livres nouveaux apportés par les dernières malles. L'approvisionnement des cartes, fraîchement renouvelé, promettait aux amants de la dame de pique les émouvantes séductions de délicieuses parties de whist et de piquet. Grâce à la prévoyance de l'intelligent chef de gamelle, les jeux les plus variés, dames, tric-trac, échecs, bilboquets, questions, casse-têtes chinois et mille autres babioles du même genre, s'étalaient aux quatre coins du carré, à la disposition des désœuvrés; et pour l'heure où ces moyens de distraction seraient épuisés, pour le moment où la fatigue morale et la lassitude physique, s'emparant des esprits et des corps, viennent appesantir la paupière, de bons et larges fauteuils de bambou, symétriquement rangés sur l'arrière, le long de la claire-voie du carré, tendaient leurs bras engageants, aux amateurs du sommeil à la belle étoile et des confidences à la lune.

Le temps était superbe. Toutes ses voiles serrées, notre croiseur filait facilement douze milles à l'heure, à l'aide de sa puissante machine. Pas l'ombre de roulis; une mer d'huile, comme disent les Provençaux.

Dans ces conditions, le métier de marin est charmant; mais il est aussi d'une monotonie désespérante, quand le calme se maintient.

Une journée prise au hasard donnera une idée exacte des autres; c'est le cas ou jamais d'appliquer le proverbe : *ab uno...* etc.

La cloche placée à l'arrière, près de la roue du gouvernail, non loin des habitacles, vient de tinter trois coups doubles, suivis d'un coup simple. Il est trois heures et demie du matin. Un timonier entre discrètement dans la chambre du lieutenant, allume une bougie, puis, lui mettant son fanal sous le nez :

— Lieutenant, lui dit-il, il est trois heures et demie.

— Merci, répond invariablement le lieutenant, en se retournant du côté de la muraille, pour continuer son somme; et le timonier sort.

Un quart d'heure après, apparition du même timonier.

— Lieutenant!

— Voyons, qu'est-ce qu'il y a?

— Il est quatre heures moins un quart.

Le lieutenant le sait bien; depuis une heure, sans vouloir s'en rendre un compte exact, il entend tous les bruits du bord; l'instant désagréable, où il faudra sauter à bas du lit, approche; il éprouve une sensation de bien-être indéfinissable, mêlée d'une sorte d'angoisse nerveuse, qui lui tiendrait lieu de réveille-matin et le ferait réveiller à la seconde, sans le secours du timonier. Mais il est si bon de *paresser* un peu et de se faire prier; ne gagnerait-on qu'une minute! Une minute, dans ces moments-là, semble longue et courte à la fois. Qui n'a ressenti cet effet au collège? Qui ne s'est plus ou moins exposé de ce fait aux admonestations pédagogiques d'un brave homme de *pion?* Qui n'a été aux arrêts, ou qui n'a copié cent lignes, une fois dans sa vie, pour n'avoir pas voulu entendre le roulement désobligeant de la diane, ou le carillon agaçant d'une clochette trop matinale!

Quoi qu'il en soit, le lieutenant s'est levé, maussade, — on le serait à moins; — et au moment où l'on *pique huit*, ce qui signifie qu'il est quatre heures, une tête apparaît au sommet de l'échelle de la passerelle; c'est la tête du lieutenant, de cet excellent lieutenant qui vient, par pure bonté d'âme, — car il pourrait s'en dispenser — faire le quart de *quatre à huit*, dit *quart du jour*, probablement parce qu'il se fait, pour une bonne moitié, pendant la nuit.

— Quoi de nouveau? dit-il d'une voix enrouée, à l'officier qu'il vient relever.

Celui-ci, enchanté de pouvoir, enfin, aller se coucher, rend compte des événements de la nuit, transmet les ordres du commandant, indique la route à suivre et se sauve, non sans souhaiter toutes les chances possibles à son successeur.

On entend descendre l'échelle de l'avant-carré; une porte s'ouvre et se referme bruyamment, un rideau grince sur sa tringle; parfois le buffet est mis à contribution, mais le plus souvent le sommeil l'emporte sur l'appétit et les repas de cette heure matinale sont généralement vite expédiés. Bientôt tout rentre dans le calme; Morphée est maître en ces lieux. De ci, de là, un de ces chuchotements, une de ces boutades somnambuliques, partant en fusée et s'arrêtant brusquement dans un susurrement indécis, une de ces exclamations incohérentes des gens endormis; puis, plus rien.

Sur le pont, de temps à autre, un commandement de l'officier de quart, le coup de sifflet du maitre, un brouhaha de quelques minutes, pour l'exécution; mais tout cela, comme dans un rêve, dans une demi-teinte; une sorte de bourdonnement qu'on cherche à étouffer, un bruit discret suivi d'un long silence.

Tout à coup, une rumeur lointaine, un roulement sourd et prolongé; c'est le branle-bas. Tandis que le tambour fait résonner sa peau détendue, le clairon lance aux échos de l'avant ses notes joyeuses et pressées. Curieux spectacle! La ruche s'éveille, les bourdons grondent; c'est le capitaine d'armes, suivi de ses deux acolytes, le sergent et le caporal d'armes. Il faut les voir secouer les dormeurs entêtés, émoustiller les retardataires, porter sur le cahier de punitions les récidivistes. Le pont est envahi; les hamacs roulés, pliés, empaquetés, sont placés, suivant leurs numéros d'ordre, dans les bastingages. Un premier appel commence; de combien d'autres sera-t-il suivi d'ici au lendemain? Dieu le sait et le matelot aussi.

À cet instant, si, par hasard, un des dormeurs du carré ouvre une oreille en changeant de position, il pourra ouïr un bruit étrange et vague, un tintement confus d'assiettes de fer-blanc; c'est l'heure du café et du boujaron. Le biscuit, résistant à une mastication énergique, craque sous la dent du matelot, et les quarts s'entre-choquent dans les tiroirs. Au bout de quelques minutes, un commandement sec retentit, commandement capable de faire rêver longtemps le bon bourgeois transporté, tout à coup, à bord d'un navire de guerre :

— *A ramasser les plats !* crie le lieutenant de mauvaise humeur.

— *A ramasser les plats !* répond, en écho, le maître de service.

Un vacarme suit de près cet ordre : les tables, simples planches munies, d'un côté, de deux crochets s'adaptant à la muraille du bâtiment, et de l'autre, d'un pied mobile, sont démolies avec fracas et remises en place dans le faux-pont.

Un instant de silence; puis, nouveau vacarme; le nettoyage est commencé. Des escouades de balayeurs enlèvent la poussière et les ordures tombées sur le pont pendant la nuit. Aux balayeurs succèdent les *briqueurs :* dix à douze matelots, rangés sur deux files et armés de briques, frottent le pont en cadence et à tour de bras pendant une heure.

Alors, bien heureux sont les sourds, ou ceux dont le sommeil de vingt ans résiste à tout, même au canon. Rien de plus énervant que ce grincement interminable. Après la *brique*, la *gratte;* puis, les seaux d'eau, les jurements des maîtres, les cris des matelots appelant le contre-maître de cale, pour obtenir : celui-ci, un bout de filin; celui-là, du bitord; un troisième une *moque* de goudron ou de peinture. C'est une cacophonie indescriptible.

Pourtant, tout le monde dort au carré et huit heures approchent. Seul, le médecin a remué, pour se rendre à la visite. Enfin huit heures *piquent;* une tête ébouriffée, mal éveillée, sort d'une chambre ; un corps mal habillé la suit ; *cela* représente l'officier de quart qui doit relever le lieutenant.

En rade, c'est l'heure des *couleurs*. Attention pour les couleurs ! commande l'officier, aussitôt après avoir pris le quart des mains du lieutenant. Les factionnaires de la coupée amorcent leurs *flingots*, reliques du temps de Colbert ; un timonier se tient à la drisse du pavillon, paré à hisser. Au commandement : Envoyez ! chacun se découvre devant les couleurs françaises, les *flingots* ratent ou font long feu ; et le pavillon, déferlé par un coup sec, se déploie dans les airs et va s'arrêter à la corne.

À la mer, la cérémonie des *couleurs* est supprimée ; au changement de quart, à huit heures, la *propreté* continue ; les timoniers et les mousses, sous la haute direction du chef de timonerie, astiquent les cuivres. Pendant ce temps-là, les aspirants, les pieds dans l'eau, prennent des hauteurs. Vers la demie, l'officier chargé des montres, après avoir remonté le moral à ses pensionnaires, daigne paraître sur le pont son sextant d'une main, son compteur de l'autre ; son cahier d'observations sous le bras, il s'avance majestueusement vers ses petits camarades qui s'escriment depuis une heure, à *crocher* le soleil. Un timonier est réquisitionné pour *compter;* parfois un ami complaisant remplit cet office ; et la marche du navire, sa route, son sort, sa vie peut-être sont discutés dans ce cénacle.

Durant ces occupations, le carré est resté libre ; le maître d'hôtel et ses aides en ont profité pour balayer, nettoyer, frotter et tout mettre en ordre. Le couvert est installé sur la table à roulis, que l'on garde toujours, malgré le calme, en cas de mauvais temps soudain ; et voilà qu'un bon parfum d'omelette au saindoux, mélangé d'une forte partie d'eau de Lubin ou du docteur Pierre, annonce que le déjeuner est servi

Le clairon sonne la *casquette* et, seuls, le lieutenant et le docteur sont à table. Les autres, où sont-ils donc ? L'officier de quart bat la semelle sur la passerelle ; celui des montres profite de ce moment pour commencer ses calculs ; le commissaire a jugé l'instant opportun pour tailler la besogne à son fourrier et tancer son commis aux vivres ; quant aux autres, ils sont encore au lit ou en train de faire leur toilette. Vers neuf heures vingt minutes, la tablée est complète ; mais l'omelette est froide.

Peu d'amabilité sur les visages renfrognés ; au premier plat, toujours l'éternelle omelette, on a encore souvent le cœur sur les lèvres ; la nuit n'a peut-être pas été bonne ; c'est l'heure où parfois on échange des paroles aigres-douces, regrettées quand parait le deuxième plat, pardonnées au dessert et oubliées au café.

Après le café, les pipes, la chartreuse ; la table est desservie, le tapis réglementaire, l'immuable tapis vert, fourni par l'État, reprend sa place sur la table à roulis ; un premier whist commence, mais sans grand entrain ; le vrai moment n'est point encore venu ; seuls, les fidèles s'y mettent ; les autres flânent sur le pont, s'étendent sur les *coussins* du carré, et l'on peut entendre, alors, de ces conversations *panachées*, dont la vie de bord, seule, peut donner le secret.

Bientôt, nouveau remue-ménage : mardi, mercredi, jeudi, vendredi, manœuvre de ceci, exercice de cela : voiles, fusils, canons, pistolets, sont passés en revue; branle-bas de combat, appel à l'incendie; tout le monde sur le pont! Le tambour bat le rappel, le clairon sonne la charge; c'est à se croire au milieu d'une action véritable. A trois heures, généralement, tout est fini ; les guerriers débouclent leur ceinturon et vaquent à leurs affaires personnelles.

Le whist recommence au carré; les fanatiques s'en donnent à cœur joie; les laborieux se retirent dans leur chambre pour travailler, les désœuvrés bâillent aux corneilles et, au premier coup de quatre heures, l'état-major, cette fois au grand complet — sauf bien entendu l'officier de quart — se trouve réuni pour la deuxième fois de la journée, autour de la table à roulis.

Le samedi, du matin jusqu'à midi, grand nettoyage; briquage, frottage, astiquage, toilette générale du navire, en vue de l'inspection du lendemain. L'après-midi, l'équipage aux sacs! Le sac, c'est la malle du matelot, c'est sa garde-robe, c'est aussi son secrétaire et son coffre-fort. L'équipage aux sacs! Cela veut dire : allez, vous avez deux heures de liberté, deux heures pour arranger vos affaires, vérifier vos hardes, les repriser, les brosser, les mettre à l'air ; deux heures pour faire votre correspondance et relire les lettres de votre famille. Aussi, ce moment est-il toujours accueilli avec joie.

Le dimanche, grande fantasia en plusieurs tableaux. A bord des navires où se trouve un aumônier, la journée débute par la messe; puis, inspection du commandant, défilé, parade; et enfin, après le dîner, loto pour l'équipage. Il faut voir avec quel entrain, jeunes et vieilles barbes se livrent à ce passe-temps devenu légendaire dans la marine; les enjeux sont tolérés; que d'attrait, que d'émotion autour de ces bienheureux cartons !

Quelques loustics disséminés aux diverses tables, animent la scène par des lazzis, renouvelés des Phéniciens, mais toujours jeunes et toujours nouveaux ; chaque numéro a son nom : 4, le chapeau du commissaire ; — malgré les recherches les plus minutieuses, je n'ai jamais pu savoir pourquoi ; — 11, les deux jambes du maître-coq ; 71, le pendu et la potence ; et 96 autres bonnes plaisanteries du même goût, qui font la joie du matelot, s'esclaffant toujours de rire à l'énumération de ces vieilles facéties qu'il sait par cœur.

La fête dure jusqu'au dîner ; et quand vient l'heure de se glisser dans son hamac, plus d'un grand enfant s'endort en pensant à la joie de recommencer la partie, huit jours après.

Un temps splendide favorisa constamment notre traversée de retour.

Un mois, jour pour jour, après notre départ de Shanghaï et après différentes relâches, nous arrivions à Pointe-de-Galles, juste en même temps que le paquebot des Messageries.

Vite, on met un canot à la mer ; et le vaguemestre, envoyé à bord du courrier, revient bientôt avec le paquet de nos correspondances.

Au moment où j'allais m'enfermer dans ma chambre, pour lire, avec recueillement, mes chères lettres de

France toujours si ardemment attendues, Kerpenic arriva un papier déployé à la main.

— Tiens, me dit-il, voici une missive de ma mère; depuis deux mois, je n'avais rien reçu d'elle; lis et donne-moi ton avis.

La lettre de Mme la marquise de Kerpenic n'était pas longue, elle contenait les quatre lignes suivantes :

« Vous m'avez fait grand'peine, mon cher enfant;
« j'ai tenu à ne point vous répondre immédiatement
« pour vous prouver que ma décision est mûrement
« réfléchie et, partant, irrévocable. Je n'ai qu'un mot
« à vous dire : Jamais. »

— Tu n'avais donc point parlé de miss Tillia à ta mère, pendant notre séjour à Yokohama, demandai-je à Kerpenic, car tu aurais dû, ce me semble, recevoir plus tôt cette réponse ?

— Avant de faire des ouvertures à ma mère, au sujet de mon mariage possible avec Mlle Simpson, j'ai préféré prendre le temps de la réflexion; je voulais aussi savoir quel effet produirait l'éloignement sur ma chère Tillia.

— Crois-tu le *jamais* de ta mère absolument définitif ?

— Je le crois.

— Alors, que comptes-tu faire ?

— Attendre.

— C'est assurément le plus sage; du reste, tu connais le proverbe: *ce que femme veut.....* si l'un des partenaires était un homme, sans aucun doute, l'homme devrait baisser pavillon; mais dans l'espèce, comme on dit au palais, il n'y a pas d'homme en cause, car tu dois, en apparence, te désintéresser de la question. Il reste deux femmes en présence : d'un côté, ton excellente mère, légèrement entêtée, — pardonne-moi le mot, — très bretonne et ultra-catholique et noble ; de l'autre, ta belle fiancée, Mlle Tillia, pure Yankee. Ce que l'une désire de toute son âme, l'autre n'en veut point ; la guerre est entre ces deux volontés ennemies. *Ce que femme veut, Dieu veut*, dit-on ; mais à qui Dieu donnera-t-il la victoire ? A la plus forte, à la plus juste, sois-en certain ; et qu'y a-t-il de plus fort, de plus juste que l'amour ? Espère donc !

Les tribulations de notre ami Kerpenic n'empêchaient pas l'*Ailée* de faire, en moyenne, ses quatre-vingts lieues par jour. Un beau matin nous passâmes le détroit de Gibraltar ; et trois fois vingt-quatre heures après, la vigie signalait une terre ; c'était la France, c'était Lorient.

— Eh bien, Mathurin ! dis-je à mon domestique, en ce moment occupé à ranger je ne sais quoi dans ma chambre, as-tu entendu ? Nous arrivons ; tu vas boire une fameuse *chopinée* de cidre, ce soir, hein ! Es-tu content ?

— Content..... Content..... grommelait Mathurin, entre ses dents, sans se retourner.

— Enfin, l'es-tu, content ? Tu n'en as pas l'air.

— Dame ! mon commissaire, me répondit le matelot poussé dans ses derniers retranchements : moi, voyez-vous, j'ai ma vieille mère et la petite à mon défunt frère, à qui j'envoie ma *délègue* (1). Nous ne sommes

(1) Les matelots emploient d'habitude le mot *délègue* pour

pas riches, à terre. Au quartier, *il n'y a pas gras :* faut porter ses hardes neuves les jours de la semaine ; et puis, vous le savez bien, vous, mon commissaire, ici, à bord, j'ai quinze francs de plus par mois et *j'use* pas de souliers.

Brave garçon, va ! Tous les mêmes, nos marins : des cœurs d'or ; bons fils, bons pères ; et au feu, au danger quel qu'il soit, il faut les voir ! On n'en trouve pas de pareils. Aussi, dame ! — comme disent les Bretons, — faudrait pas qu'ils s'y frotttent..... les autres !

. . . .

délégation. La délégation est la somme prelevée sur la solde du marin, la plupart du temps, avec l'assentiment de l'intéressé et même sur sa demande expresse, pour être envoyée à sa famille, par les soins de l'autorité.

ÉPILOGUE

—

Ce que femme veut, Dieu veut, avons-nous dit. Or, évidemment, ici, femme signifie : jeunesse, amour, beauté. Entre la marquise douairière de Kerpenic et miss Tillia Simpson, la lutte n'était donc pas égale ; l'une combattait, toute seule, avec des armes émoussées ; l'autre disposait du plus puissant engin de guerre et avait le ciel pour allié. Aussi le résultat de ce duel est-il facile à prévoir : l'amour eut raison des préjugés.

—

TABLE DES MATIÈRES

Paris. — Imprimerie PAUL DUPONT, 41, rue J.-J.-Rousseau, (Cl.) 61.9.81.

www.ingramcontent.com/pod-product-compliance
Ingram Content Group UK Ltd.
Pitfield, Milton Keynes, MK11 3LW, UK
UKHW020120130726
13696UKWH00001B/130